Un autre monde

ISBN : 978-2-412-05441-3
Dépôt légal : février 2021
Imprimé en Espagne

Photographie de couverture : © Émilie Blanc
Illustrations intérieures : © Jeremy Avada
Correction : Stéphane Deschamps
Mise en pages : Cipanga

Éditions First, un département d'Édi8
92, avenue de France
75013 Paris
Tél. : 01 44 16 09 00
E-mail : firstinfo@efirst.com
Site internet : www.editionsfirst.fr

Aurore Widmer

Un autre monde

Journal d'une exploratrice spirituelle

FIRST
ÉDITIONS

1

Quand tout a basculé

13 novembre 2015

Nous avons enfin trouvé notre nouvel appartement. Après plusieurs mois dans mon petit 33 m² parisien dans le 15e arrondissement, même s'il était plus grand que la plupart des studios, nous commencions à être à l'étroit. Après de nombreuses visites, déceptions et colères face à la difficulté du marché (j'ai du mal à accepter le refus), nous sommes finalement tombés sur une petite merveille en plein cœur du 12e arrondissement. Ce soir, je célèbre la signature du bail avec Michael, accompagnés de petits fours et de champagne car nous sommes très heureux de cette belle nouvelle après des semaines de recherche.

Nous sommes ensemble depuis plusieurs mois, je l'aime très fort et je commence à me dire que j'ai certainement trouvé la bonne personne pour ces prochaines années. Dehors, il fait froid, le mois de novembre apporte cette ambiance hivernale que je redoute tant. Je savoure en même temps le début de ma vingt-sixième année. Je sens qu'elle sera particulière, une sorte de tournant symbolique, même si je ne sais pas encore vraiment de quelle manière cela se matérialisera.

Dehors, quelques sirènes, étrange. Je commence à allumer les bougies pour faire une ambiance sympa et lancer une comédie à la télévision, afin de savourer notre dîner en amoureux. Lorsque je reçois un message de mon amie, Clémence, qui travaille dans la police : « Vous êtes où ? Vous êtes chez vous ? Allumez la télévision ! » Je ne comprends pas vraiment ce qu'elle entend par là mais je m'exécute afin de comprendre ce qu'elle a voulu nous dire. La chaîne d'information clignote de bannières jaunes, j'entends les mots « fusillade », « morts », « attentat ». Mon téléphone se met à sonner de nombreuses fois. On me demande si je suis saine et sauve. Certains amis sont sortis ce soir, je commence à sentir mon ventre se nouer, ma gorge se serrer et les larmes monter. Je reçois de plus en plus de messages de mes proches qui ne vivent pas à Paris : « Es-tu en sécurité ? », me demande-t-on. Je ne comprends pas, mon esprit ne sait pas comment réagir. Je reçois des centaines de notifications sur Facebook « Votre ami est en sécurité ». Cette fonctionnalité est nouvelle, je ne l'avais jamais vue. C'est irréel. Que se passe-t-il ? Est-ce un cauchemar ?

Je passe la soirée, la nuit et une partie de la matinée à regarder les informations en boucle sur BFM, comme si j'étais hypnotisée par l'écran. Tous mes amis sont sains et saufs, certains ont passé la nuit réfugiés dans des bars ou chez des habitants du quartier. La liste des morts commence à s'allonger, les terroristes à être identifiés et l'histoire semble se faire de plus en plus limpide. Mon cœur est meurtri devant tant de violence. Par milliers, des messages de soutiens et d'amour commencent à fleurir sur les réseaux sociaux, partout dans le monde. Les gens proposent leur aide, certaines personnes écrivent des poèmes, d'autres affirment que nous devons rester soudés ou encore lancent des appels à la solidarité. Je n'ai jamais vu le monde si laid et beau à la fois. Je suis épuisée, je n'avais pas autant pleuré depuis longtemps. La plupart des victimes du Bataclan avaient mon âge, des jeunes simplement venus s'amuser et danser, dans une insouciance totale, célébrant la liberté et la beauté de la vie. Ils laissent des parents dévastés, des enfants orphelins, des compagnons effondrés, des proches anéantis. Je me sens impuissante, c'est la première fois que ce sentiment est si profond en moi, comme une blessure qui atteint le centre de mon cœur et que je n'accepte pas.

Je regarde le nouveau tatouage sur mon bras, réalisé il y a seulement quelques jours : un attrape-rêve, symbole amérindien pour protéger des cauchemars... Je ressens l'ironie de la situation. Car le cauchemar semble plus que jamais réel. J'ai envie de rejoindre mes amis pour que nous nous prenions dans les bras, mais les médias véhiculent un tel climat de peur que je n'ose plus sortir de chez moi. Clémence nous conseille de rester chez nous pour le moment, d'éviter les rassemblements afin de faciliter le travail de la police. Je comprends et reste prostrée sans savoir comment agir. J'éteins enfin la télévision pour ne plus voir ces images tourner en boucle devant mes yeux. Je prends mon téléphone, les réseaux sociaux ne parlent que de ça dans le monde entier. Nous vivons un moment tragique et historique, je commence à le comprendre. Les larmes sont prêtes à se déverser à chaque instant, ma tristesse semble infinie et pourtant je n'ai perdu personne, moi.

Michael m'annonce qu'une de ses amies était au concert avec son compagnon, elle a survécu avec plusieurs balles dans le corps, lui a succombé à ses blessures. Il reste impassible, tente de ne pas montrer sa tristesse alors que moi j'éclate en sanglots. Je ne comprends pas toute cette haine, ces combats pour des causes qui n'en valent pas la peine. Une part de moi sait que tout cela arrive certainement pour une raison, que le monde va évoluer d'une certaine manière et que cet événement sera le début d'une nouvelle ère. Mais une autre part refuse que cela se fasse au détriment de gens innocents, qui avaient encore toute leur vie devant eux. C'est immonde.

15 novembre 2015

Ce matin, je décide d'aller à mon cours de yoga, afin de m'échapper de cet enfer et retrouver un petit peu de sérénité. Je prends le bus car je n'ai clairement pas le courage d'y aller en métro, c'est beaucoup trop anxiogène. Les rues sont désertes, les gens sont tristes, nous nous regardons tous avec beaucoup d'amour et de compassion. Je n'ai jamais ressenti cela avec les Parisiens, je suis tellement touchée que je me mets à serrer les dents dans le bus pour ne pas laisser couler mes larmes. J'arrive dans la salle en avance, il y a peu de monde comparé à d'habitude, les gens sont certainement encore sous le choc ou apeurés chez eux. Le cours ne me convient pas (la tuile), la professeure insiste beaucoup trop sur l'aspect physique des postures et mon corps entre complètement en résistance. Je tente tout de même de respirer, de faire ce que je peux, mais mes bras ne me portent pas, mes jambes sont rigides comme des barres de fer et ma respiration est saccadée. J'ai vraiment besoin de trouver un yoga qui me convient mieux, pour le moment c'est un peu laborieux.

Une fois le cours terminé, je ressens vraiment le besoin de me réconforter. Quelques amis se sont réunis vers la place de la République et nous décidons d'aller boire un chocolat chaud en terrasse afin de nous soutenir les uns et les autres. Je les retrouve sur la place bondée, la statue est entourée de fleurs, de photographies, de messages, de bougies… La scène est magnifique et incroyablement triste. Nous décidons de ne pas nous attarder car la foule n'est pas très « confortable » et l'atmosphère y est tout de même pesante. Nous marchons quelques rues plus loin et décidons de nous asseoir après quelques minutes de recherche. Les regards sont fuyants, les voix basses, les sourires forcés, personne ne sait vraiment quoi dire mais nous savons que cela nous fait du bien de simplement être ensemble et nous soutenir.

Soudain, mon amie Camille m'envoie un message : « Où êtes-vous ? J'arrive », puis « C'est étrange, il y a des gens qui courent partout ». Une montée d'angoisse me prend à la gorge et à l'estomac. Puis, je la vois apparaître au coin de la rue en courant, suivie par d'autres personnes, lorsque l'un d'eux s'écrie : « Ça recommence, il y a eu des coups de feu ! ». Mon sang ne fait qu'un tour, ce n'est pas possible. Pris de panique, nous nous jetons sur nos affaires et nous regardons les uns et les autres. Après avoir émis l'idée de s'enfuir en courant, nous décidons finalement de nous réfugier dans le bar avec des dizaines d'autres personnes. Je suis dans un état catastrophique, je me mets à pleurer, des images défilent dans ma tête et je ne suis plus maîtresse de mes émotions. J'appelle la police afin de savoir ce qu'il se passe. Personne n'est capable de nous répondre et on nous demande de rester à l'intérieur. Je me sens impuissante, une nouvelle fois. C'est un sentiment d'insécurité insoutenable et je ressens une colère monter dans ma gorge, comme si cette dernière pouvait m'empêcher de respirer et me faire mourir.

J'appelle le 112, personne n'est capable de nous répondre et on nous conseille de rester dans le bar pour le moment. Je suis outrée de ce manque de considération et d'information. Je me décide au bout de quelques minutes à consulter les réseaux sociaux et je constate sur Twitter de nombreux messages de personnes mentionnant une fausse alerte, des pétards, une ampoule qui éclate… Cela semble être un mouvement de panique causé par diverses sources et nous commençons à sortir de notre torpeur. Après quelques minutes à nous remettre de notre frayeur, je décide de rentrer avec mon amie Marion et son compagnon, dans un état un peu apathique, pour marcher avec eux jusqu'à son appartement. Une fois l'agitation du centre-ville passée, j'appelle un taxi pour rentrer chez moi. Arrivée à l'appartement, je m'effondre en larmes, comme une petite fille, dans les bras de Michael, incapable de contrôler ce qu'il se passe. J'ai eu très peur, une seconde fois en l'espace de trois jours. Je crois que mon corps ne le supporte plus.

19 novembre 2015

Ce matin, au réveil, je remarque que mon bras me lance. Comme une douleur étrange qui me rappelle vaguement une névralgie cervico-brachiale (ces cervicales qui se coincent et qui déclenchent une forte douleur le long du bras à cause du nerf qui y est relié). J'en ai souvent eues après de longues journées passées devant l'ordinateur, à travailler dans une position pas toujours adaptée. Mais ce matin, la douleur est vraiment lancinante, presque insupportable. J'essaie de faire abstraction (comme je sais bien me détacher de la douleur), je m'habille et je me rends au travail en métro comme tous les jours de la semaine.

L'ambiance est morose depuis les attentats, la joie peine à émerger et les tensions sont parfois palpables au bureau dans les espaces communs. Je travaille en tant que chargée social media et digital (je m'occupe de leurs réseaux sociaux) pour une chaîne d'hôtels-restaurants. L'activité est clairement impactée mais nous essayons de faire face. « Ça va ? », « Oui, on fait avec ». La réponse commune. Malgré tout, les choses semblent devoir reprendre leur cours, les objectifs doivent être atteints et les crises liées au business doivent être gérées tant bien que mal. J'ai une certaine difficulté à m'atteler à ma charge de travail, tout cela me semble si superflu, sans consistance, sans réelle importance. Je commence à être fatiguée de poster des choses sur les réseaux sociaux ces dernières années pour obtenir des likes et davantage de fans.

Ce sentiment que j'avais de brasser de l'air dans mon ancien travail, lorsque j'étais en agence de communication, semble resurgir. Je pensais que changer d'entreprise et de domaine me permettrait de m'épanouir et de comprendre pourquoi je m'étais lancée dans ces cinq années d'études en communication. Pourtant, une pièce du puzzle semble manquante, comme un creux dans ma poitrine, une sensation de vide émanant du plus profond de mon âme. J'entends la voix de certains membres de ma famille me dire : « La vie c'est pas toujours rose tu sais », « On ne fait pas toujours ce qu'on veut », « Travailler sert à gagner de l'argent et ensuite tu peux faire ce que tu veux ». Est-ce vraiment ça la vie ? Je ne sais pas, je ne sais plus, je suis un peu perdue.

28 novembre 2015

Depuis plusieurs jours, la douleur se fait de plus en plus intense, surtout le matin au réveil, mon bras semble me brûler en même temps que l'on semble me l'arracher. C'est très embêtant car nous devons déménager aujourd'hui et mon rendez-vous chez l'ostéopathe ne m'a pas vraiment aidée. Je pense à tous les cartons que j'ai faits avant de vider l'appartement et malgré les conseils de mon ostéopathe, je n'ai pas été capable de rester les bras croisés. Je me rassure en me disant que la douleur se fait principalement ressentir le matin et la nuit et que je devrais être tranquille la journée pour pouvoir faire ce qu'on a à faire. Ça finira bien par partir.

Pour notre déménagement, je me contente de diriger l'opération, en portant le moins de choses possible. Je me charge de faire un dernier coup de ménage et contemple avec nostalgie cette nouvelle page qui se tourne, dans ce cocon qui était le mien, après quelques mois de célibat puis de nouveau en couple, après des soirées entre amies à rire et à pleurer, après le succès fêté d'un nouvel emploi et enfin après ce jour noir, toujours gravé dans un coin de ma tête. Je contemple le flot de ces souvenirs me traverser, je ressens beaucoup de gratitude et de joie à l'idée de passer cette nouvelle étape. Je n'ai pas peur, je sais que tout sera idéal, quoi qu'il se passe, et j'ai confiance.

Clémence et son compagnon nous filent un coup de main pour tout charger. Une fois le trajet en voiture passé pour changer de quartier, nous déposons rapidement les quelques cartons dans notre nouvel espace de vie puis décidons de partir faire du shopping afin de compléter les fournitures et meubles dont nous pourrions avoir besoin. Michael se laisse porter par mon enthousiasme et suit le mouvement. Un téléviseur, de quoi ranger nos affaires et un même un aquarium pour donner de la vie au salon. La journée est intense, nous bougeons beaucoup et je sens que mon bras commence à me lancer. En pleine journée ? Allons bon.

Je contemple mon nouvel espace de vie, des cartons partout, de belles tapisseries, une atmosphère chaleureuse et agréable ; j'ai la sensation que des choses importantes se passeront ici. Je prends quelques médicaments antidouleurs qui traînent dans une de mes trousses à pharmacie(toujours bien trop remplie), des somnifères qu'il me reste pour m'aider à dormir et des anti-inflammatoires en espérant apaiser la douleur, avant d'aller me coucher pour me reposer de cette longue journée. Mon corps est en souffrance mais au bout de quelques minutes, je trouve enfin une position adaptée et confortable pour m'endormir.

29 novembre 2015

4 heures du matin, je souffre le martyr. Je me réveille en pleurs, je n'ai jamais eu aussi mal de toute ma vie. Je ne

sais pas quoi faire ni ce qu'il se passe. Après quelques minutes à errer en larmes dans l'appartement, je me décide à appeler SOS Médecins. Je me lève sans trop faire de bruit et m'allonge sur le canapé au milieu des cartons en désordre, hypnotisée par la lumière de l'aquarium et j'attends. J'observe le poisson tourner en rond en essayant de distraire mon mental de la douleur. Cela s'avère plus compliqué que prévu. Michael se réveille car il a remarqué mon absence et attend le docteur avec moi. Il tente de me faire penser à autre chose mais c'est peine perdue. Je voudrais m'arracher le bras, ne plus sentir cette affreuse sensation dans mon corps. L'attente est interminable, j'ai l'impression de ne plus être consciente tellement la douleur se fait intense.

Après une heure d'attente, la plus longue de ma vie, le médecin arrive. Il ne sait pas trop quoi me dire : « Bon, je vous fais une piqûre antidouleur pour vous calmer et je vous prescris un antalgique puissant. Je vous conseille quand même de prendre rendez-vous avec un rhumatologue parce que c'est différent de ce que l'on voit d'habitude. » Il est rigolo lui, je n'ai jamais vu de rhumatologue de ma vie, où vais-je bien pouvoir trouver ça ? La piqûre n'agit pas, je suis désespérée et je retourne me coucher en souffrance pour essayer de dormir un petit peu. Michael, merveilleux et patient, attend l'ouverture de la pharmacie et va me chercher les médicaments à la première heure.

Dès son retour, je prends un léger petit déjeuner afin de pouvoir prendre le Saint Graal, l'antalgique opiacé prescrit par le médecin et sensé me soulager enfin. (Je ne savais pas encore que je prendrais ce fameux Tramadol® pendant un an…) J'allume mon ordinateur, je lance une série télévisée afin de me faire penser à autre chose et je commence à me sentir plus légère. La douleur semble s'apaiser et mon cerveau commence à se détacher de cette sensation désagréable. Je me mets à rire toute seule. Michael me regarde surpris et amusé : « Tout va bien ? ». Je lui réponds : « Oui, oui je crois juste que je suis en train de planer ! ». Wow, j'ai l'impression d'avoir fumé du cannabis, je retrouve les sensations d'euphorie que j'ai ressenties lors de mes premières années d'adolescence, sur la plage, autour d'un feu, à se faire passer les pétards et chanter aux sons des guitares. La douleur s'estompe comme par magie et je respire à nouveau.

30 novembre 2015

Je commence à mieux gérer la douleur malgré cette sensation d'être dans du coton et de ne pas trop contrôler ce qu'il se passe autour de moi à cause du médicament. Je me rends tout de même au travail en attendant d'en savoir plus et je décide de lancer une bouteille à la mer sur Facebook « Si quelqu'un connaît un bon rhumatologue, je suis preneuse ». Quelques minutes plus tard, une amie me donne les coordonnées de sa spécialiste et je prends rendez-vous pour trois jours plus tard, en espérant que mon état ne s'aggrave pas d'ici là.

Devant l'ordinateur du bureau, je tente de travailler tant bien que mal, clairement à côté de mes pompes à cause du Tramadol de la veille. Soudain, je ressens quelque chose d'étrange, comme si mon omoplate appuyait davantage sur mon siège lorsque ma main se trouve sur la souris et mon bras à la perpendiculaire de mon buste. Je suis prise d'une légère panique et montre à Linda, ma chef, mon dos pour lui demander si elle ne voit rien d'étrange.

« Ben si, c'est bizarre, on voit ton omoplate qui ressort beaucoup plus à droite quand même ! » Qu'est-ce que c'est encore que ça… En parallèle, je me rends également compte que j'ai de plus en plus de difficulté à lever mon bras, comme si ce dernier ne pouvait plus aller au-delà de 90 °... qu'il s'agisse de sa position sur le devant ou le côté. Panique. Entre ces nouvelles sensations, la douleur qui revient à cause de mon corps qui s'habitue aux effets du médicament, je commence sérieusement à ne plus pouvoir travailler. Je décide de rentrer plus tôt chez moi pour me reposer, Linda est compréhensive et me laisse partir sans souci. J'ai vraiment du mal à intégrer ce qui m'arrive, je me sens punie et trahie par mon propre organisme, incapable de lutter.

3 décembre 2015

Ce matin, je me rends chez la rhumatologue, avec l'espoir de comprendre enfin ce qu'il se passe et quelle est cette douleur insupportable qui me torture. Mon omoplate est toujours décollée et je ne peux plus du tout lever le bras au-dessus de 90 °. J'entre dans son cabinet, un peu flippée. Elle me pose différentes questions afin de bien comprendre mon état mais semble silencieuse et assez discrète dans ses réactions. Bon.

« Quand les douleurs ont-elles commencé ? Levez le bras pour voir. » Elle m'ausculte encore quelques minutes sans trop s'exprimer. Diagnostic toujours flou. Elle me pose des questions afin de comprendre si cela peut être lié à certains traumatismes mais à part le yoga je n'ai pas une activité sportive incroyable. Toujours silencieuse quant à son opinion médicale, elle rédige alors une ordonnance pour que j'aille faire une IRM, un scanner et un électromyogramme (c'est quoi ce truc) avec un neurologue spécialiste dont elle me recommande le contact. Elle m'annonce ensuite que je suis arrêtée immédiatement de travail pour un mois et que nous referons le point à ce moment-là. Wow. Dans ma tête, à ce moment précis, je ressens deux choses distinctes : la panique de débarquer au bureau pour dire à ma chef que je ne reviens pas avant longtemps et en même temps un immense soulagement, comme un soupir venant des profondeurs de mon cœur.

Je me rends au boulot la boule au ventre dans la foulée, avec toujours de nombreuses questions en tête. Je me sens sonnée par tout ce qu'il se passe et en même temps je l'accepte car je n'ai pas vraiment le choix. Je range mon bureau et mon espace de travail, donne quelques consignes sur mes tâches en cours à Linda et passe informer la RH de ma situation. Au moment de repartir, je contemple l'open space de loin lorsque je me trouve sur le pas de la porte et une sensation très étrange m'envahit. J'ai la profonde conviction que je ne reviendrai pas, du moins, pas complètement. Puis je repars dans les couloirs du métro, je marche comme un zombie, au ralenti, et je me rends chez moi. Je m'assois sur mon canapé et je me mets à pleurer. Je pleure non pas pour la douleur (merci le Tramadol) mais car je sens que quelque chose d'important est en train de se passer. Je pleure car j'ai peur de ne pas pouvoir le gérer. Et je pleure car je crois qu'une partie de moi est heureuse de trouver une échappatoire à tout ce quotidien dans lequel je ne me reconnaissais plus.

10 décembre 2015

Les nuits et les jours se ressemblent depuis que je ne travaille plus. Avec des doses de Tramadol au maximum pour éviter de souffrir, je passe mes journées avachies devant la télévision, j'ai du mal à manger et quelques amis passent me voir pour me soutenir. Je n'arrive même pas à faire la vaisselle et je tourne à peine les pages de mon livre tellement mon bras est immobilisé. Aujourd'hui, j'ai enfin rendez-vous avec le neurologue. Le scanner et l'IRM n'ont rien donné, je commence à m'impatienter et à me demander ce qui cloche chez moi. Ce spécialiste semble réputé, je suis certaine qu'il pourra m'apporter les réponses dont j'ai besoin. Je me prépare tant bien que mal, j'ai de la difficulté à me maquiller pour moins ressembler à un zombie. Je dois réfléchir à l'itinéraire que je vais devoir emprunter pour me rendre dans le 15ᵉ arrondissement, à l'autre bout de chez moi. Je finis par commander un taxi.

Une fois arrivée dans cet immense cabinet, je m'installe dans la salle d'attente. Un tableau géant fait office de porte pivotante entre la salle et l'entrée. C'est assez fou. Au bout de quelques minutes, un monsieur d'une soixantaine d'années, à l'allure sympathique et au crâne dégarni, vient me chercher et m'invite à le suivre dans son bureau. Il me demande quels sont mes symptômes puis me dit : « Bon je pense savoir ce que vous avez mais on va le vérifier avec la machine ». Une lueur d'espoir s'illumine alors en moi. Je commence à déchanter lorsque je ressens les décharges électriques qu'il me déclenche dans le bras, à travers l'épaule, les doigts, l'omoplate… C'est vraiment désagréable mais apparemment nécessaire.

— Bon vous avez le syndrome de Parsonage et Turner, mademoiselle.

— Le quoi ??

— C'est un syndrome d'origine inconnue, ça atteint le nerf du grand dentelé, ce qui provoque le décollement de l'omoplate et les très fortes douleurs dans votre bras. J'en vois des centaines par an, mais les médecins n'en verront que peu dans leur carrière, ce n'est pas courant mais pas mystérieux non plus. Bon, c'est pas super mais vous allez vous en sortir. La guérison dure de 6 à 18 mois et vous ferez de la kinésithérapie deux fois par semaine, avec une thérapie aux électrodes, ça devrait s'arranger sous quelques semaines déjà.

— Ah…

— Allez, allez. Il est beau votre tatouage sur le bras, c'est un attrape-rêve c'est ça ? Vous avez bien fait de le faire, il vous va bien.

— Et pour le travail ?

— Je ne pense pas que vous pourrez reprendre le mois prochain mais vous verrez. Vous pourrez demander un mi-temps thérapeutique si c'est possible. En tout cas accrochez-vous, vous n'êtes pas la première et vous ne serez pas la dernière. Vous savez, moi, je traite des blessés du Bataclan, eux doivent réapprendre à vivre après des blessures par balle, ce n'est pas simple, puis ils sont traumatisés… Allez ça ira vous. Vous êtes jeune et robuste.

Je sors du cabinet, toujours plus sonnée et je rentre chez moi encore dans l'incompréhension la plus totale. Je ne comprends pas comment il est possible d'avoir développé un syndrome sans que personne ne puisse m'expliquer comment cela est arrivé, pourquoi et à cause de quoi. Mais au moins, maintenant je suis fixée et je vais pouvoir avancer. J'appelle ma maman, je lui explique les larmes aux yeux le diagnostic. Je sens son inquiétude mais comme toujours, elle prend sur elle et me rassure. J'ai l'impression d'être dans une spirale émotionnelle dont je ne sortirai jamais. Je ressens un immense vide face à moi. Qu'est-ce que je vais faire, ces prochaines semaines, enfermée chez moi et à moitié droguée tous les jours ?

15 décembre 2015

En parallèle de tout ça et comme si cela ne suffisait pas, cela fait plusieurs mois que je souffre lors de nos rapports intimes dans ma relation. Je traîne de nombreux bagages dans ce domaine depuis un bon moment : le lendemain de ma première fois à 16 ans, l'univers m'avait offert des règles en avance et une belle infection urinaire en guise de cadeaux. Depuis, la sexualité a toujours été source de prise de tête, de souffrance et de culpabilisation de ma part. J'ai vu des dizaines de médecins et gynécologues, incapables de m'aider pour me sortir de ce cycle infernal de cystites dans lequel je me suis enfermée pendant des mois.

Certains m'ont dit que c'était psychologique, d'autres m'ont mise sous traitement antibiotique de fond (une hérésie quand j'y repense pour le corps humain et les intestins) ou encore me disaient que certaines femmes étaient simplement plus sujettes à tout cela.

J'ai été souvent sous pilule depuis ces 10 dernières années, mon corps a changé et je l'ai détesté de plus en plus, ce qui n'aide peut-être pas le problème central. Mais ce syndrome est venu me secouer comme une tornade pour que je me pose les bonnes questions. C'est pour ça que je refuse aujourd'hui d'être une victime et que je me rends chez une gynécologue renommée pour avancer et me libérer sur ce sujet. Après m'avoir auscultée pendant quelques minutes, elle me rassure en me disant que ma physiologie et la forme de mon utérus peuvent être la cause des douleurs, mais également que je souffre de vestibulodynie, comme une blessure qui ne peut cicatriser, dû à l'anéantissement de ma flore, certainement à cause de la pilule et des antibiotiques à répétition… Le cercle infernal. Génial.

— Vous allez faire de la rééducation avec une kiné périnéale.

— Comme après un accouchement ??

— Oui, voilà c'est ça, pour dépasser vos traumatismes et retrouver une meilleure autonomie dans votre sexualité.

— Ah.

— Et puis vous allez lire ça.

Elle me tend le livre *Femme désirée, femme désirante*, de Danièle Flaumenbaum. Elle m'explique que cela va m'aider à comprendre tout ce qui m'arrive et à faire des liens. Je suis moyennement convaincue et un peu découragée, mais bon. Je me dis que je ne suis plus à ça près.

17 décembre 2015

Aujourd'hui, nous allons signer notre Pacs avec Michael. Moi qui ai toujours rêvé de grand mariage, ça semblait être une bonne solution temporaire, pour envisager de payer nos impôts ensemble et de faciliter les démarches administratives pour l'avenir. Une part de moi traite l'information de façon assez pragmatique, mais une autre part aurait aimé une belle demande, davantage de surprises et de romantisme. Je me raccroche au peu de stabilité que j'ai en ce moment avec tout ce bazar, certainement parfois à tort. Peut-être que ce n'est pas le moment ou alors que quelque chose n'est pas encore aligné pour un vrai mariage. Ça ne fait qu'à peine un an que nous sommes ensemble au final. En tout cas, je me réjouis de cette note positive dans un quotidien devenu pesant depuis mon diagnostic.

Je sais que les fêtes, cette année, seront particulières, je ne pourrai pas vraiment me déplacer voir ma famille dans le Sud vu mon état et mes rendez-vous médicaux. Je vais passer le dîner de Noël avec Marion et Maud, mes deux meilleures amies. Cette fin d'année a un goût un peu amer. Je suis constamment shootée aux médicaments, je sors de chez moi uniquement pour aller chez le kiné et je me sens clairement perdue face à ce que je souhaite faire les prochains mois. J'accueille le flou tant bien que mal, en espérant que cette prochaine année sera porteuse de davantage de lumière.

9 janvier 2016

Le salon est devenu ma chambre la journée. Affalée sur le canapé avec ma couette et mes oreillers, je compte les heures entre les prises des médicaments. Certains jours sont tristes et déprimants, d'autres me font du bien et me reposent. Toujours incapable de laver une casserole ou de tenir un livre dans les mains, je peux à peine me faire à manger. Je traîne les pieds dans l'appartement la plupart du temps comme un zombie et je me plains le soir à Michael, toujours patient et bienveillant à mon égard. Je regarde à nouveau des saisons entières de séries comme *Une nounou d'enfer*, que j'avais complètement oubliées, et je laisse les jours s'écouler du mieux que je puisse.

Ma mère m'appelle presque tous les jours, elle s'inquiète que je prenne tant de médicaments et que je me sente triste la plupart du temps. Le Tramadol est réputé pour être très addictif et de nombreuses personnes ont du mal à l'arrêter selon ses sources (et ce qu'elle a lu sur Internet).

J'essaie de ne pas entendre ses peurs et de me convaincre qu'en temps voulu j'y arriverai. Je crois que mon passé de fêtarde me rassure et me conforte dans le fait que je n'ai jamais été addicte à quoi que ce soit, malgré mes multiples expérimentations de drogues en tous genres. C'est sûrement aussi pour cela que je supporte si bien l'effet psychotrope et que je sais accueillir cette sensation de non-contrôle à l'intérieur de moi, car je sais qu'il n'est pas supporté facilement par beaucoup de monde. Et je crois qu'au final, cela me fait du bien.

Je passe beaucoup de temps à rêvasser et à chercher ce que je pourrais faire de ma vie. Je me replonge dans des livres de développement personnel qui trainent dans ma bibliothèque et j'entame doucement des recherches sur des sevrages naturels à base de plantes pour anticiper la fin du traitement. Je me promène sur Internet en lisant quelques articles sur les médecines alternatives par curiosité lorsque soudain, mon attention se porte sur un article de Camille du blog « Mange tes légumes » : *Comment je suis passée du marketing à la naturopathie.* Une sensation étrange vibre dans mon ventre, comme un doux frémissement, l'impression de trouver une clé très importante sur mon chemin pavé de mystères ces dernières semaines.

Je lis l'article et j'adhère complètement à tout ce qui est mentionné. Je découvre avec surprise ce qu'est la naturopathie, sa vision holistique de l'être, l'aspect bien-être et la nutrition, les paramètres psychologiques et émotionnels.

Quelque chose en moi semble crier « Mais oui c'est ça ! ». Je décide alors d'enchaîner les recherches sur le sujet et je tombe sur des centaines de sites, de blogs, d'ouvrages… Je comprends que deux écoles de naturopathie sont régulièrement citées et je décide de creuser davantage. Je découvre également que certaines portes ouvertes se tiennent bientôt et qu'elles seront également présentes lors de prochains salons du bien-être. Tiens, ça pourrait me faire du bien ça !

Le soir, j'en parle à Michael. Il me regarde un peu surpris mais pas tant que ça. Il y a un an et demi, je lui avais tout de même sorti que je souhaitais devenir soigneuse animalière et malgré mon manque de plaisir et de joie dans mon ancien travail, nous avions très bien compris ensemble que ce n'était qu'une fuite. Cette fois-ci c'était différent, il le sentait, je le sentais.

— Si tu sens que c'est ton truc je te soutiens.

— Merci, ça me touche.

Une excitation grandit en moi et j'ai la sensation de toucher du doigt quelque chose de symbolique qui pourrait me rapprocher de ma véritable voie. Bon, beaucoup de nouvelles questions et de peurs aussi, mais beaucoup d'enthousiasme.

5 février 2015

Je suis impressionnée par le nombre de personnes présentes sur ce salon du bien-être à la Porte de Champerret.

J'ai le tournis tellement il y a de stands et de choses qui me fascinent. L'espace est immense. Je me rends principalement sur l'emplacement du Cenatho (une des écoles en naturopathie les plus connues) pour me faire faire un bilan rapide et gratuit sur mon état de santé par une des élèves. Je suis fascinée par ses connaissances, de la façon qu'elle a de me poser des questions et de découvrir des choses sur moi simplement en regardant la paume de ma main. Je souris, je me sens à ma place, apaisée, comme si tout s'éclairait enfin. Je lui pose quelques questions sur la formation et si elle en est satisfaite. Elle m'explique qu'elle a changé sa vie après un burn-out et qu'elle n'a jamais été aussi certaine de ce choix dans son parcours de vie.

Je continue de faire le tour de cet espace à en perdre la raison, je découvre les stands de pierres de toutes les couleurs que je collectionnais et que j'aimais déjà tant lorsque j'étais petite. Je m'émerveille devant tous les oracles (ces jeux de cartes aux mille thématiques pour apprendre à s'observer) et je décide de m'en procurer un (qui sera le premier d'une longue série). Je respire les fioles d'huiles essentielles à m'en faire tourner la tête, je fais tinter les bols tibétains que je trouve fascinants et je regarde tous ces êtres œuvrer à leur façon pour faire changer le monde. C'est beau. Je virevolte au milieu des odeurs d'encens et des bruits d'oiseaux comme une enfant. J'ai la sensation que tout cela m'est déjà si familier, comme si toutes ces médecines holistiques avaient toujours fait partie de ma vie, comme si j'étais déjà venue ici.

Dans le métro pour rentrer chez moi, mon casque sur les oreilles pour me couper du monde extérieur, je réfléchis. Je suis maintenant certaine de vouloir m'inscrire à l'école de naturopathie. Je ne sais pas comment je vais la financer, mais s'il faut faire un prêt, je le ferai. Je n'ai pas envie de demander d'argent à mon père, il m'a déjà payé toutes mes études supérieures et je ne me sens pas de demander encore du soutien. Je trouverai la solution. J'aimerais aussi pouvoir raconter mon histoire et toutes les belles découvertes qui sont en train de se placer sur ma route. Je crois que je vais tenir un journal et ouvrir un blog. Oui, c'est ça. Ce ne sera que le dixième que je crée au pire, moi qui ai toujours eu des blogs en tout genre pour écrire de la poésie et des messages inspirés depuis la création d'Internet. Et puis comme ça, au moins, j'aurai des clients dans trois ans, lorsque j'aurai terminé mes études et que je serai officiellement naturopathe.

Dans la foulée, je décide également d'arrêter la pilule. Cette chimie toxique que j'inflige à mon corps depuis des années et que je n'ai jamais supportée. La kiné périnéale m'aide bien à dépasser la douleur et les traumatismes mais je sens qu'il manque encore une pièce du puzzle. Je suis persuadée que mes sautes d'humeur et ma pseudo-dépression adolescente sont en partie liés à cette cochonnerie. J'ai envie de reprendre le pouvoir sur mes cycles, sur ce que je ressens et d'être davantage connectée à moi. J'aurais dû le faire il y a bien longtemps, mais bon, chaque chose en son temps.

Une sensation étrange envahit ma poitrine et me prend à la gorge. Un mélange d'excitation, d'appréhension et de peur face à cette décision pour l'école. Je me rends compte à quel point ce qui m'inquiète le plus est la réaction de ma famille. Je choisis d'écrire la trame d'un mail sur mon téléphone, en expliquant par A + B que ce choix est réfléchi, que tout ce que j'ai fait jusqu'à maintenant me servira, que je me débrouillerai et que le blog me permettra de gagner en visibilité. Je le relis cinq fois, la boule au ventre et je l'envoie à papa. Une heure plus tard à peine, je lis sa réponse : « Je vois que tu as tout bien pensé on en parlera :) » Soulagement. Apaisement. Joie. J'avais si peur, alors qu'au fond de moi je sais très bien qu'ils m'ont toujours soutenu dans tous mes choix et qu'ils continueront à le faire.

2

Découverte d'un nouveau monde

1er septembre 2016

J'ai passé tout l'été entre rendez-vous chez le kiné, la rééducation périnéale, l'ostéopathe, la psychologue et l'hypnothérapeute. J'ai l'impression d'être une athlète de haut niveau pour la préparation d'un marathon, si ce n'est que j'essaie juste de retrouver une vitalité suffisante pour mon corps et mon esprit. Je me sens beaucoup mieux depuis l'arrêt de la pilule. J'ai moins de sauts d'humeur, les douleurs ont disparu (en seulement un mois !), je commence à percevoir les différentes phases de mon cycle (avant mes règles, quand j'ovule, etc.) et je suis davantage connectée à mes émotions.

En parallèle, j'ai créé et alimenté le blog que j'ai choisi d'appeler « Bonheur au naturel ». Je parle de cosmétique saine, d'alimentation, d'aromathérapie, de développement personnel… J'ai acheté des dizaines de livres que je ne lis qu'en diagonale car j'ai la sensation de connaître déjà les principes de la plupart des thématiques que j'explore. C'est assez étrange. Une sensation de déjà-vu. En plus, grâce à mon parcours en communication, je suis assez à l'aise pour faire grandir ma communauté sur les réseaux sociaux, je me sens comme un poisson dans l'eau et je ressens un immense bonheur de pouvoir échanger avec de nombreuses personnes sur ce que je traverse. Le quotidien est moins morose, je ressens davantage de joie à partager et mettre un sens sur toute cette phase étrange que je vis.

La paralysie s'est estompée cet été. Après sept mois de douleurs intenses, à ne pas pouvoir lever le bras au-dessus de 90 °, je retrouve enfin une mobilité « normale ». Je sens que ce n'est pas encore gagné mais je peux au moins diminuer les doses des médicaments et, en journée, gagner en clarté dans ma sphère mentale. Michael a été mon pilier, je mesure la chance que j'ai de l'avoir à mes côtés. Toujours patient et bienveillant, il n'a pas été placé sur ma route par hasard. J'ai aussi compris que certaines de mes relations n'avaient plus de raison d'être, car nous évoluons de façon différente et que ma guérison nécessite de faire les bons choix pour moi-même. Je ne veux plus alimenter de drames, de plaintes ou de négativité comme j'ai pu connaître dans mes anciennes expériences. Aujourd'hui, je choisis la lumière en conscience. J'ai un peu peur de passer pour l'allumée de service qui se prend pour je-ne-sais-quoi, mais je crois également que je m'en fiche un peu car ma santé en dépend.

Ce soir je me rends à mon premier *networking* pour les personnes déjà naturopathes ou en formation. J'y vais accompagnée de Margaux, que j'ai rencontrée grâce à Instagram. Nous avons des parcours similaires, toutes deux issues du milieu de la communication dans lequel nous n'étions pas épanouies. Et nous nous sommes également rendu compte que nous allions dans la même école, dont la rentrée est dans quelques jours. Quelle belle coïncidence ! Je me sens à l'aube d'un grand tournant dans mon existence.

Tout est fluide. Le prêt étudiant m'a été accordé. J'ai repris le travail en mi-temps thérapeutique et je fais de merveilleuses découvertes de jour en jour.

Je rencontre Anne-Claire et son grand sourire. Elle est à l'origine de cette session. Après avoir souffert d'insomnies pendant des années, elle a repris sa vie en main et s'est formée en naturopathie. Elle a écrit de nombreux livres et souhaite désormais faire découvrir la santé différemment au monde. Je suis très inspirée par son parcours et son attitude optimiste. Je sens que nous allons devenir bonnes amies et j'ai beaucoup de gratitude pour cette soirée, source de belles rencontres et partages.

« Vous verrez, la naturopathie a changé ma vie. C'est magnifique que nous soyons de plus en plus nombreux à nous éveiller et prendre conscience de ces changements. »

Nous passons la soirée à échanger avec d'anciens et futurs élèves, chacun a des parcours de maladies, de burn-out et de transformations. Je comprends ce qui nous lie tous ensemble : la volonté de faire de nos difficultés des forces.

10 septembre 2016

Le jour J est enfin arrivé, j'entame ma rentrée des classes au Cenatho. C'est très étrange de me dire que je retourne à l'école à 26 ans et, en même temps, très excitant. Hier soir, la douleur s'est réveillée, comme je n'en avais pas ressenti depuis des semaines. J'ai eu très peur de rechuter et de repartir en arrière. Beaucoup de choses se sont bousculées dans ma tête. Je n'ai pas très bien dormi. Je suis assez fatiguée mais je m'efforce de conserver une attitude positive face à cette nouvelle page blanche. Avec le recul, je perçois que mes peurs du changement, peut-être inconscientes et incontrôlées par mon besoin de sécurité, manifestent des symptômes psychosomatiques en moi et donc ces douleurs.

Je découvre les élèves avec intérêt, dans cette grande classe aux murs jaunes où je passerai certainement les trois prochaines années. Comme je l'ai toujours fait, je me place au fond, près de la fenêtre, à sonder les visages et les différentes énergies qui m'entourent. Nous sommes assez nombreux, autour de 40 il me semble. Cela fait une très grosse classe. Mais apparemment de nombreuses personnes s'arrêtent après la première année à cause du rythme et des évolutions de chacun. J'imagine que de maintenir un travail en plus de deux week-ends par mois de cours n'est pas évident. Pour ma part, je sais que ce n'est que temporaire et que je ne souhaite plus travailler dans la communication. Je suis déjà en train de réfléchir à une transition.

Le programme s'annonce intense mais nous étions prévenus : nutrition, physiologie, acupression, massage, psychologie, iridologie... Deux week-ends d'enseignements par mois, du travail d'intégration en parallèle et des partiels en fin d'année. Un stage d'été est également prévu en juillet pour nous immerger dans la pratique et nous entraîner avec des faux patients volontaires. J'ai hâte. Bon, ça va quand même être intense, mais ça devrait le faire. Je m'en suis toujours bien sortie, en choisissant ce qui me passionne le plus et en laissant un peu en flottement le reste. Je suis aussi heureuse de retrouver Margaux en classe, c'est un premier repère non négligeable qui me permet de me sentir plus confiante. Je sens que nous allons être très amies pendant longtemps et faire un bon bout de chemin ensemble. Je repère aussi d'autres jeunes femmes dans la promotion et je visualise déjà le petit groupe avec lequel je pense passer le reste de l'année (je me trompe rarement) : Fiona une belle brune aux grands yeux bleus, un peu râleuse comme moi, et Anastasia, une grande blonde solaire, à l'accent belge et aux réactions rigolotes que j'affectionne beaucoup.

21 octobre 2016

Les cours se passent bien, je commence à trouver mon rythme entre le blog et l'école. J'ai demandé à mon médecin de me remettre en arrêt car je n'arrivais plus à gérer la pression constante de mon employeur, non ravi que je sois en mi-temps thérapeutique. Aujourd'hui, j'ai eu envie d'aller faire un tour au salon Zen avec mon amie Héloïse, rencontrée grâce aux réseaux sociaux. Elle tient un blog et une chaîne YouTube, elle est également passionnée de spiritualité et de questions philosophiques. Un Scorpion (en astrologie) comme moi, je crois qu'on se comprend toutes les deux dans notre sensibilité. Le blog continue de prendre son envol, je suis assez active. J'y ai rédigé un article sur les pierres il y a quelques jours et j'ai envie aujourd'hui d'explorer davantage les différents stands que je croise. J'apprécie beaucoup de passer du temps dans l'espace bien-être avec tous les produits miracles et les compléments alimentaires tous plus ingénieux les uns que les autres, mais je dois avouer que celui qui m'appelle le plus reste celui de l'ésotérisme et des pratiques spirituelles.

— Tiens, tu devrais acheter ce livre il est chouette, me dit Héloïse.

— *Réveillez le chaman qui est en vous* d'Arnaud Riou ?

— Oui, je l'ai lu. Il te plairait, je pense.

— OK, je prends.

Un peu plus loin, j'aperçois un stand rempli de bols dorés et laiteux. Je m'approche avec curiosité et une pointe de scepticisme (habituel chez moi quand je ne connais pas). Je m'autorise à en prendre quelques-uns dans mes mains, à les faire tinter et résonner. Le monsieur s'approche de moi et m'invite à les faire chanter. Je passe un long moment à admirer les gravures qui se trouvent sur chacun d'eux, j'observe les divinités et je sens que quelque chose se passe.

« Les bols tibétains sont fait de sept métaux différents et le travail nécessite de longues heures de façonnage minutieux. Ils viennent tous du Népal et permettent aux travailleurs locaux de vivre. » Le Népal, j'aimerais beaucoup y aller… Après de longues minutes d'échange avec le vendeur très sympathique et patient, je me laisse tenter sans trop réfléchir au prix et j'en choisis un. J'ai dû en faire chanter une dizaine mais mon intuition m'invite toujours à revenir à celui-là, alors j'imagine que c'est le bon.

23 novembre 2016

J'ai passé des jours entiers à me renseigner sur le chamanisme, j'ai dévoré le livre d'Arnaud Riou et je me suis même acheté un oracle sur les animaux médecines dans la foulée. J'ai de plus en plus de mal à passer du temps avec certaines personnes qui me prennent pour une illuminée. J'ai l'impression de me brancher à des connaissances et des concepts qui me semblent pourtant si naturels. Je n'ai pas la sensation que tout ça est bizarre. Bien au contraire, cela vient mettre du sens et une forme de justesse dans tout ce que j'ai pu vivre jusqu'à présent. Je crois que c'est tout ce qui importe. Que cela me parle et que ça me fasse du bien. Car c'est vraiment le cas et ça m'aide vraiment au quotidien pour accompagner ma guérison.

Ce soir je me rends à une conférence avec Héloïse justement sur les *Archives akashiques*. Lorsqu'elle m'a proposé de l'accompagner sur le moment je dois avouer que j'étais un peu perplexe, c'est quoi ce truc ? J'ai à peine regardé le contenu de l'événement et j'ai suivi un élan sans trop réfléchir. Nous sommes une trentaine dans la petite salle, au sous-sol d'une boutique ésotérique qui se trouve à Bastille. Je sonde les personnes autour de moi. Certaines plutôt classiques, un peu comme nous, curieuses et d'autres qui semblent un peu plus perdues, pourtant habituées du lieu.

L'intervenante entre dans la pièce, s'installe sur la chaise devant nous et commence à raconter son histoire, comment elle a vécu l'abandon de sa mère, la perte de son mari et quelque chose qu'elle appelle « la nuit de noire de l'âme ». Pendant cette période, elle est allée consulter des chamans et des thérapeutes holistiques dans le monde entier qui lui ont appris à se connecter à l'*Akasha*, la mémoire du monde. Elle a ainsi développé des facultés qui lui ont permis de récupérer des informations dans cette bibliothèque cosmique, la mémoire du monde, pour elle-même dans un premier temps, puis pour pouvoir les transmettre lors de séances.

Grâce à ces informations, elle a compris pourquoi son âme avait choisi de vivre ses expériences d'abandon et de maltraitance. Elle a fini par pardonner et entrer en résilience totale face à ce que la vie lui proposait. Je la trouve très courageuse. Une part de moi comprend et entre en résonance avec ce qu'elle raconte, mais une autre part se dit que je ne serai jamais capable de faire ce chemin de prise de conscience si tout cela m'arrivait. Et puis ça semble quand même un peu perché tout ça je dois avouer, mon scepticisme est toujours là (ce n'est peut-être pas plus mal). La conférence s'achève et nous sortons de cette dernière avec de nombreuses questions. Je n'en resterai pas là, je suis bien décidée à creuser le sujet.

5 décembre 2016

Un an. Un an que j'ai été arrêtée de travailler et diagnostiquée avec ce foutu syndrome. Un an de douleur et de remises en question. Aujourd'hui, après deux mois d'arrêt de travail complet, huit mois de mi-temps thérapeutique et deux mois d'arrêt complet à nouveau pour burn-out, je me rends au siège de mon entreprise pour signer ma rupture conventionnelle. Waouh. D'un côté, je suis en joie et tellement soulagée de laisser tout cela derrière moi. Mais d'un autre côté, je me lance dans une période de chômage, statut dont je n'ai jamais bénéficié longtemps auparavant, dans l'optique de me reconvertir et de devenir indépendante. Grosse angoisse. Un grand saut dans le vide. Pas étonnant que je me sois encore tapé une cystite il y a quelques jours. Je commence à comprendre le lien entre le symptôme et mon sentiment d'insécurité.

7 décembre 2016

Je sors d'un atelier complètement fou. Je l'ai découvert grâce à la conférence de l'autre jour à Bastille. Un atelier de guérison, dans la même salle en sous-sol que la dernière fois. Cet atelier tournait autour de la guérison et était animé par Angie et son cousin Mauricio à l'accent sud-américain chantant. Ils étaient beaux, lumineux et incroyablement puissants dans leurs pratiques. Lorsque je me suis assise sur ma chaise, j'ai tout de suite ressenti que quelque chose allait se passer. Angie est praticienne chamanique et masseuse holistique. Mauricio est médium et accueille tout le monde avec des câlins. Sentiment étrange dans mon cœur.

Pour la première partie de l'atelier, nous sommes invités à découvrir la roue de médecine (les quatre directions et éléments transmis dans la voie chamanique), des protocoles de guérison et de nettoyage que nous pouvons faire chez nous lorsque nous en ressentons le besoin. Je les trouve tous très magnétiques et intéressants tous les deux. Puis, pour la seconde partie, chacun est invité à fermer les yeux et à profiter d'un soin collectif. Une musique est diffusée dans la salle, Angie et Mauricio passent autour de nous avec des bols tibétains, des plumes, ils chantent, soufflent, nous effleurent et effectuent des mouvements de purification (de ce que je comprends) autour de nous. Tout mon corps frissonne. J'ai envie de pleurer. Je me retiens. Mais j'ai quand même très envie.

Pour la troisième partie de l'atelier, nous formons un cercle avec nos chaises dans l'espace. Mauricio nous explique que chacun va passer au centre pour poser une intention, puis nous enverrons tous ensemble un son en direction de la personne et nous nous rapprocherons pour placer nos mains sur elle et refaire un son de guérison. *Oh my god*... Dans quoi j'ai mis les pieds encore ? Bon, je vais quand même jouer le jeu, je ne suis pas venue pour rien. Je réfléchis à mon intention. La guérison bien sûr de mon syndrome. Nous entamons la pratique et je trouve le rituel très beau. Chacun est très investi et entre en empathie avec la problématique de toutes les personnes qui passent au centre.

Arrive mon tour. Je m'assois. « Ah, intéressant », dit Mauricio. Hein ? Comment ça intéressant ? Je ne dis rien et exprime mon intention à haute voix les larmes aux yeux. Le rituel est fort. Je me retiens encore de ne pas pleurer pour garder la face. Je transpire. J'ai chaud. Tout le monde envoie des « *Om* ». Pendant quelques minutes, mon corps vibre. Puis ils se rapprochent de moi pour placer leurs mains. Je pensais que j'allais détester mais finalement je me sens soutenue, c'est assez agréable. Bon, c'est fini tant mieux.

L'atelier se termine et tout le monde semble épuisé. Tour à tour, nous prenons le temps de dire au revoir aux intervenants avant de partir. Je m'approche d'Angie pour la remercier. Je m'effondre en larmes dans ses bras. Je ne comprends pas. « Tu as un puits de lumière au-dessus de la tête ma chérie. Tu es une vieille âme. Tu ne comprends pas encore mais ta vie va changer. »

Je ravale mes larmes et nous échangeons nos contacts pour que nous puissions faire un soin individuel ensemble. Mauricio me prend à nouveau dans ses bras, avec cette tendre énergie que j'ai rarement connue chez un homme.

Je monte dans mon taxi, encore chamboulée. Et soudain, je me rends compte que je n'ai plus aucune douleur à mon bras. Aucune sensation désagréable, aucune tension dans l'épaule, rien. Pourtant elle ne me quittait pas depuis des mois… Je regarde le paysage parisien défiler par la fenêtre, le cœur rempli de gratitude et encore sous le choc de cette soirée. Des larmes coulent le long de mes joues et je suis bien décidée à prolonger mes explorations.

9 décembre 2016

Trois jours sans quasiment aucune douleur. Je sens que cela commence à peine à se réveiller mais que cet atelier de guérison a vraiment eu un impact fou sur moi. J'ai même réussi à me rendormir sur le ventre… chose qui ne m'étais pas arrivée depuis un an !

Je suis en route pour ma séance avec une médium, pour une lecture des *Archives akashiques*. Ça me trottait dans la tête depuis la conférence de la dernière fois. Après quelques heures de recherche sur Internet, j'ai fini par trouver quelqu'un qui me semblait bien, j'ai écouté mon intuition et j'ai pris rendez-vous.

Le cabinet se trouve chez elle. À peine arrivée, une douce odeur d'encens emplit mes narines. Son gros chat aux poils longs se prélasse sur le canapé, à côté de nous. Des bibelots spirituels de toutes sortes sont installés sur les étagères et les meubles, partout dans la pièce. Certaines personnes auraient peut-être trouvé ça perché, mais moi je me sens étrangement bien.

— Bienvenue, me dit-elle avec un grand sourire. Installez-vous. Avez-vous des questions ?

— Hum, pas vraiment, pour le moment je vous laisse me dire ce que vous percevez.

Elle ferme les yeux et reste en silence quelques secondes.

— Vous avez de nombreuses vies passées de guérisseuse, une capacité à soigner avec vos mains que vous devriez explorer, vous le savez ça ?

— Heu non, pas vraiment.

— Vous vous êtes incarnée sur terre pour accompagner et guider les autres.

Wow ben dis donc…

— Votre maman entretient une connexion particulière avec les anges.

— Ah, elle ne m'en a jamais vraiment parlé.

— Votre syndrome est une manifestation de votre être divin, car vous n'étiez pas à votre place, mais vous avez la tête dure, alors vous ne laissiez pas s'exprimer. Votre âme a choisi de s'incarner pour accompagner les êtres à se transformer. Vous serez à la fois un exemple et une inspiration.

— Ah oui, rien que ça, répondis-je un peu gênée.

— Avez-vous la sensation de déjà connaître certains sujets auxquels vous vous connectez en ce moment ?

— Je dois avouer que oui.

— Vous aussi avez la capacité de lire les archives si vous le souhaitez, il suffit d'apprendre les techniques pour ouvrir vos canaux et vous verrez que vous êtes un être très puissant.

La séance se termine et je suis un peu sonnée. J'appelle maman. Elle flippe un peu et en même temps m'avoue qu'elle n'est pas surprise. Elle me confie également qu'elle a déjà vu des médiums qui lui ont parlé de moi mais ne m'en a jamais parlé. Souvent elle ne voulait même pas entendre ce qu'ils avaient à lui dire sur mon chemin tant ça lui faisait peur. Elle me dit également qu'elle prie les anges depuis toujours et qu'elle sait quel est mon archange de naissance : Michael. Un peu fou. Elle me dit que tout cela la fait un peu flipper mais que si c'est mon chemin et que ça met du sens sur tout ce que je vis alors ce sera juste. Je rentre chez moi, un peu à l'ouest. Je n'ose pas trop en parler à Michael qui risque de me prendre une folle, j'ai un peu peur de sa réaction. Je vais cultiver mon jardin secret.

15 décembre 2016

Nous sommes invitées avec Héloïse à passer le week-end au Moulin de Grouches, créé par Pierre, un naturopathe, ami de Anne-Claire qui fait également partie du convoi, car elle doit terminer un livre coécrit avec ce dernier. Nous avons toutes les deux un grand besoin de nous ressourcer et de nous échapper de notre quotidien parisien assez intense ainsi que des réseaux sociaux où nous sommes très actives. Nous prenons le train toutes les trois en direction de la banlieue parisienne et de davantage de verdure. Récupérées par Pierre et son large sourire à la gare, nous découvrons avec un immense plaisir la région et ses paysages apaisants.

Nous arrivons au Moulin, ravies. Un petit étang et deux cygnes se trouvent devant la maison. Un grand jardin également offre un espace de ressourcement très apaisant. Pierre nous montre notre chambre et nous sommes invitées à déguster une soupe tous ensemble le soir. J'ai faim. Nous allons manger de manière naturopathique tout le week-end. J'ai peur de manquer. Mon passé et mes réflexes boulimiques reviennent parfois à la charge et ce n'est pas toujours évident à gérer. Au final, tout se passe bien, la soupe et les tartines sont largement suffisantes. Nous terminons la soirée au coin du feu et je découvre avec émerveillement la malle aux dizaines d'oracles que possède Pierre. Nous passons un moment à tirer quelques cartes et à échanger sur nos vies, tous les quatre, avec beaucoup de joie et de légèreté. Puis, nous allons nous coucher, épuisées de nos semaines.

16 décembre 2016

Ce matin, Pierre nous montre comment fonctionne l'espace sauna. La petite cabane en bois est installée dans une annexe de la maison, avec des sortes de hamacs et de grandes baies vitrées qui donnent sur le jardin. Il nous suggère de le faire sans avoir mangé de petit déjeuner pour éliminer plus en profondeur les toxines. Nouvelle petite angoisse, mais je ne dis rien. L'idée est de passer 15 minutes dans le sauna, puis de sortir dehors dans le froid (il fait 3 degrés) pour créer un choc thermique, se doucher à l'eau froide si on s'en sent capable, puis de rentrer se reposer dans un hamac pendant une dizaine de minutes. Faire ainsi trois passages permettra à notre système nerveux de se relâcher et de relancer tout le système neuro-végétatif. Allez, soyons fous !

On se lance, prêtes avec nos maillots de bain, nous entrons dans la cabine. Le sauna est à infrarouge, pas besoin de mettre d'eau sur les pierres. Il fait vraiment chaud. Nous nous allongeons et discutons pour éviter d'y penser. Je commence à transpirer facilement. Au bout de quelques minutes, c'est le moment de sortir. Nous enfilons des mules en plastique (glamour) et sortons en serviette dans le jardin. Je m'attends au pire. Et finalement, je suis agréablement surprise de ne pas sentir le froid ! Je trouve même ça très agréable et grisant. Nous nous promenons pieds nus dans la pelouse en rigolant. Je regarde la douche du coin de l'œil : même pas en rêve. Puis nous rentrons pour nous reposer avant notre second passage et enfin le troisième. À la fin de l'expérience, je me sens comme dans du coton. Même sensation qu'après avoir fumé du cannabis (merci les années jeunesse pour la référence) mais sans l'effet psychotrope. Plutôt agréable.

Le temps de midi est consacré à nous nourrir de façon saine. Pierre nous explique les fondements de l'hygiène de vie saine selon lui. Nous discutons de choses et d'autres c'est très intéressant. Anne-Claire et lui sont en train de finir un livre qui sortira bientôt : *Le Miracle du Jeûne.* Je suis assez intriguée par la pratique mais complètement angoissée à l'idée de ne pas manger pendant plusieurs jours. Ils m'expliquent qu'il faut y aller progressivement lorsque je me sentirai prête. Cette technique naturopathique se base sur les capacités que possède le corps à se régénérer et se guérir lui-même. Comme le font les animaux lorsqu›ils sont malades : ils ne mangent plus et se reposent. Nous, nous prenons des médicaments et continuons notre train de vie frénétique, une belle bêtise.

L'après-midi, nous sortons nous promener dans la forêt aux alentours. L'air frais me fait un bien fou. Je me répète souvent dans ces moments-là que la vie parisienne ne me convient plus et que j'ai vraiment besoin de retrouver un coin de verdure autour de chez moi. Nous rentrons régénérées et à la fois vidées. Une nouvelle fois, nous prenons le temps de boire une tisane au coin du feu, de discuter et de tirer quelques cartes dans les oracles. Qu'il est agréable de prendre le temps. Nous allons également découvrir la grande salle de méditation qui se trouve en haut de la maison. Elle est magnifique, sous le grand toit du moulin rénové. Des bols tibétains géants y sont disposés et je me plais à donner un petit bain sonore improvisé à Héloïse. Puis nous continuons de discuter de relations amoureuses (nos sujets favoris), de spiritualité, de nos aspirations… Avant de redescendre donner un coup de main pour le dîner.

17 décembre 2016

Retour sur Paris ce soir. Ce séjour a été une véritable bulle de bien-être. Je suis très heureuse d'avoir entamé ce chemin à l'école de naturopathie et de rencontrer toutes ces personnes merveilleuses et inspirantes. Je me dis que tout ce que j'y apprends fait vraiment sens. J'ai tellement lutté et détesté mon corps toutes ces dernières années, pas étonnant que celui-là se soit un peu rebellé. J'ai davantage envie de creuser toutes ces techniques de santé holistique, mais je sens tout de même que ce sont des sujets plus ésotériques et spirituels qui m'appellent. Nous quittons le moulin, emplies de gratitude envers Pierre et le lieu, avant de retourner à la gare pour la suite de nos aventures parisiennes. Je prends le temps également de serrer Anne-Claire et Héloïse dans mes bras avant de les quitter. Je ne faisais jamais de câlin avant. Je n'aimais pas ça. Ou alors, je m'en persuadais. Toujours est-il qu'aujourd'hui, je me sens riche de ces belles amitiés.

3

Oser le renouveau

24 janvier 2017

Depuis cette conférence et tout ce que je creuse depuis des semaines, il se passe plein de choses étranges dans mon quotidien. J'ai l'impression de découvrir un autre monde, c'est assez fou. Il y a quelques jours, mon amie Marion, qui est naturopathe et que j'avais rencontrée lors d'une consultation offerte pour un partenariat, m'a proposé d'aller faire avec elle une méditation chez un homme qui fait du Reiki. Je ne sais franchement pas où je mets les pieds mais mon intuition me dit que c'est OK alors je suis un peu le mouvement. Je l'ai également proposé à une amie de ma classe, Alicia, qui semble intéressée par tous ces sujets-là. Elle a accepté avec enthousiasme.

Nous arrivons chez le praticien, une douce odeur d'encens se diffuse dans tout l'espace. Il nous invite à nous installer avec mes deux amies dans son salon où il a aménagé des coussins et des emplacements un peu partout sur le sol pour nous asseoir. Il nous explique que nous allons commencer par une méditation connectée aux dragons (oui d'accord…) puis nous ferons des soins énergétiques les uns sur les autres. J'imagine la tête de certains de mes amis à ce moment-là. Beaucoup seraient partis en courant en hurlant à la secte. Moi, je ne bronche pas et je trouve cela plutôt naturel. Mon détecteur à *bullshit* semble plutôt bien fonctionner depuis quelques mois et je pense que mon discernement me permet de ne pas franchir certaines limites.

La méditation est guidée par Olivier qui nous accueille au son de sa voix puis d'instruments et de la musique. Nous sommes assises en tailleur, les yeux fermés. Je me laisse complètement emporter et au bout de quelques minutes, je me rends compte que je ne sens plus vraiment mon corps. J'aperçois au loin un immense dragon chinois bleu nuit (oh bazar…) et je le laisse m'approcher. Je me visualise monter sur son dos et je me mets à voler au-dessus de paysages magnifiques, au-delà des montagnes et des lacs. Nous allons dans le ciel caresser la lune ronde. Les images sont féeriques et incroyables, je suis comme dans un conte. Je sens mon corps et ma tête partir en arrière, je ne peux pas les contrôler. Je me laisse emporter dans la méditation puis Olivier finit par nous dicter le retour à la réalité et je finis par ouvrir les yeux, un peu shootée. Il me regarde avec un sourire car il sait que cette rencontre a été importante pour moi.

Pour la seconde partie, Olivier nous montre des symboles du Reiki avec lesquels nous allons visualiser et effectuer les soins. Marion commence par s'allonger au centre de notre triangle, Alicia, se met au niveau de sa tête, Olivier près du cœur et moi de ses pieds. Chacun entre en méditation les yeux fermés et nous entamons le soin. Je visualise le symbole puis, intuitivement, je choisis de transmettre de l'énergie céleste (que j'imagine venir du ciel) à travers l'espace de mon cœur, je répète intérieurement des mots et je pose mes mains à différents endroits sans trop savoir ce que je fais. Bon, ça a l'air de bien se passer. Je sens Marion se détendre et apprécier l'instant. Puis vient le tour d'Alicia, et enfin le mien. Pendant mon passage, certaines images me viennent mais j'essaie surtout de profiter de l'instant pour relâcher mon esprit, lui qui ne s'arrête jamais de tourner.

Nous clôturons la soirée avec une offrande : un chant indien dédié à la divinité Ganesh, dieu de la connaissance et de la sagesse (il me plaît bien lui, je vais creuser) et échangeons quelques instants sur nos différentes activités. Nous laissons notre participation en liquide et remercions notre hôte. Je repars le cœur léger et apaisé, plutôt contente d'avoir une nouvelle fois testé quelque chose de différent de ce que je connaissais. Je ressens beaucoup de gratitude envers moi-même de m'être autorisée à tenter l'expérience sans a priori.

29 janvier 2017

J'ai passé la journée dans un salon du bien-être, avec Margaux. J'ai encore dépensé je ne sais combien dans des livres que je ne lirai pas et des oracles. Nous assistons à une conférence animée par Arnaud Riou et Lilou Macé, au Grand Rex. Lilou fait des interviews sur YouTube avec des centaines de personnes depuis quelques années. Grâce à elle, j'ai découvert de nombreux sujets et thématiques dans le domaine du bien-être que j'ai pu approfondir par la suite. Je trouve Arnaud très inspirant dans sa façon de voir le monde et de porter la philosophie chamanique. Il permet de transmettre les sagesses ancestrales dans notre monde moderne, avec simplicité et humilité. Car en fin de compte, le chamanisme c'est avant tout remettre le sacré au cœur de notre quotidien. Il aborde également le monde des esprits avec beaucoup de clarté et de légèreté. Je trouve que c'est très appréciable dans un univers où nous trouvons parfois des excentricités qui ne me parlent pas trop.

La soirée est très intéressante, mais je ne peux m'empêcher d'avoir le sentiment étrange de savoir déjà au plus profond de moi la plupart des choses qui ont été dites ce soir. Comme si j'étais dans l'attente d'une illumination plus grande, en dehors de l'espace du mental. Je ne saurais pas vraiment l'expliquer… C'est comme si à l'écoute de leur discours, j'avais la sensation de réactiver de vieilles mémoires enfouies en moi. Je ne sais pas, je vais laisser décanter tout ça. Encore une journée riche.

17 février 2017

Voilà plusieurs jours que cela tourne dans ma tête, j'ai décidé aujourd'hui de lancer mes premiers accompagnements, mon « coaching du bonheur ». Je n'ai pas clairement défini de cible ou de structure, je ressens juste dans mon cœur un besoin de soutenir et d'accompagner. J'ai créé une page sur mon blog et fixé un prix minimum à 30 € l'heure pour commencer. Je ne me pose pas vraiment la question de légitimité. Pour moi c'est assez naturel et si certaines personnes vibrent et entrent en résonance avec ce que je propose, alors ce sera tant mieux.

J'ai toujours été une oreille attentive pour mes amies, je tirais déjà les cartes dans ma chambre lorsque j'étais petite et avec tous les livres que j'ai engloutis ces derniers temps, j'ai la sensation d'avoir déjà beaucoup à apporter. Je me dis que nous avons tous quelque chose à offrir au monde, que cela soit par nos expériences ou bien nos connaissances. Je suis très joyeuse à l'idée de pouvoir me mettre au service d'autrui. Je commence à prendre la mesure de ce changement de vie soudain et tout ce que cela a pu m'apporter.

23 février 2017

Quelque chose de fou s'est passé aujourd'hui. Je suis assise en cours, le regard tourné vers l'extérieur, avec une grande difficulté à me concentrer sur le cours de naturopathie. Soudain, j'ai l'image de mon amie Marie qui apparaît dans mon esprit. Je me rappelle qu'elle n'habite pas très loin et je me décide à lui envoyer un message pour déjeuner ensemble. Elle me dit : « C'est rigolo, j'allais aussi te le proposer vu que c'est un des seuls jours où je n'ai rien de prévu et ma colocataire n'est pas là. » Tiens, tiens…

Quelques minutes plus tard, nous nous retrouvons dans un restaurant japonais, à côté de l'école. Nous parlons de tout et de rien, de nos futures vacances. Marie me dit qu'elle n'a pas envie d'attendre l'été prochain pour prendre des vacances et qu'elle a vraiment besoin de souffler. Je lui balance que j'ai envie de partir à Bali (sans vraiment y avoir pensé) et que de toute façon Michael n'a pas encore fait de passeport international. En l'espace de dix minutes, elle se propose de m'avancer les billets à la suite d'une somme qu'elle a touchée récemment et nous planifions le voyage pour dans deux mois. Fou.

Le soir même, je passe à la FNAC acheter le guide du Routard, je rentre chez moi et j'annonce la nouvelle à Michael, un peu surpris mais pas spécialement dérangé. Nous regardons les billets avec Marie, chacune de notre côté, et décidons de les prendre ces prochains jours. Je suis à nouveau en train de prendre une décision importante et de suivre mon cœur, sans me douter que cela changera certainement encore une fois le cours de mon existence...

25 février 2017

J'ai fini par m'inscrire à une formation de Reiki. Moi qui n'étais pas spécialement attirée par cette vibration (sur les salons je les trouve même sectaire et un peu allumés). J'ai fini par être convaincue de tester et faire mon premier degré (ne mourrons pas bête). J'ai connu la formatrice par une amie et l'idée de faire le week-end chez elle dans sa maison en banlieue parisienne me plaît bien. J'ai besoin de tester cette histoire de ressenti, de guérison avec mes mains et de magnétisme naturel dont m'ont parlé plusieurs personnes. Comme le besoin de valider quelque chose que je perçois déjà comme naturel. J'ai testé de me faire des auto-soins ces derniers temps et je dois reconnaître que j'ai plusieurs fois été surprise.

J'arrive parmi les premières, en taxi, depuis Paris. La maison est remplie de plantes, on dirait l'antre d'une sorcière. Les personnes arrivent au compte-gouttes et je suis surprise de voir que tous les âges sont représentés. Il y a des seniors, mais également des enfants (génial, moi qui ne suis pas spécialement à l'aise avec eux) ! Des tables de massage sont réparties dans la maison, dans les différentes pièces. On nous annonce le programme et rapidement nous sommes mis dans le bain pour pouvoir pratiquer. Avec tout ce que l'on me dit depuis des semaines, j'ai besoin d'en avoir le cœur net et de me faire une opinion par moi-même.

Nous sommes invités à nous mettre par binôme pour affûter nos ressentis. J'apprends à me connecter au ciel et à la terre grâce à la visualisation et à l'intention, à entrer dans l'espace énergétique de la personne en m'approchant de son aura, à ressentir ses différents chakras, comprendre comment circule son énergie et faire ce qu'il faut pour pratiquer un soin lorsque cela est nécessaire. Je suis assez heureuse de viser juste à chaque fois, de déceler les fuites énergétiques de mon binôme assez facilement et d'avoir des perceptions plutôt aiguisées. Aussi étrange que cela puisse paraître, j'ai l'impression de « télécharger » l'histoire de chaque être lorsque je pose mes mains sur lui. Comme si son corps me parlait et que j'étais en capacité de comprendre ses maux. Ce qui me déstabilise est de ne pas pouvoir échanger après le soin. En Reiki, nous ne sommes pas censés parler ou dire ce que nous avons vu après la séance pour ne pas rappeler l'énergie libérée (hum, allez dire ça à de nombreux thérapeutes qui se prennent pour des gurus je-sais-tout...).

La journée se termine, je suis assez satisfaite sans être pour autant très emballée. Je trouve tout cela encore un peu trop subtil et mental pour moi. J'ai besoin de plus de tangible et d'impactant, je crois. Demain, nous continuerons d'affiner nos ressentis et nous recevrons les symboles du Reiki comme un rite initiatique de passage. C'est cette partie-là que je trouve un peu étrange, mais je l'accepte et je respecte jusqu'au bout les enseignements et transmissions. Je rentre quand même bien épuisée de m'être connectée à autant de personnes en une journée et je savoure l'instant où je me glisse dans les draps. Je n'ose pas trop parler de tout cela à Michael, je crois que je commence à passer un cap où tout cela lui échappe complètement.

15 mars 2017

Je viens de rentrer chez moi, je m'apprête à ouvrir le courrier et une lettre de Pôle emploi se présente sous mes yeux. Sensation étrange dans mon ventre. J'ai un mauvais pressentiment. « Bonjour vous avez manqué votre rendez-vous conseiller et êtes de ce fait radiée. » QUOI ?! Nausée. Vision trouble. C'est quoi ce bazar ?! Je ne comprends pas. Je me rends sur mon espace en ligne et là… Oh horreur ! En effet, il y a bien plusieurs courriers digitaux me proposant des rendez-vous, que je n'avais pas vus ! Comment j'ai fait pour rater ça ? Je suis vraiment une idiote, c'est pas possible d'être aussi irresponsable.

Complètement en panique, j'appelle ma mère en pleurs. Utile. Je décide de m'habiller et je sors carrément éparpillée pour me rendre au bureau Pôle emploi dans le 12e arrondissement, avec l'espoir de régulariser la situation. Je fais la queue, longue comme mon bras. Je regarde ahurie autour de moi. Je vois des dizaines de gens désabusés. Je me demande vraiment ce que j'ai fait pour en arriver là. Scénario catastrophe dans ma tête. J'arrive au comptoir. La dame devant son ordinateur ne veut pas en démordre, je me demande même si elle a accès à l'émotionnel de son cœur. Elle me dit que les courriers sont dans mon espace, que j'aurais dû regarder et qu'elle ne peut rien faire pour moi. Point final. Drame.

Je rentre chez moi résignée en pleurant dans le métro. J'ai l'air d'une dépressive un lendemain de cuite. Mon amie Lucile au téléphone me conseille de demander un courrier à mon médecin attestant que j'étais indisposée ce jour-là, mais je ne veux pas. Je ne veux pas prendre mon corps une nouvelle fois comme excuse. Il a assez subi. Tant pis, je regarde en ligne un modèle pour un courrier de réclamations (il y en a plein, le souci a l'air assez courant) et je m'exécute jusqu'à la boîte aux lettres. J'inspire. J'expire. Je choisis de faire confiance et je lâche prise.

Très bien. Qu'est-ce que je peux faire pour gagner des sous maintenant ? Je regarde mon *feed* Instagram comme un zombie en recherche d'une solution. Un ebook ? Mon amie blogueuse Marie m'a expliqué comment faire l'autre jour, j'ai le logiciel et ma communauté commence à être assez importante. Peut-être que ça peut m'aider. Allons-y. De toute façon je n'ai plus grand-chose à perdre. Je vais écrire quelque chose sur la spiritualité. Sur tout ce qui m'anime depuis que je chemine dans tout ça. On verra bien. J'ouvre le fichier et les mots commencent à couler sur l'écran. Je crée le plan et le sommaire. Je visualise l'univers graphique et je m'exécute jusqu'au soir minuit, où je me résigne à aller me coucher, pour pouvoir reprendre le lendemain. Je suis épuisée. Cette journée m'a vraiment chahuté.

7 avril 2017

Deux semaines d'écriture. Plus de 150 pages joliment disposées et éditées dans un PDF. J'ai aussi terminé un livret d'exercice pour l'accompagner. Je suis plutôt fière de moi et de mon rebond face à la situation. *My Spiritual therapy* sort aujourd'hui. Je parle de bien-être, de santé, de yoga, de mudras, d'astrologie, de numérologie, de cristaux... Finalement, j'ai adoré l'expérience car cela m'a permis d'enrichir encore plus mes connaissances et de me donner de nombreuses idées pour la suite. Complètement fou cette histoire. Il m'aura fallu deux semaines pour l'écrire et une semaine pour le mettre en page. Comme quoi, quand on est porté par la vie, tout est possible.

Le plus dingue dans tout ça, c'est que Pôle emploi m'a réinscrite il y a une semaine, comme ça, sans avoir besoin de négocier ou de me battre. C'est assez dingue. Un mal pour un bien. Je crois que je commence à comprendre. Peut-être est-ce le début d'une nouvelle aventure et de mon indépendance financière. Car au milieu du chaos, j'ai découvert des ressources et une capacité manifeste à l'abondance et tout de même, ce n'est pas rien. Je commence à gagner ma vie grâce à mon blog et mes activités, je n'aurais jamais pensé cela possible à peine huit mois après ma rentrée à l'école et le début de cette nouvelle vie.

23 avril 2017

Deux mois jour pour jour après notre discussion, je retrouve mon amie Marie à Paris. Direction l'aéroport Charles-de-Gaulles, en bus. Tout est fluide, nous sommes comme des petites filles la veille de Noël. Nous rions, je nous filme. Nous montons dans l'immense avion de Qatar Airways aux douces couleurs violettes et nous installons. Le voyage se passe bien, je regarde tous les films Bollywood de la sélection (ma grande passion depuis toujours, je ne sais pas trop pourquoi) et je mange la nourriture des plateaux-repas alors que je n'ai pas vraiment faim. Je termine le dernier vol avec *Mange, prie, aime*, bien dans le thème du voyage (perdue dans sa vie, l'héroïne décide de faire un pèlerinage en Italie, en Inde puis à Bali). Je ne réalise pas que je pars enfin là-bas. Un rêve pour moi. Cela fait des années que je voulais y aller. Je pleure de gratitude.

24 avril 2017

Premier réveil à Kuta, notre escale provisoire à l'arrivée. Je me sens barbouillée ce matin. Je crois que les repas dans l'avion ne sont pas passés. Je touche à peine à mon petit déjeuner et je retourne me coucher. Marie revient de son massage, elle est en extase totale (surtout face au prix de 15 € pour un soin d'1h30). J'arrive à sortir enfin pour manger quelque chose. Nous allons marcher le long de la plage pour voir le coucher de soleil. Il y a beaucoup de monde. Le coin est assez urbanisé et pas vraiment à l'image des cartes postales mais nous étions prévenues et n'allons pas rester longtemps ici. Les locaux nous parlent et nous appellent pour nous vendre des noix de coco. Le soleil se teinte d'orange et de rose. Le décor est digne d'une carte postale. Des Indonésiennes s'approchent de nous en pouffant de rire par timidité et demandent à se faire prendre en photo avec moi. Je joue le jeu, une fois, deux fois, trois fois et je les remercie avec un sourire. Marie s'esclaffe de bon cœur. Apparemment, ils ont rarement vu une rousse comme moi dans le coin. Je sens que ce voyage va être inoubliable.

25 avril 2017

Arrivée à Ubud, la petite capitale touristique de Bali. Nous allons y rester quatre jours pour explorer les environs au début de notre itinéraire. Deux nuits dans un hôtel incroyable au milieu des rizières que j'ai déniché avant de partir, un peu en dehors de la ville, puis deux nuits plus centrales. Notre chauffeur nous dépose au croisement du lieu-dit, mais je ne vois rien autour de moi.

« Vous êtes sûrs que c'est le bon endroit ? », je demande en anglais.

Soudain, deux jeunes hommes sortent d'un minuscule sentier dissimulé en scooter, prennent nos valises entre leurs jambes et nous proposent de monter derrière eux. Je n'en reviens pas. Après dix secondes de flippe, je choisis de les suivre. Nous roulons sur un tout petit chemin étroit jusqu'à notre bungalow, au milieu des rizières et des palmiers à perte de vue. Je filme la scène en m'agrippant tellement c'est improbable. Il n'y a rien autour, si ce n'est la piscine, trois autres maisons et des arbres innombrables. Cette île est un trésor. Nous décidons de nous poser un instant, de prendre une douche (elle est à moitié à l'extérieur avec vue dégagée sur le ciel !) puis nous sortons dîner le soir grâce à un taxi qui nous amène et nous ramène quand nous le souhaitons. La nuit est douce, je me sens si bien ici.

26 avril 2017

Nous retrouvons notre chauffeur pour la journée. Il s'appelle Oppo (c'est plutôt son surnom, ici tous les enfants ont les mêmes prénoms en fonction de leur ordre de naissance : le premier s'appelle Wayan, Putu ou Gede ; le second s'appelle Made ou Kadek ; le troisième est Nyoman ou Komang et le quatrième est Ketut). Il a 21 ans et fait pourtant bien plus que son âge. Je suis un peu perturbée par sa présence et son énergie, comme si je le connaissais depuis bien longtemps déjà. Ce n'est pas la première fois que cela me fait ça avec quelqu'un mais l'atmosphère balinaise ajoute une touche de mysticisme supplémentaire. Il me regarde constamment avec un air malicieux dans le rétroviseur et il est en même temps très timide à l'idée de nous parler, c'est assez rigolo. Je suis très touchée par sa présence et nous nous lions d'amitié très rapidement tous les trois.

Il nous conduit autour de Ubud pour la journée. Dans les rizières majestueuses de Tegallalang où nous sommes sans voix, dans les temples mystiques où il n'y a presque personne (nous sommes en basse saison c'est idéal), jusque dans le confins de la forêt des singes. Lui qui n'aime pas ça et en a peur vient tout de même avec nous. Nous vivons des scènes comiques (surtout lorsqu'un bébé singe décide de prendre Marie pour un arbre et de lui grimper dessus). La journée est idyllique, nous nous émerveillons de tout. Je dévore des yeux et savoure chaque visite, chaque rencontre et chaque sourire. Je suis traversée de toute part par les énergies de cette île. Les locaux effectuent des prières et des offrandes à chaque coin de rue. Le pays respire le respect du vivant et dégage une spiritualité très forte. J'ai l'impression de me connecter avec une terre que j'ai toujours connue, comme si j'étais enfin de retour chez moi.

28 avril 2017

Je viens de m'asseoir sur la chaise de la terrasse à Amed, où nous venons d'arriver. Oppo nous a déposées à l'instant. Nous avons fait la route toute la journée avec lui et son cousin tatoueur. Après avoir visité une immense serre avec des papillons tous plus beaux les uns que les autres, ils nous ont emmenées à White Sand Beach, une plage où nous avons passé un long moment à nous baigner et savourer le bruit des vagues. Je crois qu'ils ne prennent pas souvent de temps de vacances pour eux. Le fait que nous soyons amicales et ouvertes leur permet de s'offrir des espaces de respiration, on rigole beaucoup, je suis heureuse d'y contribuer. Encore des instants parfois fous et inoubliables.

Je contemple alors ce soir la vue à couper le souffle devant moi et je me mets à pleurer. Je pleure de joie, je pleure de gratitude. Marie s'étonne et s'émeut à son tour de me voir dans cet état. De notre chambre, nous pouvons voir la piscine à débordement juste devant l'océan qui s'étend à perte de vue. Le soleil est déjà couché, le ciel est rose. Je ne me suis jamais sentie aussi heureuse et remplie de bonheur qu'en cet instant précis. C'est indescriptible. Je ne sais pas pourquoi c'est si intense, mais ce voyage est une bénédiction. Demain, nous irons faire de la plongée dans une épave abandonnée assez connue, puis le lendemain suivant nous partirons pour les îles Gili. Je suis presque triste de quitter Ubud et les garçons. C'est un peu bête, mais j'avais la sensation d'être chez moi.

3 mai 2017

Quatre jours que je n'ai quasi rien mangé. Nous avons dû commander une salade avariée à notre arrivée sur Gili Trawagan (en même temps des crevettes sur le bord de plage je ne sais pas à quoi je pensais…), mais depuis, j'ai la nausée et je ne bois presque que du jus de pastèque. Le matin, j'arrive à peine à me nourrir, le midi, éventuellement, et le soir, l'angoisse de devoir manger monte. Je vis des crises d'angoisse à l'idée de manger. Je ne comprends pas trop ce qui m'arrive, c'est vraiment étrange, mais j'accueille et j'essaie de ne pas me raconter des histoires supplémentaires. Comme une étrange purification, il semblerait que mon corps ait pris les commandes et décide quand et comment manger. J'ai perdu déjà deux ou trois kilos en quelques jours. Je ne pensais vraiment pas que je tomberai malade à Bali. Pourtant après avoir écrit à quelques amis, ils me disent que cela s'appelle le *Bali belly* (le ventre de Bali) et que c'est assez courant pour les touristes. Bon.

Je suis quand même assez fière de moi. Il fut un temps où j'aurais râlé, je me serais empêchée de continuer à essayer d'apprécier le voyage en ne me sentant pas capable, j'aurais vu tout en noir et cela aurait été difficile. Au lieu de cela, je respire de la menthe poivrée dans la voiture (merci la naturo), je m'hydrate et je gère au mieux. Je crois que j'essaie de comprendre et soutenir mon corps plutôt que de lui en vouloir et le voir comme mon ennemi. Nous allons bientôt reprendre le bateau pour rentrer et passer la soirée à Lovina avec les garçons pour notre avant-dernière soirée.

4 mai 2017

Lovina n'est pas si belle que ça. Il n'y a pas grand-chose à voir. Le temps est couvert et je me sens toujours un peu faible. Oppo et son cousin passent du temps à la piscine de notre *guesthouse* avec nous, ils sont comme des enfants.

Ils sautent et font les fous avec les matelas gonflables à disposition. Ils n'ont pas souvent l'opportunité de pouvoir profiter comme ça. Je suis heureuse de pouvoir leur offrir ces espaces de détente. Dans la famille d'Oppo, il est le seul à travailler avec son taxi pour rapporter de l'argent à toute sa famille car son père est guérisseur (il se fait payer en offrande) et sa maman ne travaille pas. Et vu la concurrence dans les rues, ce n'est pas simple non plus de faire ce métier. Cela me rend heureuse de les voir si joyeux et insouciants. Sans attente en retour. Encore quelque chose de nouveau qui se manifeste de plus en plus dans ma vie et que je souhaite bien cultiver.

Après quelques fous rires dans la piscine, Marie part vérifier notre horaire pour le retour et se rend compte que ce n'est pas après-demain que nous partons mais demain soir ! Le décollage à 1 heure du matin nous avait induites en erreur. Heureusement qu'elle a vérifié ! Petit instant de panique. *Oh my God.* Recalibrage du planning. Je me sens traversée par une vague d'angoisse légère. Et puis rapidement, je me dis que la seule chose à faire est de lâcher prise. Bon et bien si on sortait pour notre dernière soirée ? Marie me demande si ça va aller vu que je me sens toujours un peu mal, mais je me mets en condition pour et nous partons en quête d'un endroit pour célébrer notre voyage.

Nous nous retrouvons dans un bar local, avec un groupe de jeunes qui font des reprises de tubes connus. Peu de monde. Ambiance chaleureuse. Je ne mange toujours rien, j'ai toujours la nausée c'est assez inconfortable et je me sens faible. J'ai dû perdre quatre ou cinq kilos depuis mon arrivée à Bali. Je commande mon jus de pastèque habituel et je m'affale sur un canapé, à côté de mes amis. Nous rions. Nous apprenons des mots en balinais et eux en français. La soirée est douce et je me délecte de ces derniers instants, avec une pointe dans le cœur de devoir partir demain. Je finis même par danser avec Marie en utilisant les dernières forces qui me restent sur la piste.

Nous rentrons à la *guesthouse*. Les garçons ont bien bu et Marie est pompette. Nous rions de bon cœur, capturons ces instants en vidéos et en photos. Nous finissons par aller nous coucher pour pouvoir nous lever en forme demain.

5 mai 2017

Oppo et Gede nous ont retrouvées ce matin pour le retour. Gede est tatoueur à Bali, je lui ai demandé de me laisser un petit souvenir avant de partir. Nous nous installons dans la chambre avec son matériel pour qu'il puisse me tatouer le symbole du « Om » balinais. Je ris intérieurement et j'entends les voix de mes parents « Tu ne vas quand même pas te faire tatouer dans une chambre d'hôtel en lendemain de soirée ? ». Il faut croire que si. Je m'allonge sur le côté. Gede désinfecte ses instruments et la table où il dépose son matériel. Quand même, je reste en confiance. Je prends une inspiration et je me laisse faire avec patience.

Vingt minutes plus tard, je contemple dans le miroir le petit symbole ancré dans ma peau, sur ma côte gauche sous le bras. Discret et joli. Je termine de ranger mes affaires, je ferme ma valise en m'asseyant dessus à cause de tout le shopping que nous avons fait et nous montons en voiture pour repartir à Denpasar.

Une ambiance triste et mélancolique flotte dans l'air. Nous écoutons nos musiques préférées. Gede fait des blagues. Oppo me lance des regards un peu tristes dans le rétroviseur. Marie regarde par la fenêtre, mélancolique également. Moi je regarde les rizières et les palmiers défiler sous mes yeux. Mon cœur se serre. Je ne veux pas partir. J'ai trouvé ma terre. Je ne veux pas rentrer. Tout est simple et doux ici. Je ne veux pas vivre dans une ville bétonnée où tous les gens s'ignorent et ne se respectent plus vraiment. Je veux continuer de vivre avec légèreté. Des larmes coulent le long de mes joues. Le retour de ce voyage est l'un des plus difficiles de ma vie. Je me fais la promesse de revenir. Très vite.

8 mai 2017

Je n'ai toujours pas atterri de mon voyage. Le décalage horaire est assez violent, je me réveille très tôt et je me couche également vers 19 heures. Je regarde les photos et les vidéos en boucle. Michael ne comprend pas mon état et se demande s'il ne s'est pas passé quelque chose là-bas dont je ne lui aurais pas parlé. Il appelle même Marie en douce pour savoir s'il y a quelque chose qu'il doit savoir. Je sens que cela le rend triste de me sentir absente mais c'est plus fort que moi. Le corps ici et le cœur encore là-bas. Au moins je me soigne et j'arrive à manger à nouveau. J'ai repris deux ou trois kilos mais je conserve une lumière qui ne me quitte pas. Peut-être qu'il faut simplement du temps…

Je commence déjà à rêver de mon prochain voyage. Je suis très attirée par l'Asie au global, l'Inde j'en rêve mais je ne me sens pas prête, le Népal également me parle depuis toujours et récemment c'est le Pérou qui m'appelle. J'ai croisé des personnes à Bali qui parlait de l'ayahuasca, du fait qu'elles avaient fait des retraites là-bas et que cela leur avait permis de passer un cap dans leur évolution. Je ne sais pas si je suis prête à aller au milieu de la jungle amazonienne personnellement, mais un truc un peu irrationnel me donne quand même envie de creuser le sujet.

19 juin 2017

Je me rends à mon rendez-vous avec Sorine, une médium assez incroyable que Héloïse m'a recommandée. J'y vais par curiosité (c'est apparemment mon moteur principal dans la vie) et je me dis que j'aurais peut-être des éléments de réponses pour la suite. Cette dernière ne fait pas de voyance (c'est ce qui me plaît), elle donne un chemin des potentiels, dans lequel nous avons toujours un libre arbitre, qui annonce ce qu'il peut se passer si on reste dans la même dynamique. Après mon voyage et cette année de transformation intense, un bilan ne sera pas de refus avant l'été.

Je m'assois dans son cabinet, je prends place sur son canapé et elle sur son fauteuil. Son bureau est joliment décoré avec des symboles et des couleurs, elle a l'air très sympathique, pas plus perchée qu'une autre femme (et croyez-moi, après le salon Zen, j'en ai déjà vu pas mal).

— Je vous explique comment va se passer la séance, vous pouvez enregistrer si vous le souhaitez et je vais simplement parler. Je me connecte à vos guides que j'entends. Je peux avoir des images ou des mots qui me viennent aussi naturellement. Par contre, il faut que vous m'autorisiez à me connecter à vous.

— Ah bon ?

— Oui, c'est assez rigolo vous avez une sacrée protection, personne ne passe si vous ne l'autorisez pas.

— D'accord, je l'autorise alors, répondis-je étonnée.

Je ferme les yeux et je visualise que mon aura s'ouvre en répétant intérieurement « J'accueille tout ce qui est bon pour moi ».

Elle perçoit tout d'abord une femme en fuite dans une forêt, dans une course difficile, poursuivie à pied. Il s'agit d'une de mes vies passées. Elle me dit que j'essaie toujours de m'échapper (c'est rigolo car je rêve beaucoup de ça dans mes cauchemars), notamment des hommes. J'ai, semble-t-il, été dénoncée, au temps de l'Inquisition, pour on ne sait pas quoi, car j'étais très sûre de moi, ça faisait peur. J'étais autonome et je n'avais pas besoin d'un mari (après avoir perdu le mien quand même semble-t-il) pour qu'on s'occupe de moi. Elle me dit que la fuite est une protection et que cela peut être intéressant de libérer cette mémoire pour plus tard. Elle me dit que je me fais porte-drapeau de l'indépendance pour me sentir forte et que pour moi, baisser les bras est synonyme de mort. Oui, ça fait bien écho.

Elle me parle d'une attraction pour tout ce qui est du domaine du soin, des plantes, du naturel, de la nature, de trouver des remèdes… et que cela n'a pas joué en ma faveur à l'époque. Ces sujets sont restés en moi, avec une attraction et une connaissance, ce sont des sujets faciles, des expériences de ma vie passée, des choses simples. Tiens, elle met enfin des mots sur ce que je ressens depuis des mois et que je n'arrivais pas à expliquer.

Elle continue de me parler de mes mécanismes de peur, de fuite, de rejet. Elle me dépeint comme si elle me connaissait depuis des années. Je suis assez hallucinée. Elle me dit que je connais très bien mes forces et faiblesses, que je suis très protégée mais parfois à l'excès. Elle voit mon couple mais avec des mises à l'écart parfois, de façon cyclique.

Mais aussi de la stabilité, même s'il faudrait me détendre. Je ris un peu jaune.

Elle me parle de Michael, de sa stabilité, de sa force et de sa sagesse. Juste avec sa date de naissance elle me dépeint son portrait craché. Elle me dit qu'il est bon pour moi en ce moment. Mais la personne qui l'inquiète ce n'est pas lui, c'est moi. Mes guides me conseillent de rester avec lui pour le moment, car c'est ma stabilité, sinon je pars dans tous les sens, on me perd et je me perds…

Elle m'explique que mon foyer et mon couple doivent être mon lieu de ressourcement et d'équilibre. Que sans ça je suis une bombe à retardement et que je fais trop de choses. Elle me dit que je dois alléger mon planning et sélectionner mes sujets. Il y a beaucoup de choses que je ferai plus tard et que je veux aller trop vite. Elle me dit que ma volonté incroyable me fera faire des grands trucs, mais que cela peut aussi m'en empêcher. Car quitte à prendre une mauvaise décision je vais toujours au bout, pour prouver que je vais le faire (tête de mule, bonjour).

Pour elle, j'ai trop de qualités… (Je ris intérieurement. Moi qui veux toujours prouver ma valeur et montrer que j'ai le droit d'exister). Mes guides veulent que je me lance. Je ne dois pas vouloir faire plein de voyages ou de formations à l'étranger et c'est bien que l'argent m'arrête. On me déconseille de multiplier ça pour le moment. Ils disent que je peux commencer maintenant, pour elle je suis prête à commencer l'accompagnement maintenant. Que je dois commencer à transmettre, à faire des ateliers et à ouvrir des espaces de partage. La petite fille en moi flippe un peu.

Pour elle, je connais des gens partout. Ils me connaissent car je suis déjà exposée (je trouve ça fou car elle ne sait pas que j'ai un blog ou que je suis sur les réseaux). Elle me dit que faire des vidéos serait bien, pour toucher le plus de monde possible. Que je dois essayer d'être consciente de ma vérité, que je me mens pas mal à moi-même… Elle me dit que j'ai tellement de capacités que ça peut être un problème car je peux me disperser. Elle sait qu'elle bataille avec ma volonté (même si j'entends) et que je devrais lutter un peu avec moi-même. Mes guides me disent qu'il me faut du temps car tout va très vite avec moi.

La séance aura duré 1h30. Je ressors de là complètement abasourdie. Ma tête fume de tant d'informations et je m'observe à vouloir mettre en place des milliers de choses alors que mes guides m'ont dit de me détendre. Ah, ah. Très bien, je m'engage à faire de mon mieux.

9 juillet 2017

La vie file à mille à l'heure. Je fais des séances de coaching toutes les semaines et j'accompagne de plus en plus de personnes. Mon ebook s'est très bien vendu et j'ai l'impression d'avoir vécu mille vies ces derniers mois. Dans quelques jours, je pars pour faire le stage de pratique en naturopathie en Belgique, afin de clôturer cette première année. Je suis à moitié motivée, j'ai du mal à réviser mais je me dis que l'expérience sera intéressante. J'ai l'impression qu'une part de moi est déjà un peu démotivée par tous les sujets touchant au corps et que j'ai de plus en plus envie d'explorer tout ce qui touche au domaine spirituel et psycho-émotionnel.

Depuis quelques jours, j'ai mis le nez dans des sites et des livres d'astrologie. Je me passionne pour la lune et ses cycles, les signes astrologiques et leurs influences, les énergies et les archétypes. Aujourd'hui, je poste ma première canalisation (une sorte de texte intuitif où je laisse les mots couler tout seul) sur mes réseaux sociaux en lien avec la prochaine pleine lune. Après avoir observé le thème de la Lune dans la carte du ciel, je me mets devant mon ordinateur et je rédige le texte. J'aime beaucoup faire ça, c'est fluide et naturel. Je passe encore un cap dans la caricature de la sorcière avec cette pratique, mais je crois qu'au fond je m'en fiche un peu. Le texte est très bien reçu et touche des centaines de personnes. Je suis moi-même étonnée de l'impact que peuvent avoir des mots. C'est la première fois que je ressens cette « union » dont tout le monde parle, car au fond nous sommes tous reliés et traversons des expériences similaires.

20 juillet 2017

Parce que ça ne suffisait pas en période de révision, aujourd'hui j'ai décidé de sortir un nouvel ebook sur la lune et l'astrologie. Je ne sais pas pourquoi mais je sentais que je devais le faire. Une espèce d'obsession dont je n'arrivais pas à m'extirper. (Et puis « quand ça me prend » hein comme dirait ma mère...) On verra ce que cela fait bouger comme énergie mais le projet me plaisait. Dans quelques heures, je pars pour participer au stage d'été du Cenatho avec mes amies. J'ai déjà bien révisé, choisi un petit peu mes sujets, comme lorsque j'étais au lycée et je crois que je ne suis pas très anxieuse. Voir les copines et toute la classe s'agiter et se stresser me crée plus de tension que l'épreuve en elle-même. J'ai surtout hâte d'être face aux faux patients et pouvoir appliquer ma présence thérapeutique et les protocoles avec eux.

29 juillet 2017

Ce stage a été très fort, je n'ai pas eu le temps de me poser pour écrire quoique ce soit. Je rentre un peu bouleversée et épuisée. La semaine a demandé beaucoup de maîtrise de soi et d'intégration de découvertes. Les filles ont été traversées par beaucoup d'empathie et de ressentis face aux faux patients. J'ai eu une note correcte à l'examen mais je suis tout de même déçue d'avoir reçu l'une des moins hautes, alors que j'étais une de celles qui avait le plus étudié.

L'histoire de ma vie ! J'accepte et je passe à autre chose. J'essaie de me rappeler que le système de notation ne définit pas entièrement qui je suis (perfectionnisme bonjour).

Cette semaine m'a surtout permis de me rendre compte de ce qui me plaisait et de ce que je n'aimais pas vraiment. À vrai dire, je n'ai pas spécialement aimé masser, apprendre l'acupression ou conseiller des compléments alimentaires. Ce qui m'a plu allait bien au-delà de ce que nous devons apprendre à l'école. J'ai adoré me confronter aux problématiques des « gentils patients ». Découvrir leur histoire, poser les bonnes questions et dénouer le fil de la pelote symbolique, au cœur de laquelle se logeaient les problématiques liées à leurs symptômes.

Malgré le fait qu'ils étaient en troisième ou quatrième année, j'ai parfois ressenti un manque d'empathie et de compassion de certains élèves. Je comprends que le manque de confiance en soi et l'enjeu de la notation jouent pour beaucoup, mais l'infantilisation et la pédagogie moyenne ou encore le suivi si protocolaire de leur consultation étaient parfois difficile à observer. Je me suis juré d'adopter la posture la plus juste et empathique possible face aux personnes que j'accompagnerai dans le futur. Je veux travailler dur sur moi, avoir le cœur ouvert et être capable d'accueillir chacun avec toutes ses blessures, sans jugement ni a priori.

Le dernier jour, nous recevons nos évaluations pratiques individuelles. Je flippe un peu car je n'ai clairement pas maîtrisé tous les protocoles. Je crois que le directeur de l'école a capté tout de même mon fonctionnement, il me tend ma feuille : « Très bon discernement et capacité à voir les problématiques psycho-émotionnelles ». On ne va pas se mentir, je sais déjà que je n'irai pas au bout des trois ans. Je ne sais pas comment ni pourquoi, mais quelque chose d'autre s'ouvrira à moi. Il a également remarqué que je n'étais pas passionnée par tous les cours et que j'avais un peu tendance à sélectionner ceux qui me plaisaient. Pas nouveau, hein.

Au retour du stage, je rentre à Paris, épuisée. J'ouvre la boîte aux lettres et je découvre avec plaisir le livre de Chloé, connue par le biais d'Instagram. Elle fait de la sophrologie et vient de sortir son premier livre : *21 jours pour lâcher prise, c'est parti !* Elle me l'envoie pour me le faire découvrir afin que je puisse en parler si je le souhaite. Je suis en joie pour elle et me dis que ce serait quand même chouette de publier quelque chose de tangible sur papier moi aussi. La sortie des ebooks m'a mise en joie, mais je crois que créer un format édité par une maison d'édition me rendrais sacrément heureuse. Je pose le livre sur ma table de nuit et vais me coucher en restant connectée à cette intention dans un coin de mon cœur.

31 juillet 2017

Ouverture de la boite mail. Petit cri strident. Un mail de Hachette, qui me propose de me rencontrer pour parler d'un projet : un agenda de gratitude. La vie est quand même incroyable. À croire que l'on peut tout manifester si notre cœur le désire. Il y a trois jours, j'en rêvais et sans même en parler autour de moi, la vie me montre que c'est possible. Je commence à croire à ces histoires de loi de l'attraction (en cultivant des pensées positives, on attire vers soi des choses positives). Je vais faire un peu plus attention à ce que je demande...

4

Un nouveau passage initiatique

23 septembre 2017

Arrivée au centre de méditation bouddhiste Karma Ling. Je m'embarque pour cinq jours dans une parenthèse pour me recentrer, méditer et vivre l'instant présent dans la pleine conscience. Le Domaine d'Avalon, dans lequel je me rends, est un écosite pédagogique au cœur de la forêt savoyarde. Ancré dans la tradition bouddhiste, ce lieu incarne des valeurs universelles d'harmonie, d'interdépendance et d'attention à l'environnement. Tout ce que j'aime. On peut y retrouver trois structures : l'Institut Karma Ling, les centres de retraite Garuda Ling et l'université Rimay Nalanda. Je suis tombée dessus un peu par hasard en faisant des recherches il y a quelques semaines sur Internet.

Je dois avouer que pour la première fois depuis longtemps je suis dans la peur de l'inconnu, du lâcher prise, sans mon ordinateur et mes projets, seule au milieu d'inconnus... Mais je suis consciente que sortir de ma zone de confort sera bénéfique pour la suite, et synonyme de découvertes. De toute façon, je l'ai choisi en conscience et si je veux partir au Pérou un jour dans la jungle, il faut bien commencer quelque part.

Karma Ling où je m'embarque est un lieu d'enseignement, de transmission et de pratiques dans la tradition du Bouddha. Ils proposent également depuis peu des retraites et initiations à la Pleine Présence, sans insister sur les notions bouddhistes, pour proposer la pratique au plus grand nombre, même ceux qui ne sont pas trop portés spiritualité. Les centres de retraite Garuda Ling se trouvent au-dessus de l'institut, afin que les pratiquants se retirent sur une courte ou moyenne durée dans le silence, la contemplation et l'intégration. C'est également ce centre qu'intègrent les futurs lamas pour la traditionnelle retraite de trois ans (mon dieu, sans sortir et sans voir personne je ne pourrai pas !).

J'ai été récupérée à la gare par Sophia, une abonnée sur Instagram qui participe au week-end découverte elle aussi, une heureuse coïncidence. Elle ne sera là que deux jours mais je dois avouer que cela me fait un repère non négligeable pour mon arrivée. Nous arrivons au cœur de la forêt, après de longues minutes de route, nous sommes entourées de montagnes, c'est magnifique. Je suis cramponnée à mon téléphone pour prévenir les gens que je serai déconnectée, comme une droguée qui craint de ne pas avoir sa dose. Je m'observe et me trouve clairement ridicule.

Nous arrivons un peu en retard. La méditation a déjà commencé. Nous ne faisons pas partie du même programme. Je dois me rendre au fond du jardin pour atteindre la « Maison de la sagesse », une grande salle en forme de yourte, habitée par un immense bouddha doré. Malaise de déranger et d'être en retard. Je respire et je m'assois. Ces deux jours sont dédiés aux bases de l'enseignement bouddhiste, à la méditation de Pleine conscience sous diverses formes et aux échanges autour de l'individualité et des pensées. Le Lama (l'homme, pas l'animal hein) a débuté la transmission de ses enseignements. Je bois ses paroles et je prends des notes dans mon petit carnet en papier. Je le trouve très bienveillant, humble et très sympathique avec une approche légère mais sérieuse.

La pause sonne. Je vais retrouver mes bagages pour pouvoir m'installer dans le dortoir. Je suis le petit chemin que l'on m'indique en me repérant avec mon plan et j'arrive dans le chalet partagé. Panique à bord. Ce que j'avais projeté est arrivé, j'avais peur de me retrouver dans une cabane hostile, froide avec beaucoup de monde et peu de confort. Devinez quoi ? Bingo ! Pourtant ce lieu est merveilleux, il y règne une sérénité indéfinissable et moi je suis là à me plaindre des toiles d'araignées et de l'humidité. Je ne sais pas si c'est le changement d'habitude ou encore toute cette méditation mais je ressens un véritable vide en moi et j'ai le vertige.

Je retrouve Sophia pour aller déjeuner. Là encore, silence. Au moins les vingt premières minutes du repas jusqu'à ce que la cloche sonne. Mon ventre se tord. Je me sens très mal à l'aise de ne pas parler. Sans défense. À la merci de tous les regards, sans pouvoir me construire une armure de paroles et d'humour. Je ne sais pas si je vais supporter rester cinq jours ici. J'ai l'impression que j'étouffe. J'arrive à peine à manger mon plateau-repas. J'appelle Michael en pleurs et je lui dis que je ne vais pas tenir. Il me rassure et m'apaise en me disant que je suis capable de le faire et que je l'ai voulu comme un challenge. Les bons mots, toujours.

Parfois, je me dis qu'il est bien plus spirituel et sage que moi naturellement.

Ce silence que je souhaitais si fort a fini par transformer mon besoin de lâcher prise en bouffées d'angoisse. De plus, la digitale détox n'est pas si simple. En plus de cette FOMO (*Fear Of Missing Out*, la peur de rater quelque chose d'important) que j'ai finie par accepter, je ne peux pas échanger avec ceux que j'aime, ma source d'apaisement et de bonheur. Est-ce que tout le monde va bien ? Est-ce qu'ils pensent à moi ? Je suis là comme une débile à chercher du réseau au milieu des montagnes. Pourquoi est-ce que mon cerveau me ramène ces questions inutiles alors que je suis venue faire le vide en moi ? À croire que la sérénité dont je jouissais jusqu'à maintenant dans mon quotidien n'était qu'une illusion. Mais tout n'est qu'illusion apparemment, selon le Lama. À quoi bon tout ça alors ? Respire, Aurore. J'attends la suite.

24 septembre 2017

Mon ego dit « plus jamais » mais mon cœur « encore ». Cette angoisse ressentie hier soir vient sûrement du fait que Sophia, avec qui je suis arrivée, est partie ce soir, comme d'autres pensionnaires. De m'être adaptée et habituée à une nouvelle situation depuis mon arrivée me rassurait, or demain tout change de nouveau. C'est donc ça la souffrance liée à l'impermanence, je suis en plein dedans…

Je m'attache à quelque chose pour me rassurer, me sentir en sécurité et lorsque cela disparaît, l'angoisse m'envahit. Je comprends mieux mes mécanismes d'hyper-contrôle depuis ces dernières années.

J'ai quand même réussi à me faire changer de chambre et à passer un niveau dans le confort. Quelque chose peut se détendre en moi, c'est une grande victoire. Bon, je suis toujours collée à la vitre en espérant voir si j'ai reçu des messages sur Messenger. Je pense que la solitude a ce pouvoir de rouvrir les blessures d'abandon que je pensais avoir guéries. Le lâcher prise, quant à lui, me montre que je ne contrôle pas tout, comme si tous les mécanismes que j'avais mis en place jusqu'à maintenant n'étaient qu'une illusion. Et ce silence ! Pas une voiture, pas un bruit, je peux presque entendre les battements de mon cœur lorsque je lis mon livre… Je suis comme une petite enfant face à un mur, qui ne sait pas si elle doit l'escalader, le contourner ou simplement le regarder.

Le reste de mon séjour s'intègre dans le programme de la Retraite continue, qui s'articule du lundi au vendredi mais que l'on peut intégrer et quitter à tout moment. Après le petit déjeuner de 8 heures, nous avons une séance de quarante-cinq minutes d'exercices corporels doux, puis une heure de méditation guidée et d'instructions. Chaque instruction journalière s'articule par thème : la pleine présence au souffle le lundi, la présence ouverte le mardi et la présence bienveillante « accueillir-offrir » le mercredi. Puis la journée continue avec une heure de présence méditative silencieuse, le repas du midi, suivi d'activités participatives pour contribuer au fonctionnement du site : la cuisine, le jardin ou les pièces communes. Ce sont des moments privilégiés pour créer du lien avec les bénévoles et les autres pensionnaires.

L'après-midi débute avec une nouvelle heure de méditation silencieuse (assise et marche) puis une heure d'échanges sur la journée et de quelques pratiques supplémentaires guidées. Je commence à prendre le pli et à trouver mes repères dans ce programme.

C'est fou comme nous sommes des êtres sociaux (et particulièrement moi je crois). J'ai rencontré sur le chemin en allant dîner une jeune femme qui vient d'arriver et instinctivement je lui ai proposé des indications pour qu'elle trouve la salle du réfectoire. Elle a ressenti ma bienveillance, est venue s'asseoir avec moi à table. J'étais ravie.

Après vingt minutes de silence, je lui parle :

— Tu es arrivée aujourd'hui ?

— Oui, ce matin. Je dois m'acclimater ce n'est pas évident.

— M'en parle pas, j'ai voulu partir au bout de 24 heures…

— Oui, moi aussi. J'ai failli tout à l'heure !

— Bon et bien voilà, si jamais tu as besoin, je suis là, lui répondis-je avec un grand sourire bienveillant et chaleureux.

Je me sens mieux, c'est bête et si simple mais avoir quelqu'un avec qui échanger me remplit de joie. J'ai l'impression d'avoir reçu le plus beau cadeau du monde.

La fin de journée me permet de lire tranquillement dans ma chambre, chose que je prends rarement le temps de faire en temps normal à Paris puisque je me dis que j'ai toujours mieux à faire. Nous avons la possibilité d'assister à la méditation rituelle quotidienne de 19 heures où les pratiquants du centre méditent en groupe, chantent des mantras et font résonner tambours et timbales. C'est un moment assez fort, de me retrouver au milieu de toutes ces personnes investies dans leurs pratiques. Nous prenons le repas le soir à 20 heures et je vais me coucher relativement tôt, fatiguée de ces journées pourtant si reposantes. Je crois que mon système nerveux et ma rigidité acceptent de lâcher. Enfin.

25 septembre 2017

J'ai toujours eu l'habitude de méditer les yeux fermés, souvent avec une musique de fond et parfois avec une bougie. Mais pendant la retraite, j'arrive à expérimenter la vraie méditation de pleine présence les yeux ouverts et ce n'est pas du tout la même chose. J'apprends qu'il existe plusieurs façons de méditer : le regard panoramique ouvert, l'attention posée sur un objet mais sans fixer, en se focalisant sur les sons, en étant centré sur sa respiration, en marchant…

Toutes ces techniques ont une seule et même ligne directrice : revenir à l'instant présent lorsqu'une pensée se manifeste (et il y en a des tonnes !) toujours pour habiter son corps pleinement et faire baisser petit à petit ce voile de la dualité (le fait que nous sommes séparés du reste du monde) auquel nous nous accrochons tant.

Au début, j'avais du mal à lâcher prise, j'ai eu également très mal au dos les deux premiers jours, je me posais beaucoup de questions… Mais au fil des pratiques mon corps s'est détendu, j'ai appris à revenir sur le souffle lorsque les pensées ou la torpeur surgissaient et je me suis retrouvée apte à tenir une heure assise sur un coussin sans bouger alors que je ne m'en serais jamais crue capable ! Comme quoi avec de la pratique, tout est possible.

Je me rends compte que je suis beaucoup trop active à Paris, le fait de lâcher ici me permet d'avoir l'esprit plus clair, j'ai envie de profiter davantage de mes proches, de refaire du yoga, de lire les livres que j'accumule… Être passive et accueillir fait beaucoup de bien, je me rends compte que la méditation est comme toutes les pratiques, on peut facilement s'améliorer. Je me retrouve beaucoup moins parasitée par mes pensées que je ne l'aurais soupçonné. Ce concept de « yin » et de « féminin » prend tout son sens. Je crois que c'est ça le véritable accueil. Ne plus être dans l'action mais dans l'observation la plus totale de ce qui est.

Je commence à comprendre, je crois, quels sont mes véritables besoins pour être heureuse : un minimum de confort et des liens sociaux. Le simple fait d'avoir retrouvé une chambre correcte, de m'être lavée les cheveux et d'avoir discuté à table avec deux personnes a suffi pour enlever cette boule d'angoisse qui ne me quittait pas, c'est fou ! Il aura fallu seulement trois jours pour traverser une multitude d'émotions et me permettre de me connecter à la vie comme elle se présente. L'esprit humain et ses névroses est vraiment quelque chose de fascinant. J'ai encore plus envie de creuser le sujet ces prochaines années, pour mieux me comprendre et comprendre les autres autour de moi.

26 septembre 2017

Réveil patraque, mal à la gorge et la sensation que mon corps me fait la gueule. Je ne vais pas me laisser abattre si facilement : un Doliprane, un coup de spray à la Propolis, de la menthe poivrée sur les tempes et je file au cours d'exercices corporels que je vis plutôt bien ! Comme quoi, le pouvoir de l'auto-persuasion et de la pensée positive n'est plus à prouver. Je commence à m'habituer au calme et à la solitude, c'est maintenant quand je pense à ce que je dois faire à Paris que les bouffées d'angoisse réapparaissent alors qu'en arrivant ici, c'était l'inverse… Un comble quand même. Je crois que ce mal de gorge est une tentative inconsciente de me saboter. Je suis assez douée pour ça.

J'ai envie de pouvoir retrouver ce calme en moi à Paris. Je n'ai pas regardé mon flux habituel sur les réseaux sociaux depuis un bon moment et je le vis très bien, mieux même. Je ne me compare plus aux autres femmes, je suis heureuse du développement de ceux qui m'entourent et j'ai moi aussi envie d'évoluer avec douceur et non souffrance comme lors de ces derniers mois. Mon ego est tranquille dans un coin de ma tête et m'autorise un peu de répit. Le soleil est revenu dans le ciel et dans mon cœur.

Dans mon groupe, il y a une personne aveugle. Je le regarde pendant notre méditation à l'extérieur et j'ai les larmes qui me montent aux yeux. Je suis émue de me retrouver là, entourée de montagnes et de paysages à couper le souffle alors que lui ne peut le voir. Et pourtant, il sourit, face au soleil qui lui caresse la peau. Nous sommes tellement tournés vers la dualité de la vie, la souffrance ce qui nous manque, vers notre petite personne, que nous ne voyons même plus la beauté autour de nous et la chance que nous avons. Je fais un pacte avec moi-même à ce moment-là, de me souvenir de cet instant et de râler un peu moins quand je rentrerai.

Dans l'après-midi, je lis au soleil dans le jardin le livre que j'ai emporté avec moi *La Femme Shakti* de Vicki Noble. Elle parle de chamanisme et de féminin sacré, c'est un sujet qui m'attire de plus en plus. Je suis plongée dans ma lecture lorsque mon regard se pose sur ces mots : « La Femme Chamane doit souvent passer par la nuit noire de l'âme, un passage initiatique, pour retrouver sa place et ses capacités de guérison ». Un frisson me parcourt. Mes yeux se posent sur le tatouage que j'ai sur mon avant-bras droit : un attrape-rêve, symbole des Amérindiens. J'ai fait ce dernier trois semaines avant les attentats et le début de mon syndrome, pour mes 26 ans. Je crois que j'ai ancré dans ma peau, cette fois-ci, bien plus que ce que je ne l'imaginais. J'ai compris. Les larmes coulent le long de mes joues. Je suis chamboulée. J'ai l'impression de rajouter la pièce manquante du puzzle. Connectée à quelque chose de plus grand. Je ne saurais pas l'expliquer mais quelque chose vient de se passer en moi et dans mon cœur.

27 septembre 2017

Ça y est je me sens comme à la maison et c'est bientôt l'heure du départ. Je salue les bénévoles et participants d'un franc sourire à chaque rencontre, je profite du ruisseau pour nettoyer mes pierres, seule et heureuse. Je me prends pour un elfe dans la forêt et je chantonne. J'ai presque envie de mettre les pieds dans l'eau (un peu froide, il faut pas abuser non plus). Le silence ne me perturbe plus, je l'apprécie et j'enregistre chacun de ces derniers instants dans ma mémoire. Je crois que quelque chose d'important s'est passé ici, un sentiment qui me permettra de me sentir davantage en paix à l'avenir. Grand soulagement intérieur.

Je ne pensais pas faire toutes les méditations silencieuses mais lorsque je m'y suis tenue, j'ai été surprise de mon évolution à chaque fois : moins de douleurs au dos, moins de pensées, plus de présence et moins d'ennui. Je me promets et pose les intentions de continuer à méditer et à me remettre au yoga, j'espère que ça va durer.

La sérénité n'est pas présente que dans mon corps mais dans tout mon être, mes pensées, ma respiration… Je me rends compte sur le trajet du retour avec une autre participante que je parle plus calmement, c'est assez frappant. Je suis détendue et remplie de gratitude d'avoir vécu tout cela. Il suffit de peu pour effectuer une transformation et ouvrir son esprit au monde qui nous entoure. À peine cinq jours. Dingue.

1er octobre 2017

Voilà plusieurs jours que l'idée de prendre un chat tourne à l'obsession. J'ai toujours eu des chats à la maison. Nous avions Polochon qui se laissait manipuler dans tous les sens quand j'habitais dans ma maison de campagne étant petite, puis Vanille, une belle chatte noire aux poils longs. Et enfin Praline, partie trop tôt, tombée malade, à la grande tristesse de ma maman. J'ai toujours grandi avec des chats et je me suis toujours sentie très proche d'eux. Cela fait un moment que cela me tourne dans la tête et là je n'arrive plus à m'en défaire. Michael n'a pas l'air contre l'idée (il est rarement contre peu de choses) et je ne suis pas vraiment capable de m'arrêter lorsqu'une pulsion me prend aux tripes.

Après avoir regardé quelques heures les groupes Facebook de refuges, je suis tombée sur une petite chatte noire très mignonne. J'ai appelé la dame de l'association et nous partons la voir ce soir. J'ai pas mal d'appréhension. J'entends la voix de mon père dans ma tête me dire : « Ne t'embête pas avec un chat, tu ne pourras plus partir et c'est que des problèmes ». Classique. Mais je décide quand même d'écouter mon cœur et mon intuition. Au moment de monter dans la voiture, je reçois un appel de la personne qui s'occupe des chats abandonnés. « Elle vient d'être adoptée mais j'en ai d'autres si vous voulez tout de même venir. » Mince, bon et bien allons-y. Je sens qu'il y a quelque chose là-bas. On se met en route pour la banlieue parisienne. J'ai un peu la boule au ventre. Comme avant un entretien.

Une fois arrivés dans la pièce où se trouvent tous les chats, la responsable nous demande quelles sont nos attentes et nous présente les compagnons à quatre pattes. Il y en a de tous les âges et de toutes les sortes, au moins une quinzaine. Mon regard croise celui d'une petite noire cachée dans un meuble. Elle m'observe avec ses grands yeux verts comme des soucoupes mais ne bouge pas.

— C'est elle, dis-je.

— Ah bon ? Vous êtes sûre ? Elle ne se laisse pas facilement approcher, elle est un peu taciturne, me répond la dame.

— Non, je sais que c'est elle.

C'est comme une évidence. J'ai des frissons et je sens que l'on se connaît déjà. Elle attrape la petite chatte déjà grande (5 mois et demi) et me la présente. Elle reste prostrée en boule dans ses bras mais se détend lorsque je la caresse.

Convaincue que j'ai trouvé la perle, je me réjouis.

— Alors le souci c'est que je ne voudrais pas la séparer de sa sœur.

Elle me désigne du doigt une femelle tabby, tigrée et blanche, assez joueuse mais très craintive. Oula. Deux chats ?

— Elles sont assez proches et cela me briserait le cœur de devoir les séparer... Je vous laisse réfléchir mais ce serait bien si vous pouviez prendre les deux ensemble. Vous pouvez la prendre en famille d'accueil en attendant et voir comment ça se passe.

Ben voyons. On sait très bien que je vais m'attacher et que je ne la redonnerai jamais. C'est la panique en moi.

— Prenez le temps de réfléchir et tenez-moi au courant.

Retour silencieux à la maison. Je me torture l'esprit. Deux chats ? Une galère, non ? En même temps, je suis de plus en plus absente, au moins elles se tiendraient compagnie. Mais bon en termes de frais, quand même... Elles pourraient aller dans la même litière ? Je craque un peu, non ? L'angoisse me prend et je commence à me perdre dans mes craintes. Michael me sort de mes » rêveries et me dit : « Prend les deux, qu'est-ce que ça change ? Tout se passera bien, je suis sûr ». Soulagement. Je crois que j'avais besoin d'entendre ça. C'est vrai qu'une ou deux, ça ne fait pas une grande différence. Très bien, on retournera les chercher demain.

20 octobre 2017

Luna (la noire) et Isis (la petite tigrée tabby) se sont bien adaptées. Je dois dire que la vie de maman a son lot d'inquiétudes. Les premiers jours, je me rendais malade à voir si elles mangeaient et buvaient comme il faut. Isis s'est arrachée tous les poils au bout de sa queue tellement c'est une anxieuse (tiens, tiens, elle me rappelle quelqu'un…) et a fini par vraiment m'inquiéter. J'ai branché des phéromones dans l'appartement et je lui donne des compléments naturels pour l'apaiser. J'ai l'impression qu'elle commence à se sentir mieux. Michael me rassure du mieux possible et me dit que je ne peux pas tout contrôler.

Ce matin, je rejoins Margaux et Fiona au salon du Yoga, à la Villette. Je ne suis pas spécialement intéressée pour m'inscrire à une formation en ce moment mais c'est toujours chouette de faire des rencontres et de se promener dans les allées. Sur le chemin, je fonde tout de même l'espoir de rencontrer les bonnes personnes et d'avoir des surprises. Je fais souvent ça depuis quelque temps et je me rends compte que ça fonctionne plutôt pas mal pour communiquer avec l'Univers. Arrivée dans le grand hall, je commence à naviguer au milieu des stands pour retrouver mes amies. Je m'intéresse aux pierres comme d'habitude, j'ai envie d'en acheter des centaines. Les oracles aussi, je commence à avoir une collection sympathique à la maison. Il y a quand même beaucoup de stands d'école de yoga, de formations, de lieux d'hébergements, de compléments ayurvédiques, etc. Depuis mon syndrome, je ne m'imagine pas trop faire du yoga en intensif, je me dis que je ne serai pas capable de tenir le rythme et je me décourage un peu d'avance.

« Tu devrais aller voir là-bas, y'a un stand avec de la sauge qui pend et des trucs de sorcières. » Fiona me connaît bien.

Je m'exécute et je me dirige vers le stand en question, qui est effectivement très vibrant, il y a quelque chose de spécial. Je m'approche et je vois une proposition de formation en yoga intégral mais également un stage avec les dauphins au Brésil. Wow, ça pulse. Je me retourne et je découvre Morgane, une jolie blonde avec de grands yeux bleu vert. Elle a une douce énergie et semble très posée dans sa façon de parler. Elle me présente l'école et les programmes qu'elle y enseigne. Je ressens une connexion particulière. Comme quelque chose de familier que je ne saurais pas vraiment expliquer (ça commence à devenir courant ces derniers mois, c'est peut-être ça l'intuition).

Elle me présente les cours du mardi : de la sophrologie, du yoga des hormones (des enchaînements de postures et respirations pour équilibrer le système hormonal), de la naturopathie et son cours de yoga intégral. Je suis captivée. Moi qui veux reprendre tranquillement le yoga depuis ma maladie, je suis certaine que c'est parfait. Et le rythme sera idéal. Je lui demande le prix de la formation pour l'année et sans trop réfléchir à mon compte en banque, je sors mon chéquier pour faire les chèques d'acompte. Voilà. Bon, et bien c'est fait. Moi qui venais pour simplement me promener, je rigole intérieurement. Et en même temps, je ne sais pas pourquoi, mais j'ai la sensation que cette décision changera encore pas mal le cours de ma vie et mon chemin à tout jamais.

Plus tard, je continue de déambuler dans les allées et je suis interpellée par une pancarte, « La Ferme du Ravin bleu, un lieu d'accueil pour vos stages et retraites ». Tiens, tiens, moi qui pensais à ce format depuis quelque temps, encore une sacrée synchronicité. Je suis très enthousiaste et je demande davantage d'informations. Le commercial est très sympathique et vend bien son truc. À mes côtés, Margaux a les yeux qui pétillent elle aussi.

« Pourquoi on se ferait pas une retraite ensemble tiens ? On peut aussi en parler à Sabri, notre ami professeur de yoga et naturopathe. »

Ni une ni deux, je récupère les tarifs, on synchronise nos agendas et nous posons des options pour l'été prochain. Une en juin et une en juillet ? Banco.

Je sors du salon comme sur un nuage pour me rendre à la conférence de Lise Bourbeau au Grand Rex. Elle a écrit *Les 5 blessures qui empêchent d'être soi-même* et je suis curieuse de voir ce qu'elle a à transmettre. Arrivée pile à l'heure, je m'installe, seule. Depuis ma retraite de méditation je ne suis plus du tout perturbée à l'idée de faire des choses sans que quelqu'un m'accompagne. La conférence se déroule, c'est assez intéressant mais il y a parfois des raccourcis difficiles à entendre, notamment sur le fait que « l'on attire à soi nos expériences positives et négatives ». Allez dire ça à une femme qui s'est faite violer ! Je le comprends avec un certain angle mais je me dis que ça peut être maladroit. Elle alterne les prises de parole, nous fait faire une méditation et quelques échanges avec nos voisins.

Une fois terminé, je sors dire au revoir à mon amie Clémence qui assistait également à la conférence. Elle est assez décontenancée elle aussi par les propos de Lise qui affirmait que l'on attire à soi tout ce qui nous arrive. C'est vrai qu'il conviendrait de poser le contexte sur le plan de l'âme et de notre incarnation pour que cela nous heurte moins. Je suis vraiment rincée de cette journée. Moi qui d'habitude ai le réflexe de prendre un taxi pour rentrer, je me laisse convaincre par mon amie de prendre le métro vu que c'est direct jusqu'à la maison. Allez, je vais faire un effort.

Je n'ai pas mon casque, mince. Je ne l'oublie jamais normalement ! Bon, je vais passer le trajet à lire les prospectus du salon, tant pis. Je me laisse embarquer dans mes rêveries jusqu'à mon arrêt. Je sors. Au moment de chercher mon téléphone dans mon sac, je constate avec horreur que ce dernier est ouvert et qu'il me manque mon portefeuille ET mon portable ! Panique. Larmes. Je voudrais appeler Michael, je ne peux pas. Je marche d'un pas rapide jusqu'à la maison. Je rentre. Larmes à nouveau. Michael prend peur de me voir dans cet état et je lui explique. Je contacte mon amie Clémence qui se trouve être policière (ironie) et se sent mal de m'avoir conseillé de prendre le métro plutôt que mon taxi. Nous avons la bonne idée de regarder la géolocalisation et je vois mon téléphone se déplacer de Paris vers la banlieue est de Paris. Je suis en colère contre moi-même de ne pas avoir été attentive. Dans tous mes états. Je me dis que je n'aurais pas dû prendre le métro. Pourquoi cela m'arrive maintenant, à deux jours de mon anniversaire ? Et après une journée si douce ?

Après avoir tenté d'envoyer une brigade sur place qui n'a rien trouvé, je dois me résigner. Un téléphone ancien d'une seule année pile, offert par la bande de copains l'année dernière pour mon dernier anniversaire. Un comble. Je commence à me calmer, j'essaie de voir les choses avec recul. C'est comme si mon ancienne vie essayait de me quitter. Pour m'apprendre à me dépouiller du matériel. Ce n'est pas si grave. Ce n'est qu'un téléphone. J'irai en racheter un. Pour mon portefeuille, c'est plus embêtant, il va falloir refaire toutes mes cartes, la poisse. Je suis en colère. Ce genre de choses m'arrivaient tout le temps à l'époque de mes années de débauche, quand je finissais si ivre que je ne me rappelais pas comment j'étais rentrée... Ça ne m'avait clairement pas manqué.

Du coup, je me mets à penser à cette époque. Ma vie a bien changé. J'étais si mal dans ma peau ces dernières années. J'étais la nana fun qui payait ses tournées constamment, pour essayer de récupérer un semblant d'amour et d'attention de la part des autres. J'ingurgitais des litres d'alcool de façon totalement inconsciente jusqu'à atteindre la limite et me rendre malade. Je finissais dans les bras des hommes sans vraiment y réfléchir ou bien m'en souvenir. Tout pour combler ce vide que je ressentais au fond de mon être et de mon cœur. Des lendemains sans carte et sans téléphone j'en ai eu. Je remercie mes anges qu'il ne me soit jamais rien arrivé de grave et je demande pardon à mon corps au passage, pour tout ce que je lui ai fait subir. Gratitude pour tous ces changements dans ma vie et pour ce que je suis aujourd'hui. Je crois que cette prise de conscience à elle seule est un cadeau ce soir.

23 octobre 2017

28 ans. Une année de plus. Je retrouve la bande de copains au restaurant. On dîne. On rigole. On échange. Je crois

que c'est la première fois depuis des années que je n'ai pas envie de me mettre la tête à l'envers. Et puis je viens tout juste de me racheter un téléphone ce n'est pas pour le perdre à nouveau ! De plus, je commence le yoga demain, autant être fraîche et en forme. J'observe les autres autour de moi. Nostalgie. J'ai l'impression de leur dire au revoir, c'est assez étrange. Comme si une partie de moi savait que tout allait bientôt changer. Que nous allons nous éloigner peu à peu, car nous n'aurons plus les mêmes dynamiques de vie et que le temps nous manquera souvent. Certains travaillent encore dans la communication ou le marketing, nous nous sommes connus lors de nos études ou de nos premières années de travail. Je souris. J'honore l'instant présent et j'essaie de savourer chaque moment de joie et de partage passé en leur présence.

24 octobre 2017

Première journée de formation avec Morgane chez Culture Yoga. Pour mon entrée dans cette 28e année, je trouve ça plutôt symbolique. La journée commence avec une séance de sophrologie (je n'aime pas trop ça je crois, mon mental est trop agité), puis de yoga des hormones afin d'équilibrer le système endocrinien. Moi qui souffre beaucoup de douleurs de règles depuis l'arrêt de la pilule, ça devrait me faire du bien. Nous avons une pause déjeuner puis reprenons avec une classe de yoga intégral donné par Mo et enfin un cours de yoga et naturopathie.

Me remettre sur mon tapis et me reconnecter à mon corps m'émeut beaucoup. Je sens mon esprit partir vraiment trop dans tous les sens depuis que je suis à mon compte. Je pense à mon blog, aux choses que je pourrais mettre en place, à ce que je pourrais partager par rapport au yoga… alors que je suis encore dedans et que je ne le vis pas ! Il était temps que j'apprenne à me poser. Moi qui n'arrête pas depuis plusieurs semaines. Je commence à comprendre que ma reconversion génère beaucoup de peurs de manque en terme financier et de besoin de reconnaissance. Je vais devoir apprendre à trouver mon équilibre si je ne veux pas tomber dans le burnout. Pour une praticienne dans le domaine du bien-être, ce serait un comble….

5

L'appel du féminin sacré et du chamanisme

11 novembre 2017

Ce soir, je me rends à mon premier cercle de femmes. Apparemment, c'est un espace où chacune parle de ce qu'elle vit, avec bienveillance et sans jugement. Je suis tombée sur le site de Claire en cherchant des informations sur ce type d'ateliers à Paris. Il semble que ce soit quelque chose qui se fait de plus en plus et j'avais envie de tester. Je sais que j'ai pas mal de difficultés à me confier devant des inconnus de façon générale et cela pourra me faire du bien. J'ai construit une belle carapace de cynisme et de contrôle depuis de nombreuses années pour masquer mes insécurités. Me mettre au contact de quelque chose de plus authentique pourrait me faire du bien. Surtout si je désire accompagner à mon tour par la suite.

L'appartement se trouve au dernier étage d'un immeuble haussmannien, dans le quartier chic du Trocadéro. J'arrive dans les premières, comme toujours vu que je déteste être en retard. Claire m'accueille avec un large sourire, me demande de me déchausser et de m'installer dans le cercle de coussins. Les femmes arrivent au fur et à mesure. Certaines se connaissent déjà. Il y a de tous les âges et de toutes origines.

Claire ouvre le cercle à l'aide de son bâton de parole. J'aime beaucoup le concept : lorsque nous avons le bâton en main, c'est à notre tour de déposer ce que nous souhaitons. Personne ne peut interagir ou donner son avis. Il est tellement rare de pouvoir exprimer ce que l'on a sur le cœur dans un contexte d'écoute passive complète. La plupart du temps, la personne en face se sent toujours obligée de commenter, de donner son opinion ou bien ne sait même pas comment éprouver de l'empathie avec ce que nous vivons. Chacune se présente et donne son état intérieur du moment. C'est très intense d'entendre des inconnues déposer des bouts de leur vie ici. Je me sens soudain moins seule.

Nous parlons du cycle lunaire en cours. Des différentes phases que nous traversons. Claire lit un texte tiré du livre *Les 13 Mères Originelles*. 13 Mères pour les 13 Lunes de l'année. Celle de novembre est « la Grande Femme qui marche ». Nous lisons le texte les unes après les autres en nous faisant passer le livre. Cette Mère Originelle est symbole de vérité, elle guide par l'exemple et nous montre comment transformer notre vie en nous impliquant dans l'action. Elle nous invite à nous dépasser et à innover dans la créativité afin de pouvoir toujours évoluer. Mère de la persévérance et de la santé, elle nous apprend à prendre soin de notre corps et nous offre la possibilité de garder les yeux sur nos objectifs, nos pieds sur le chemin de la vérité sans jamais attendre qu'un autre fasse les choses pour nous.

Je me reconnais beaucoup dans cette Grande Femme. J'ai le sourire. Et puis dans son parcours initiatique, elle rencontre une lionne des montagnes, qui lui parle dans un instant de peur : « Guider par l'exemple est un chemin de Beauté Mère. Si tu es un exemple pour les autres êtres humains, il faut leur montrer qu'un humain ne doit pas être jugé quand il a des faiblesses. Permettre aux larmes de couler est le premier pas de la transformation. Faire des erreurs est le chemin qui permet aux qualités de s'affiner. Tu as maîtrisé la persévérance, l'innovation et l'initiative, maintenant il est temps que tu t'autorises à devenir une femme avec des sentiments, un être humain. Cette vulnérabilité est une force, pas une faiblesse. Profondément enfouie à l'intérieur de toi, il y a la vérité dont tu as peur. Tu as senti que si tu ralentissais et prenais du recul quand tu en avais besoin, la vérité pourrait bien te rattraper. Cette vérité, c'est que tu es humaine. » À la lecture de ce passage je sens les larmes monter en moi. Comme un écho qui fait sens à cet exact moment de ma vie.

Puis nous partageons nos ressentis après cette lecture puissante et je comprends que nous sommes toutes des Grandes Femmes qui marchent. Que je dois moi aussi m'autoriser à me reposer, à pleurer, à montrer mes faiblesses et à être vulnérable. Que nous pouvons nous reposer les unes sur les autres et que c'est notre force dans ce monde. Il n'est plus la peine de se battre constamment. Nous pouvons baisser les armes. Et nous aimer, tout simplement. Il se passe quelque chose dans mon cœur. Je suis très chamboulée par cette prise de conscience et cet appel de besoin d'équilibre.

Nous terminons la soirée par un dernier partage et nos intentions pour le prochain cycle à venir. C'est très étrange, j'ai l'impression de connaître ces femmes bien davantage que seulement les trois heures que nous avons partagées. Même plus que certaines de mes amies que je côtoie souvent, mais avec qui je n'ai pas de discussion aussi profonde. C'est vraiment beau. Nous clôturons avec un chant. J'aime tellement chanter. Je l'ai toujours fait naturellement depuis petite. J'ai envie de faire ça. Le monde a besoin de ça. Claire annonce qu'elle fait une formation pour apprendre à animer des *moon lodge* (cercle de femmes selon la tradition amérindienne) dans une dizaine de jours et qu'il reste de la place. Comme par hasard. Je lui confirme mon envie d'y participer et je repars dans les rues de Paris, le cœur léger.

13 novembre 2017

La journée de cours se termine. Je n'en peux plus d'être assise sur une chaise toute la journée à ingurgiter des informations. Je ne sais pas si je vais tenir l'année. Mon amie Aurore, présente dans la classe, nous propose de nous rendre à une soirée de célébration chamanique qu'elle a déjà testée l'autre soir. Elle avait adoré et pense que ça va me plaire. Je ne sais pas trop à quoi m'attendre mais je lui dis oui immédiatement. Nous sortons de cours et nous dirigeons vers la salle. Après avoir grignoté une barquette du traiteur italien dans le coin, nous attendons à l'entrée de l'espace de pratique. Nous sommes peu nombreuses, simplement cinq avec la personne qui anime.

Nous entrons. La praticienne Tala nous attend et referme la porte derrière nous. Avec un grand sourire, une belle chevelure rousse et un bâton de sauge dans la main. Elle nous invite à fermer les yeux et à respirer. Puis elle se met à battre du tambour et nous invite à suivre le son de sa voix, à nous exprimer et chanter. Je me laisse prendre au jeu, clairement timide au début, puis un peu plus confiante. Ma voix s'unit aux instruments et à celles des autres. Nous ne faisons plus qu'Un. J'adore. Je me rends compte à quel point mon mental peut être fort : « Mais qu'est-ce que tu fais là ? », « Tu es ridicule », « Tu es en train de perdre du temps alors que tu pourrais travailler »... Et puis au bout de quelques minutes de reliance avec les autres femmes dans le cercle, au milieu de la sauge qui fume et des bougies qui nous éclairent doucement, je lâche prise.

Nous sommes alors invitées à bouger, à danser, à taper des pieds et à nous connecter au cœur de la Terre Mère. Je me sens libre de faire ce qui me semble juste. Personne pour me juger autour. Je retrouve quelque chose que j'avais perdu depuis bien longtemps : mon innocence et ma légèreté. J'ai tellement peur constamment de laisser mon enfant intérieur s'exprimer que je crois que je l'avais complètement oublié. Je suis devenue trop sérieuse, sauf lorsque je suis dans un espace où nous faisons la fête, un verre à la main. Est-ce de ça dont j'ai envie pour le reste de ma vie ? À la fin de cette première partie libératrice et puissante, Tala nous invite à nous allonger pour vivre un voyage guidé et sonore.

Je passe une bonne partie de l'expérience avec un majestueux loup que je visualise et ressens à mes côtés, symbole de liberté et d'instinct. À la fois solitaire et relié à sa tribu, je me sens connectée à ses peurs et ses envies. La lune est ronde et lumineuse pour éclairer mon passage, comme pour me rassurer, me montrer que tout ira bien. Je me sens partir à certains moments, comme si mon corps n'existait plus. Lorsque le tambour se trouve au niveau de mes pieds, c'est tout mon squelette qui se met à vibrer. Je n'ai jamais ressenti de telles sensations. C'est unique, nouveau et à la fois connu et étrangement réconfortant. Je me relève de cette expérience profondément sereine et connectée à une part de moi que je n'avais encore jamais contacté. La Femme Loup. La Femme Sauvage. Celle qui sait. Je sens que quelque chose s'ouvre...

19 novembre 2017

Je sors de mon atelier sur la mission de vie, le premier que j'anime toute seule dans une salle. Il y a quelques années, je répétais sans cesse que je n'aimais pas parler en public, que le contact humain n'était pas facile pour moi et qu'être derrière un ordinateur me convenait bien. Je me faisais passer pour la sorcière cynique de la bande pour conserver les gens à distance et je ne montrais jamais mes faiblesses. Quelle erreur. J'ai bien changé. Cet après-midi, j'ai passé quatre heures avec douze femmes sensibles, courageuses, lumineuses, en quête d'elles-mêmes et de bonheur.

J'ai adoré pouvoir transmettre mon expérience concernant mon changement de vie, les écouter, ressentir les liens qui se créent au fil des partages et percevoir en moi les battements de leurs cœurs. Je suis si heureuse d'avoir décidé de changer de voie il y a maintenant presque deux ans, alors que rien n'était gagné d'avance et que tout le monde me regardait avec un air dubitatif. Je me rends compte de jour en jour à quel point ma maladie a changé ma vie et que tout est désormais possible. Je me sens à ma place, j'ai envie de suivre mon propre chemin, de continuer à me former, à apprendre et partager tout ça autour de moi. Pouvoir montrer au plus de personnes possibles qu'elles aussi, peuvent emprunter une voie différente et offrir leur lumière au reste du monde.

26 novembre 2017

Je me rends à mon week-end avec sept femmes, pour participer à la formation *Moon Lodge* de Claire en plein Paris. Il s'agit de deux jours pour participer et apprendre à animer des cercles de femmes, avec les enseignements issus de la culture amérindienne. Je n'aurais jamais pensé me trouver ici un jour. Mais l'appel du cœur a été plus fort que mon esprit. Dans ce quartier du Trocadéro, au milieu des grandes avenues et des boutiques de luxe, nous créons un cocon de douceur et de lumière, hors du temps. Chaque femme se présente, parle de son parcours et de ses intentions pour le week-end. Je dépose que je suis fatiguée, heureuse d'être présente car je sens que c'est juste, avec l'intention de continuer à ouvrir mon cœur et d'apprendre à guider au mieux les autres êtres autour de moi.

Dans la tradition ancestrale chamanique, une *moon lodge* est un lieu de ressourcement, loin de la communauté. Souvent de forme ronde, le bâtiment abrite les femmes qui ont leurs « lunes » toutes en même temps. Car c'est souvent ce qu'il se passe lorsque des femmes vivent ensemble, elles se synchronisent (celles qui vivent en colocation le savent). Cet espace est donc dédié à leur repos, leurs partages et leurs visions. Les hommes et adolescents prennent alors la responsabilité de continuer à faire les tâches qu'elles ne peuvent pas faire pendant ce temps-là car elles ont moins d'énergie physique. Les femmes peuvent ainsi utiliser la force de vie par laquelle elles sont traversées pour créer de façon différente, plus réceptive et moins active. Je trouve cet enseignement si beau. Si seulement nous pouvions agir de même dans notre société… Les femmes seraient plus épanouies lorsqu'elles ont leurs règles et se sentiraient moins coupables.

Les journées sont rythmées par des enseignements thématiques comme la roue de médecine autour des quatre éléments (terre, eau, feu et air), des chants collectifs, des lectures de textes et des partages avec le bâton de parole en guise de support. Je suis très touchée par la beauté et la singularité de chacune. Il règne une atmosphère paisible et sereine. Les silences ne sont pas embarrassants, ils sont cérémonieux. Je comprends d'un coup ce que je suis venue chercher : je comprends qu'il n'y a pas besoin de faire intervenir le mental ou nombre de connaissances pour créer un espace sacré, il suffit de construire ce lien entre nous toutes avec bienveillance et la magie opère de façon naturelle. L'être humain semble avoir simplement besoin d'être reconnu, entendu et compris. Rien de plus. Et c'est beau.

28 novembre 2017

La soirée est fraîche. Je me rends dans une salle non loin de chez moi, dans le 12e arrondissement. Je suis tombée sur le site en cherchant « Voyage tambour Paris ». Je ne sais pas trop où je mets les pieds mais je sais qu'il est temps. Il y a eu tellement de signes sur ces histoires de chamanisme que je ne peux plus ignorer l'appel. Je rentre dans le premier espace, certaines personnes sont déjà présentes. La praticienne m'accueille un peu abruptement et me demande mon nom. Il y a pas mal de monde, je pense que ça doit être difficile à cadrer. Je retrouve Stéphanie, que je suis sur Instagram et avec qui j'ai déjà eu de nombreux échanges autour de la Lune, un sujet qui nous passionne toutes les deux. Je suis soulagée et heureuse de trouver un visage connu, ça me fait au moins un repère.

Nous entrons dans l'espace de pratique. Des dizaines de tambours et hochets se trouvent au centre de la pièce. La jeune femme qui anime le cercle nous explique comme la soirée va se dérouler : d'abord l'appel des esprits alliés afin d'ouvrir l'espace, puis deux voyages ainsi que des partages. Nous faisons un tour de paroles pour nous présenter. L'ambiance est très différente par rapport à mon dernier week-end *Moon Lodge*, l'énergie est plus masculine et moins douce. Chacun parle de soi et de son expérience avec le chamanisme, novice ou non. J'observe les personnalités et les egos se manifester c'est assez rigolo. Comme un besoin de prouver que nous avons le droit ou une bonne raison d'être ici. Pour ma part, je viens simplement car j'en ai reçu l'appel et je suis curieuse. Je ne sais pas si je suis légitime ou non mais j'avais envie d'écouter l'élan.

Nous nous levons pour ouvrir l'espace sacré. La praticienne chamanique fait brûler de la sauge blanche en bâton dans une grande conque, du Palo Santo (un bois sacré d'Amazonie) et demande aux esprits de bénir cette soirée. Elle allume également une bougie blanche qu'elle place au centre de la pièce. Nous sommes invités à prendre un tambour ou un hochet et à nous connecter à nos esprits pour qu'ils viennent nous accompagner. Chacun bat à sa façon, timidement ou brutalement, en rythme ou pas vraiment. Je trouve ça assez magique d'avoir un tambour dans les mains. J'ai l'impression que mon mental, d'habitude critique, se calme et que quelque chose de plus sage, centré en moi, se réveille. C'est assez puissant.

Nous sommes invités à nous allonger pour la suite de la soirée. Nous allons faire notre premier voyage au tambour afin de rencontrer notre animal totem. Je ne sais pas trop à quoi m'attendre. Je me demande bien qui il est. Peut-être un loup ? Un serpent ? Je ne sais pas. J'essaie de ne pas trop me laisser embarquer par les questionnements dans ma tête. Je suis assez sereine. On verra bien de toute façon je n'ai pas grand-chose à perdre. Je place le bandeau sur mes yeux et je m'installe confortablement. Le tambour commence à résonner dans l'espace et nous sommes invités à visualiser un lieu où nous nous sentons bien. J'imagine une plage. J'observe autour de moi et j'attends. Puis la praticienne nous propose de trouver un accès pour descendre dans « le monde du bas », là où se trouve les esprits alliés et animaux totems. Intuitivement, je me sens attirée par l'eau et je m'y vois plonger.

Je me sens descendre, descendre, descendre. Je sens mon corps s'alourdir et chuter dans les profondeurs de l'océan. J'entends le bruit du tambour au loin. L'accompagnante ne parle plus. Je perçois mon mental réfléchir et se demander ce qu'il doit se passer. J'ai la sensation d'être arrivée dans une sorte de grotte sous l'eau, un peu sombre mais accueillante. Je ne « vois » pas grand-chose. Ce ne sont que des sensations. J'ai l'impression de me battre contre mon mental pour pouvoir voir. Je cherche un animal. Je demande un animal. Mais je ne vois rien. Je commence à être en colère contre moi-même de ne pas savoir lâcher prise. Puis j'entends le son du rappel et on nous invite à remonter dans le monde du milieu, notre point de départ.

Nous partageons sur notre premier voyage. L'accompagnement est assez brut et les personnes autour de moi cherchent à savoir s'ils étaient au bon endroit, à obtenir une forme de validation et à comprendre ce qu'il s'est passé. Pour ma part, j'exprime simplement que j'ai perçu m'être trouvée dans l'eau mais que c'est encore vague. Pas de souci, nous allons faire un second voyage pour tenter de rencontrer l'allié.

Nous nous allongeons de nouveau. Je pose l'intention claire de rencontrer mon animal esprit et je demande à mon mental de s'abandonner. Le tambour commence. Plage à nouveau. Je me sens à nouveau descendre, mon corps est encore plus lourd. Je me laisse faire et je ne cherche plus à rien voir. Je pose simplement mon attention sur le bruit du tambour, que je trouve si familier. Puis soudain, un frisson. Un son. Le chant d'une baleine. Je suis folle. Non, je l'entends vraiment ! J'entends un chant. Puis un second. Et soudain, l'image d'une baleine majestueuse qui m'invite à la suivre dans les profondeurs de l'océan. Je nage avec elle. Je me sens extraordinairement libre et en joie. Nous nageons un long moment, nous croisons un dauphin. Je sens des larmes de gratitude couler le long de mes joues et mon cœur battre la chamade. J'entends le rappel. Il est temps de lui dire au revoir et de lui demander sa protection dorénavant. Je reviens à moi. Un peu sonnée. Bon.

Second partage. Nous sommes invités à partager l'animal que nous avons rencontré. Pas de débat ou d'explication. Je trouve que pour un premier cercle cela manque un peu de soutien et d'empathie, surtout pour les personnes qui sont un peu perdues de n'avoir rien vu ou contacté. Je dis ce que j'ai à dire. Le cercle se termine et je décide de rentrer à la maison sans trop m'attarder pour parler avec les gens. Je n'en n'ai pas trop envie. Besoin d'être dans ma bulle.

Arrivée à la maison. Je raconte brièvement à Michael ce qu'il s'est passé, sans trop m'attarder car je sais que ça peut paraître loufoque. Je prends mon oracle *Les Cartes Médecine* et je cherche la page de la baleine. « La Baleine, l'Archiviste. C'est une bibliothèque en pleine mer ! Elle porte en elle l'histoire de la Terre-Mère ; on dit que ce sont les Anciens de Sirius, l'Étoile du Chien, qui lui ont donné sa place dans notre monde. » Je continue de lire. « Dans leur ADN, les adeptes de la médecine de la Baleine ont un code génétique qui leur permet de comprendre que certaines fréquences sonores peuvent transmettre des bribes du savoir caché qui est enregistré quelque part. Ces adeptes sont habituellement clairaudients et ont la capacité d'entendre les fréquences élevées tout comme les basses fréquences. Leurs aptitudes psychiques et télépathiques sont aussi très développeurs de dons jusqu'au moment où ils ont à utiliser les souvenirs enregistrés. Plusieurs adeptes de la médecine de la Baleine peuvent entrer en contact avec la conscience universelle du Grand Esprit sans trop savoir pourquoi ni comment ils ont appris ce qu'ils savent. C'est seulement plus tard, quand ces personnes ont eu quelques confirmations, qu'elles commencent à comprendre le sens et le pourquoi des impressions reçues. La médecine de la Baleine nous enseigne à utiliser les sons et les fréquences qui équilibrent notre corps émotionnel et guérissent notre corps physique. Quand on parvient à se rappeler pourquoi le tambour du chaman peut apporter paix et guérison, on est en harmonie avec le message de la Baleine. Le tambour bat au rythme du cœur universel et permet à tous les cœurs de battre à l'unisson. »

Je suis hallucinée. Ce texte vient de mettre des mots sur ce que je ressens depuis des semaines. La sensation de réveiller de vieilles mémoires sans vraiment savoir comment. Et puis, je viens juste de m'inscrire à un cycle de formation de Yoga du son et de la voix… Et aussi, tout mon cheminement a commencé par la conférence *Les Archives akashiques* à laquelle m'avait convié Héloïse. J'ai le cœur qui bat fort. J'ai la sensation d'avoir activé une énergie puissante ce soir et d'avoir trouvé une nouvelle pièce du puzzle. Je vais me coucher là-dessus, avec une légère sensation de flottement et de sérénité intérieure.

4 décembre 2017

Cela fait aujourd'hui deux ans que ma vie a changé. Deux ans depuis ce syndrome au nom bizarre. Je me souviens maintenant de mes nombreux mois de convalescence avec compassion et gratitude. J'en ai bavé, c'est clair, mais je crois que cette expérience a été mon plus grand enseignement concernant la résilience et l'acceptation. J'ai aussi compris ces derniers mois que je n'étais pas à ma place à l'époque et que mon corps m'a offert ce grand cadeau de me le faire remarquer, pour me remettre sur ma juste voie.

Je suis assez fière aujourd'hui d'avoir été capable d'accompagner la guérison sans penser que j'étais une victime. Quelque chose d'assez nouveau, pour moi qui avais tendance à facilement râler et me lamenter sur mon sort quand j'étais un peu plus jeune. Je me rends compte à quel point tout est juste. La découverte de la naturopathie, le blog pour en parler et mes rencontres avec des personnes formidables qui sont devenues des amies. Tout s'est accéléré à la vitesse de la lumière. Deux années... Seulement. C'est complètement fou.

Des mois à recontacter ces énergies subtiles avec lesquelles je vivais déjà petite. J'ai retrouvé l'astrologie qui me passionnait déjà depuis toujours et la lithothérapie, en me rappelant les foires aux minéraux que j'arpentais avec émerveillement. Je crois que je fais enfin ce que j'ai toujours fait de mieux : créer du lien et écouter. J'ai compris beaucoup de choses, sur mon passé et pour mon futur. Je sens que cette année et la suivante seront encore des étapes très intenses et puissantes. Je le ressens dans mon cœur et dans chacune de mes cellules.

17 décembre 2017

Deux jours de méditation loin de Paris. J'en avais besoin. Complètement novice face à tout ce que j'expérimente en ce moment, je suis partie avec mon amie Marion, que j'ai rencontrée pendant mes études en communication. Nous n'avons pas eu l'occasion de beaucoup nous voir ces derniers temps. Je suis très prise, mes activités ont tellement changé, il fallait que je prenne ce temps pour nous. Nous avons choisi le centre Kadampa, un centre bouddhiste non loin de chez nous. Pour deux jours, c'est plus pratique. Le week-end est rythmé par des méditations guidées, silencieuses et quelque temps d'enseignements sur la conscience. Je ris beaucoup car Marion tourne en dérision beaucoup de choses autour de nous, notamment les personnes présentes qui parfois se prennent un peu trop au sérieux dans leurs attitudes ou leur façon de s'exprimer. Remettre de la légèreté dans la spiritualité, voilà de quoi j'avais besoin.

Lorsque j'entre dans la grande salle de méditation, je me sens immédiatement attirée par une immense statue de Tara. Plus tard, mon regard est également porté vers un tableau de cette déesse blanche et lumineuse. Étrange.

Un appel. Je cherche son nom et sa symbolique. Tara incarne l'aspect féminin de la compassion de tous les Bouddhas. Tara Blanche serait, selon la tradition tibétaine, née d'une fleur de Lotus, possède sept yeux et son mantra est relié à la Lune. Elle symbolise l'abondance, la longévité et apporte son soutien à la vitesse du vent. J'ai l'impression d'avoir trouvé quelque chose d'important dans mon lien au bouddhisme, que je cultive depuis de nombreuses années. Encore une fois, à travers la voie féminine. Il n'y a pas de hasard.

Le week-end se passe bien. Je suis parfois en difficulté car mon esprit s'agite. Il pense à tout ce qu'il veut faire. Comment utiliser les enseignements pour transmettre ? Je respire et j'essaie de revenir à ma respiration. Croiser d'autres personnes dans le centre, échanger de tout et de rien est agréable. Je me rends compte à quel point j'ai besoin de me créer davantage d'espaces comme ceux-là. Même prise de conscience qu'à chaque fois que je quitte Paris et que je prends du temps pour vivre différemment, à un rythme plus naturel et sain. Je pars de ce week-end détendue, heureuse de mes rencontres et de cette déconnexion que je me suis accordée. J'essaierai de conserver cette paix en moi le plus longtemps possible.

10 janvier 2018

Je me réveille le ventre noué. Aujourd'hui a lieu mon premier « bain » avec Churla, une chamane bolivienne dont m'a parlé mon amie Marion (une autre), avec qui je vais faire les prochaines formations de pratiques chamaniques. Il s'agit du premier, celui de l'eau. Normalement, je devrais faire ceux des autres éléments derrière, mais j'attends d'abord de voir comment cela va se passer. Churla fait ses « soins » dans un appartement à Paris, prêté par une de ses amies. Toutes les finances vont à son association et l'école qu'elle a créées en Bolivie. Dans le mail, elle me demandait d'acheter une rose, d'apporter des clous de girofle, du miel, de la cannelle et un grand drap blanc. Je me visualise déjà dans le bain avec tous ces ingrédients comme une grande infusion géante. Je ris, un peu gênée d'imaginer la scène.

Après avoir trouvé une rose chez un fleuriste qui ouvre sa boutique plus tôt pour moi (car je semblais un peu en désespoir), je me rends à l'appartement. Je suis accueillie par une femme simple, mi-souriante mi-rigide. Le stress monte un peu. Je lui donne mes ingrédients. Elle prend la rose et la met dans un vase, dans le salon. Elle m'explique que Churla prolonge le soin grâce à cette fleur les jours suivants le bain. Dommage, je ne serai pas couverte de pétales. Je m'installe et patiente en attendant mon tour.

Un homme sort de derrière moi encore débraillé, il remercie Churla et quitte l'appartement. Je suis étonnée car il n'a pas du tout le profil de quelqu'un qui ferait ce genre de choses. Churla me demande d'attendre puis revient me chercher. Elle me demande de me déshabiller « comme quand je suis venue au monde ». Moi qui aie un gros complexe avec la nudité, je suis servie. Je me sens vraiment gênée mais j'essaie de ne rien montrer. Elle me propose de venir dans la salle de bains et de rentrer dans la baignoire remplie d'eau chaude. Je me recroqueville comme une enfant. Son attitude est très assurée et neutre, ce qui m'aide un peu à me détendre. Puis elle prend un petit bol d'eau et me le verse sur la nuque. Elle récite des choses dans sa langue natale. Je me sens en sécurité, comme si une grand-mère prenait soin de moi. Je me dis que si on nous voyait à cet instant, on me prendrait certainement pour une folle (ça ne serait pas la première fois). Puis elle continue et me demande mon deuxième prénom. Celui de mon arrière-grand-père je crois, Camille. Elle me dit qu'il faut nettoyer ce lien. Que je porte ses mémoires. Je la laisse faire.

Quelques minutes après, le bain se termine. Je me sens vidée, épurée. Elle me demande de me placer dans le drap disposé sur le lit, dans lequel elle m'enroule comme un burrito. Elle me suggère de faire une visualisation : de me voir avancer sur un chemin et d'apercevoir ma silhouette au loin, de me rapprocher et de me rencontrer, de me dire que je m'aime et de me pardonner. Je m'exécute. La méditation est belle. Je sens mon cœur s'ouvrir. Puis Churla revient et me demande de me rhabiller, au moment où je commençais presque à m'endormir. Elle m'apporte une eau infusée de girofle, cannelle et miel (ah c'était donc pour ça !) et me laisse quelques instants pour boire tranquille. Le soin est terminé. Je suis remerciée chaleureusement et je m'en vais.

Sur le chemin du retour dans mon taxi, j'ai l'impression d'être comme dans du coton. Je regarde les prochaines dates de bains dans son agenda mais je ne suis pas disponible. Je me dis que je vais me laisser le temps d'intégrer et voir comment cela se passe. Il y a quelques années, si on m'avait dit que j'allais me faire baigner par une chamane dans un appartement en plein Paris je crois que je ne l'aurais pas cru. Et pourtant, tout semble très juste. J'ai beaucoup de gratitude, mon cœur rayonne et j'ai bon espoir pour la suite de mon chemin.

18 janvier 2018

Aujourd'hui est un grand jour. Je me rends à mon premier rendez-vous avec Ameyo, une merveilleuse thérapeute en transgénérationnel qu'Anne-Claire m'a conseillé ; et ce soir j'anime ma première *moon lodge* (le cercle de femmes). Le concept de cet accompagnement est de clarifier les mémoires bloquantes qui se trouvent dans mes lignées familiales et de les libérer. Je ne sais pas trop à quoi m'attendre, je sais juste qu'elle travaille avec les couleurs et que la séance dure trois heures. J'arrive dans son cabinet à Vincennes, un peu essoufflée. Elle m'accueille avec un grand sourire. Alignée, grande, bien incarnée ! Tout ce que j'aime. Le bureau est assez clair, elle m'invite à m'asseoir sur le fauteuil dans un premier temps. Une table de massage est également installée dans la pièce.

Pour cette première séance, j'avais préparé mon arbre généalogique avec les noms, date de naissance et de mort, ainsi que les métiers jusqu'à la génération de mes grands-parents. Elle a également préparé en amont une canalisation de mes lignées. Je ne sais pas trop en quoi cela consiste mais elle a rédigé quatre pages de textes. Elle m'explique qu'elle travaille ensuite avec les couleurs pour connaître quelles sont les mémoires à libérer, ainsi que des essences qui agissent sur le long terme. Mystique tout ça. Ça me plaît. Elle me propose de me lire d'abord ce qu'elle a préparé. Je suis curieuse.

Dans mes lignées, le féminin est blessé (ben tiens). Il y a eu beaucoup de féminins bafoués et violés (comme dans beaucoup de cas, vu le mode de vie des dernières décennies). Cela peut créer des douleurs ou troubles au niveau de la sexualité, des menstruations et de l'acceptation de toute la zone génitale. Il y a également beaucoup de mères qui le sont devenues par obligation, ce qui peut me créer une peur d'avoir des enfants ou bien un rejet (dans le mille). Puis elle continue. Il y a eu des héritages financiers volés ou cachés, plutôt du côté de mon papa, ce qui a pu créer la peur du manque dans la famille, avec un grand besoin de créer un patrimoine et d'être reconnu sur le plan financier (oui, génial). Elle me parle de morts par éboulement et donc d'un traumatisme de mourir étouffée ou enfermée…

Elle continue à me lire sa feuille pendant plusieurs minutes et je suis de plus en plus hallucinée de la véracité de ses propos. Tout ça juste en se connectant à ma date de naissance et à mon nom ? Waouh...

Une fois tout cela lu, elle m'explique qu'on va maintenant voir quelles sont les mémoires que mon âme est prête à libérer. Elle place des cartes devant moi et me fais lancer un dé. J'obtiens le chiffre 6. Le maximum. Forcément, hum. Je sélectionne donc six cartes dans celles qui se trouvent devant moi : rose, fuchsia, blanc, jaune, bleu et vert. Elle m'explique que chaque couleur correspond à un élixir que je vais pouvoir utiliser ces prochaines semaines à vaporiser autour de mon aura et à respirer. Le rose pour la féminité, le fuchsia pour l'instinct maternel, le blanc pour la protection, le jaune pour l'abondance, le bleu pour la communication et le vert pour l'ouverture du cœur. Elle me présente les flacons et m'explique comment m'en servir ces prochaines semaines. Cela va faire un sacré budget avec la séance, mais vu l'impact que cela a eu chez Anne-Claire, je suis prête à faire confiance et à investir pour moi.

Puis, pour la dernière et troisième partie, elle me propose de me diriger vers la table de massage afin de pouvoir effectuer le soin. Je m'allonge sur le ventre. Elle choisit les mélanges d'huiles à utiliser (également en lien avec les mémoires à libérer) et commence à me masser le dos. Je ressens au bout de quelques minutes un profond relâchement. Puis un vertige et quelque chose qui se détend dans ma poitrine. De nombreuses sensations étranges que j'essaie de ne pas cristalliser dans ma pensée. Elle place enfin quelques pierres le long de ma colonne vertébrale et quitte la pièce. Je m'endors à moitié. Puis quelques minutes plus tard elle revient, retire les pierres, nettoie mon dos avec une serviette éponge et m'annonce que le soin est terminé. Nous échangeons quelques mots. Je suis un peu sonnée. Elle me prévient qu'il peut y avoir des effets secondaires. Puis je pars avec mon petit sac de flacons et la sensation de flotter.

Le soir, je me rends dans la salle que j'ai louée pour l'occasion. J'installe en cercle les *bolsters* et coussins, je place des roses au centre (oui j'ai voulu marquer le coup pour le premier) et je branche mon enceinte. Je mets de la sauge un peu partout, j'allume quelques bougies que je place au centre sur mon tissu qui fait office d'autel. Je me pose enfin. Je respire. Je me centre. Je suis un peu stressée et en même temps pas vraiment. C'est plutôt une appréhension qui vient d'ailleurs. Les premières femmes arrivent. Je les accueille avec un grand sourire et beaucoup de douceur. Chacune prend place dans le cercle et nous commençons.

La soirée se déroule de manière très fluide : je démarre avec une méditation en musique, chacune raconte comment elle se sent en ce moment, puis je lis un texte dans mon livre de Jamie Sams sur la liberté. Je parle des énergies lunaires du moment (basées sur mes quelques connaissances en astrologie) et chacune dépose dans le cercle ses ressentis.

Grâce au bâton de parole, les échanges sont bienveillants et cadrés. Je me retrouve en chacune d'elle et je ressens beaucoup de gratitude de pouvoir ouvrir un espace comme celui-ci. La soirée se termine avec un chant que nous écoutons ensemble, puis chacune repart le cœur un petit peu plus léger.

20 janvier 2018

Je suis en plein milieu de cycle et mes règles viennent de se pointer. C'est quoi ce bazar… Ah. Je me rappelle ce que m'a dit Ameyo. C'est fou ! Le travail entamé bouleverse carrément mon cycle, je devrais être en train d'ovuler, mes menstruations n'étaient pas prévues si tôt. J'étais un peu sceptique lorsqu'elle m'avait prévenue à notre première séance. Et bien... Je constate également que certains de mes comportements ont changé : je suis plus douce dans ma façon de m'exprimer, j'accueille plus facilement les opinions extérieures et je m'écoute davantage. Ou bien est-ce également le cercle de femmes que j'ai animé il y a deux jours. Tout se mélange dans ma tête. J'ai l'impression de sentir des mouvements dans ma poitrine. Parfois légers, parfois douloureux. Peut-être bien que c'est ça, le cœur qui s'ouvre.

6

Le réveil du coeur

4 février 2018

Arrivée à Koh Phangan, en Thaïlande. Depuis ce midi, j'alterne entre bonheur et angoisse. Je sens que ma conscience essaie de lâcher prise mais mon esprit ne veut pas trop. Je me demande si j'ai bien fait de m'inscrire pour cette retraite *Mystical Dance*. Cinq jours à danser avec des inconnues et à faire des rituels bizarres, je ne sais pas ce qui m'a pris. J'ai peur. De quoi ? Je ne sais pas. De m'ouvrir, de me dévoiler, de m'abandonner peut-être. Pourtant, cela fait à peine deux jours que nous sommes arrivées sur l'île avec Héloïse et j'ai la sensation de vivre ici, d'avoir déjà oublié ma vie en France. J'ai remplacé les bottines par des tongs et les manteaux par des robes. Le voyage se fait en deux parties : d'abord la semaine de stage puis une autre avec quelques cours de yoga et du temps pour travailler et faire ce que j'ai à terminer.

Je retrouve également Anne-Claire (qui vit ici depuis plusieurs semaines) et Peggy (qui a tout quitté pour guérir et se remettre de son parcours lié à l'endométriose) dans un chouette restaurant vegan. Je suis très inspirée par leurs parcours de femmes indépendantes, qui mettent tout en place pour créer la vie à laquelle elles aspirent. Je les entends parler de voyages pendant des mois, sans attache et j'en rêve. Elles ont pris un aller simple et ne savent pas quand elles rentrent. Je trouve ça génial. Je me demande bien pourquoi ? Est-ce une fuite en avant de mon côté ? Je ne sais pas trop, mais j'ai la sensation de toucher du doigt quelque chose d'important pour la compréhension de mes mécanismes inconscients et des schémas que j'ai tendance à répéter.

Demain soir, il y a un *kirtan* dans un centre de yoga, c'est une sorte d'atelier en soirée, où tout le monde se réunit pour chanter des mantras. Les filles ont prévu de s'y rendre et sont très enthousiastes. Ça me rend vraiment triste mais je vais le rater car ma journée de retraite se terminera tard. Je me rends compte que j'ai vraiment peur de manquer des moments précieux, peur d'être laissée de côté, que l'on m'oublie. Une vraie petite fille flippée. Une sensation que j'avais déjà touchée du doigt lors de ma retraite à Karma Ling et qui a toujours été présente dans mes interactions avec mes groupes d'amis. J'ai aussi mal au ventre. Depuis Bali, j'ai cette espèce de croyance inconsciente que de manger en Asie n'est pas *safe*. Je ressens l'angoisse que je me créais lorsque j'étais malade à ce moment-là. Il faut que j'arrive à évacuer ça sinon ça va pourrir mon séjour.

5 février 2018

La nuit a été agitée. Le bruit d'un oiseau sur le toit à faire flipper n'importe quelle trouillarde comme moi, la chaleur étouffante sans climatisation, le changement de literie qui me perturbe un peu. Heureusement que j'avais mes boules Quies pour enfin sombrer dans les bras de Morphée à un moment donné. Mon réveil est plus optimiste, je me prépare tant bien que mal en essayant de me faire jolie pour mon premier jour de retraite. Le gérant de ma *guesthouse* propose de me déposer à Agama, le grand centre de yoga et tantra où je dois me rendre. Mais à ma grande surprise au moment de me renseigner auprès d'une dame habillée tout en blanc près de l'entrée, elle me dit que le stage se trouve dans une annexe à 15 minutes à pied d'ici. Je panique un peu et puis je choisis de lâcher prise et de me laisser porter pour finir par trouver le grand Shala au milieu de la forêt en bord de plage. C'est exotique et assez chouette par là.

Je rentre dans la grande salle toute décorée avec de grands drapages, une douce musique est diffusée et je me sens un peu anxieuse comme un premier jour de rentrée, angoissée à l'idée de ne pas me faire d'amie (mon ego fait moins le malin). J'observe les femmes autour de moi, certaines semblent se connaître ou alors elles sont toutes très à l'aise. Certaines se prennent dans les bras ou se font de grands sourires. Je les trouve toutes très belles, habillées comme des déesses, certaines avec des *bindis* (petits bijoux indiens autocollants à poser entre les deux yeux) que nous avons à disposition. Les gens sont tous beaux ici, ça doit être l'effet détente de l'île. Nous sommes 35, ça fait un sacré groupe. Je me mets à discuter avec une Hollandaise, radieuse, aux cheveux cuivrés, qui m'accueille avec un grand sourire près de son tapis. Je me sens déjà mieux.

La méditation commence mais je me sens encore agitée intérieurement. J'essaie de me concentrer sur ma respiration.

Le fait que tout se passe en anglais me permet de me sentir comme dans une bulle hors du temps et de l'espace, loin de mon pays et de ma culture. Puis nous sommes invitées par groupe d'éléments selon nos signes astrologiques à nous lever, réciter une sorte de prière spirituelle et bénir le reste du groupe. Je fais partie de celui de l'Eau car je suis Scorpion, nous prenons des petites soucoupes, puis passons auprès de chacune pour jeter quelques petites gouttes en guise de bénédiction. Je vois beaucoup de bienveillance et de fragilité dans les regards. Raconté de l'extérieur cela doit sembler vraiment « perché » mais c'est en réalité très beau de le vivre. Moi qui pensais être tétanisée à l'idée de faire ce rituel étrange et de croiser le regard de chacune, je trouve que c'est en réalité très puissant. Je commence à me sentir étrangement à ma place.

Il faut savoir que je ne me suis pas toujours sentie à l'aise lorsqu'il s'agit d'intimité. J'ai toujours ressenti une forme de compétition avec les autres femmes, que je noyais derrière une façade d'humour, de légèreté ou de cynisme. Avec les hommes, c'était plutôt séduction ou ignorance, pour toujours être maîtresse de la situation et de mes relations. J'ai toujours eu de la difficulté à regarder quelqu'un dans les yeux, à exprimer mon amour avec des mots, à faire de longues étreintes ou incarner une forme de douceur naturelle. Mon blindage a toujours été ma protection et je n'avais jamais ressenti jusqu'à maintenant le besoin ou l'élan de le déposer. C'est peut-être bien ça que je suis venue chercher sans m'en rendre compte.

Monika, la facilitatrice de la retraite, nous invite à commencer à bouger dans l'espace sur de la musique aux notes envoûtantes et mystérieuses. Au début, je suis un peu gênée, je regarde autour de moi. Mais chacune entre dans le jeu et se met à virevolter. J'accepte de lâcher prise et de retrouver ma petite fille intérieure, ravie de pouvoir s'exprimer. Puis elle nous invite à nous placer en cercle pour apprendre la *belly dance*, cette technique utilisée par les danseuses orientales. Génial ! Il s'agit de faire bouger les hanches d'un côté et de l'autre pour créer une série de vibrations. Nous portons toutes des ceintures brodées de pièces pour sublimer le mouvement et des tintements se mettent à résonner dans tout l'espace. Je suis assez amusée car moi qui aie toujours détesté mes hanches que je trouve trop larges et remplies d'eau, pour une fois, je n'ai que peu d'effort à fournir pour faire l'exercice, vu qu'elles bougent toutes seules !

Nous sommes ensuite invitées à danser deux par deux. Hum, nouveau challenge. J'ai le ventre un peu noué et une part de moi aurait envie de partir en courant, mais je ne me dégonfle pas. J'aimerais parfois fuir le regard de ma partenaire mais je finis par voir la beauté chez chacune des femmes qui m'entourent et je me surprends à sourire. Je me sens presque un peu bécasse parfois d'avoir ce genre de résistances après coup. Les exercices s'enchaînent et je suis heureuse d'arriver à passer des caps les uns après les autres, de ne pas baisser les bras et de me rendre compte que mes projections étaient bien plus effrayantes que la réalité. C'est fou tous ces conditionnements que l'on peut se construire en grandissant…

Nous sommes enfin invitées à faire une danse sauvage les yeux bandés, toutes ensemble dans la pièce. La musique résonne, les percussions se font de plus en plus intenses. Certaines se mettent à crier, et je me demande ce que j'ai envie de faire. Mon mental se questionne, à savoir Suis-je normale de ne pas avoir envie de crier ? Mais à ce moment-là, je n'en ressens pas vraiment le besoin et je choisis de m'écouter. Je n'ai pas de colère particulière en moi à cet instant et pour la première fois de ma vie je crois que je vais simplement être moi-même sans me soucier de ce qu'il faudrait faire ou être. Je laisse mon corps prendre le volant et se relâcher, ancrer mes pieds dans la terre et je ne réfléchis plus trop à ce qu'il faut faire ou non.

Une fois le flot d'énergie passé, nous nous allongeons toutes sur le sol. Il fait très chaud dans le *shala*, les ventilateurs tournent à plein régime. Je me sens en vie. J'entends ma petite voix intérieure qui me souffle que je peux avoir confiance et que tout se passera bien. Je me détends davantage, toutes mes appréhensions se sont envolées. Cette première matinée a ravivé une flamme en moi et j'ai la sensation que je ne serai plus jamais la même après ces quelques jours.

Je marche quelques mètres et je trouve enfin un endroit pour me louer un scooter pour les prochains jours. Liberté, bonheur ! Je conduis depuis mes 14 ans et j'ai toujours adoré pouvoir circuler comme je le souhaitais en deux-roues, contrairement à la voiture où je suis beaucoup moins à l'aise. Bon, ici on conduit à gauche, il faut quand même que je paramètre un peu mon cerveau et que je fasse attention. Je déjeune avec mes amies Héloïse et Peggy, ravies de constater que mes appréhensions se sont envolées et que je semble à ma place. Je profite du début d'après-midi pour me promener, découvrir les environs et retrouver Sara, qui elle a entamé son premier jour de formation en yoga chez Agama. Nous sommes toutes excitées par ces expériences que nous sommes en train de découvrir et avons hâte de vivre la suite.

Vers 17 heures, je retourne au *shala* de pratique pour la seconde partie de la journée. Chacune se pare à nouveau d'une ceinture à breloques, d'un *bindi* sur le front et de paillettes sur les joues. Monika nous propose de danser avec des voiles de toutes les couleurs. Je me prends complètement au jeu. J'ai l'impression d'être une courtisane en pleine extase dans son palais d'Orient. Nous devons alors offrir une danse par deux à notre binôme. Là encore, je me surprends à me prendre au jeu, beaucoup moins en panique que ce matin. Moi qui en temps normal aurais certainement voulu fuir à l'annonce de l'exercice, j'y mets tout mon cœur et j'adore ça. En offrant la danse à ma partenaire, je peux voir l'admiration, le respect et l'émotion dans son regard. Je me sens reconnue et appréciée à ma juste valeur, c'est extrêmement guérisseur. Lorsque c'est elle qui danse, je suis émue de voir tant de beauté dans ses mouvements, dans son offrande et dans sa vulnérabilité.

Soudain, une des filles s'extasie devant le soleil à l'extérieur qui se couche sur l'océan devant notre *shala*. Le spectacle est incroyable. Monika nous invite à sortir pour aller danser au bord de la place et savourer le spectacle. Elle diffuse une douce musique avec son enceinte portable et des dizaines de voiles de toutes les couleurs se mettent à virevolter tous ensemble. Mon cœur explose devant tant de beauté, de joie et de légèreté. Une complicité est déjà présente entre nous toutes. Nous nous prenons dans les bras, faisons des photos des unes et des autres. Tout cela est presque irréel tellement nous sommes en joie et heureuses de vivre cet instant.

Pour terminer la soirée, nous dansons dans la nuit avec des bougies allumées dans chacune de nos mains. Monika nous apprend une simple chorégraphie mais complètement mystique avec toutes les flammes qui virevoltent. Le rendu doit être magnifique de l'extérieur. Une photographe est d'ailleurs conviée pour capturer les instants. Je quitte le *shala* comme sur un nuage, j'ai vraiment pris une bonne décision en venant ici. Moi qui étais complètement flippée hier soir, je suis désormais confiante face à tout ce qui peut arriver.

Pourtant, Monika nous a tout de même annoncé que nous allions faire un rituel avec des œufs de Yoni, jeudi (mon dieu, mon dieu), et que nous terminerons la semaine avec un cercle mixte, face à 35 hommes. C'est quand même super perché ce truc de l'œuf quand j'y pense. Se mettre un cristal dans le vagin. Non mais sérieux ? Jusqu'où va-t-on ? Bon j'ai des amies qui m'en ont déjà parlé, apparemment ça se fait depuis des millénaires en Chine, c'est le nouveau truc à la mode dans le milieu spirituel. Et puis semble-t-il que c'est très bénéfique pour rééquilibrer nos énergies. Mouais. Et puis 35 hommes vendredi ?! Baisser la garde ? Bon. J'essaie de ne pas y penser pour le moment et je savoure ce que j'ai déjà traversé petit à petit.

6 février 2018

Ce matin, la pratique de danse est dédiée à Tara, la déesse bouddhique de la compassion (que j'avais croisé au centre Kadampa et que j'aime tant). Monika nous invite à nous placer en cercle sur nos tapis et nous demande de réfléchir à « Comment être plus compatissante envers moi-même ? ». J'écris immédiatement : « M'autoriser à ressentir et m'exprimer sans me juger ». Puis à la seconde question, « Comment être plus compatissante envers les autres ? ». Je réponds : « Ne pas vouloir les changer ni avoir d'attentes. » Je trouve l'exercice simple et en même temps très révélateur sur mes façons inconscientes de fonctionner.

Nous partageons toutes le besoin de mieux nous écouter, poser nos limites, nous accepter, ou encore savoir ce qui est bon pour notre corps. Monika nous invite à nous lever et à danser en résonance avec cette énergie de compassion. Les mouvements sont doux et fluides, apaisants. Puis nous sommes invitées à nous mettre par deux et je me retrouve à nouveau avec une femme aux énergies assez masculines et dominatrices que j'avais déjà croisée la veille. C'est très inconfortable pour moi, quelque chose se verrouille dans ma poitrine, j'aimerais fuir car je ne me sens pas en totale sécurité et je n'arrive pas à conserver mon cœur ouvert ou à lui faire confiance. Je reste tout de même dans l'expérience. Je suis plutôt fière de moi car je maintiens le regard, je ne pars pas en courant et j'offre de la bienveillance tant bien que mal. Finalement, mon changement d'attitude lui permet également de s'adoucir et je capte subtilement ce qu'il se passe lorsque chacune retire son masque.

Nous changeons de partenaire et je me retrouve avec Esther, la douce hollandaise rousse, qui m'a souri hier lors de l'ouverture du cercle. Nous nous offrons beaucoup de compassion, je ressens dans son regard la vulnérabilité et la sensibilité que nous partageons. J'ai envie de pleurer mais je me retiens. L'échange est très beau et très fort. C'est fou tout ce qu'on peut ressentir simplement en étant présente avec ce qu'il se passe. Moi qui cherche l'illumination dans les bouquins et les formations, je pense bien qu'il y a là une grosse clé de compréhension.

Monika nous explique ensuite que Tara peut aussi faire preuve de férocité et de colère, sous la forme de la Dakini. Elle incarne l'aspect sauvage et rebelle des déités bouddhiques, je trouve inspirant de voir que les êtres spirituels ne sont pas toujours lisses et bienveillants. Elle nous invite à prendre des griffes dorées en cônes métalliques que nous plaçons au bout de nos doigts et à former deux cercles dans l'espace. Le premier au centre, spectateur, et le second à l'extérieur, pour danser. Nous offrons ainsi une danse de rage, de puissance, de colère et de force à chacune des personnes que nous croisons, en changeant de partenaire toutes les deux minutes. Je me lâche complètement, je me sens enfin libre d'être moi, courageuse, dans ma force et ma puissance guerrière. La simple expression par le cœur de ces énergies est extrêmement libérateur. Je me dis que si chacun faisait ça régulièrement au quotidien, nous aurions moins de colère réprimée à l'intérieur de nous qui explose de façon incontrôlée.

Je passe le début d'après-midi à la plage avec Peggy, Anne-Claire et Héloïse. J'ai la sensation d'être au paradis, à siroter une noix de coco et à me baigner dans les eaux cristallines de l'océan. Puis après m'être reposée et déjeunée, je retourne au *shala* pour la seconde partie de la journée. Monika nous annonce que nous allons pratiquer l'exercice de la « transfiguration » : se regarder dans les yeux pendant deux minutes, pour voir l'âme de l'autre personne (*Oh my god*). Bon, et bien allons-y. Nous nous installons en demi-cercle, chacune avec une enveloppe et des petits papiers, afin de noter anonymement ce que nous voyons chez l'autre. L'exercice est assez magique. Je vois dans chaque regard une histoire, des énergies différentes et même des vies passées. J'ai envie d'écrire des dizaines de qualités pour chacune tellement je les trouve belles et puissantes, mais je joue le jeu et je suis la consigne.

Pour la seconde partie de la soirée, nous sommes invitées à entrer dans la danse de la « Guedra ». Il s'agit d'une transe venue du Maroc, très puissante, que Monika veut nous faire découvrir. Nous entamons la pratique par des gestes de bénédictions, chacune sous nos voiles noires, telles des déesses de l'ombre. Je trouve la scène très mystique et excitante, ma sorcière intérieure jubile. Nous nous plaçons à genoux au sol afin de faire tournoyer notre tête sur le rythme de la musique (un peu comme les musiciens de rock'n'roll en concert). J'ai l'impression d'être un serpent en train de muer. Je ne sens plus de résistance et le mouvement devient de plus en plus naturel et envoûtant. Comme si je n'avais plus besoin de contrôler les gestes que fait mon corps. Une fois allongée au sol pour la relaxation, j'ai de nombreuses visions et je me laisse bercer par les multiples pulsations que je perçois dans toutes mes cellules.

Après un dîner léger avec Sara dans un restaurant vegan, je rentre seule sur mon scooter dans ma petite *guesthouse*, face à la jungle. Je m'y sens de plus en plus chez moi et en sécurité. J'ouvre avec curiosité mon enveloppe et je découvre toutes les merveilleuses qualités écrites sur les papiers : « puissante », « magique », « protectrice », « belle », « douce »… Quelques larmes coulent le long de mes joues et je suis envahie par un sentiment de gratitude indéfinissable. Je ne me rends pas compte de ce que les gens perçoivent de moi à l'extérieur, cette pratique est très révélatrice. Au moment de me coucher, je me rends compte que je n'ai plus d'eau potable et l'eau n'est pas buvable ici. Petit instant d'angoisse. En temps normal, je crois que j'aurais complètement paniqué mais je décide de faire confiance à mon corps, de me calmer en respirant de l'huile essentielle de petit grain bigarade et de me coucher.

7 février 2018

Cette journée est assez incroyable. Nous partageons d'abord à deux nos challenges du moment et nos peurs. Je tombe avec une Thaïlandaise qui me dit que son partenaire est polygame et que c'est compliqué pour elle… Il y a beaucoup de gens adeptes du polyamour ici, c'est un peu étrange parfois. Personnellement, je ne suis pas trop emballée par l'idée, j'ai déjà besoin de me sentir en sécurité dans une relation alors plusieurs je ne pense pas. Et puis je trouve que c'est parfois une excuse pour éviter de s'engager pleinement et de toujours avoir des portes de sortie. Peut-être que je m'impose trop de rigueur ou que ce n'est pas ma vision du couple pour le futur, mais en tout cas je suis quand même alignée par rapport à ça. Puis nous sommes invitées à danser et faire une chorégraphie sur Shakira, c'est tellement génial ! Monika nous guide, l'instant est très léger et joyeux. C'est assez simple pour moi, j'ai une mémoire kinesthésie, je retiens facilement les mouvements. Je retrouve le plaisir que j'éprouvais lorsque je faisais de la danse étant enfant, ça me manque tellement !

Monika nous parle ensuite de l'œuf de Yoni et de ce que nous ferons le lendemain. Je ressens une tension dans mon ventre mais j'essaie d'accueillir et de traverser les émotions le mieux possible. Elle nous dit que nous pouvons en acheter en jade auprès d'elle, ou bien dans des boutiques dans les alentours, mais de faire attention à la qualité. Moi qui ai vécu de nombreux traumatismes en lien à la sexualité, rien qu'à l'idée d'ouvrir un espace de parole et de partage autour de ça me provoque de sacrées angoisses. Je pars déjeuner avec les filles. Nous en parlons pour décomplexer l'expérience et je me sens plus apaisée au fur et à mesure que la journée se déroule.

La soirée s'annonce incroyable : nous nous mettons par deux pour nous préparer avec nos maquillages de déesses et nos peintures tribales. L'idée est de se faire belle pour partager un rituel sur la plage. La préparation est un moment convivial et bon enfant. Puis nous entrons dans la bénédiction avec les quatre éléments, un peu comme le premier jour, mais cette fois-ci nous passons toutes dans l'allée que nous créons ensemble les unes en face des autres.

Chacune bénit ainsi avec sa fleur, son eau, son encens ou sa bougie la personne qui passe, sur un fond de musique assez héroïque. Monika est douée pour créer des atmosphères, j'adore ça. Des moments forts et avec une grande connexion entre les unes et les autres, dans un profond respect pour chacune.

Nous nous rassemblons ensuite pour la cérémonie du cacao, une grande première pour moi mais je sens que cela va me plaire vu que j'adore le chocolat et les rituels. Le cacao est considéré comme une médecine sacrée par les tribus ancestrales, il permet d'ouvrir le cœur et de nous mettre dans un état de connexion avec le divin. Chacune énonce de façon solennelle dans le cercle d'intentions ce qu'elle abandonne et ce qu'elle accueille. Je choisis d'abandonner la peur et le jugement puis d'accueillir la confiance en moi. Je dépose également être remplie de gratitude pour la beauté que je perçois en chacune d'elles. C'est un beau moment très intense en émotions que je prends le temps de savourer. La préparation est un peu amère, mais adoucie par le lait de coco et la cannelle. J'adore. J'en veux encore ! Monika propose un second service, puis nous nous dirigeons vers la plage avec des paquets de bois pour faire un grand feu et toutes nos affaires.

Monika allume son enceinte et une musique commence à se diffuser dans l'air pour entamer la « Danse des quatre éléments ». Je suis de plus en plus à l'aise avec les rituels, au fur et à mesure que les jours passent Je ne réfléchis plus trop à ce que je dois faire, je ne force rien et je me laisse porter par mes envies spontanées. Nous démarrons en connexion avec la Terre, autour des braises à planter nos pieds dans le sable et à faire des mouvements un peu tribaux. Puis le feu, où nous laissons les flammes réchauffer notre peau et nos corps se mettre à tournoyer dans tous les sens. Je me sens alors particulièrement à l'aise dans la thématique aquatique, les pieds dans l'eau, avec des chants de sirènes qui retentissent un peu partout autour de nous, nos voix résonnent à l'unisson c'est assez magique. Pour l'élément air, je m'empare de mon voile vert et je le laisse virevolter au gré de mes mouvements. Je me sens complètement libre ! Et lorsque nous entamons la dernière phase, celle de l'Éther, je suis en totale extase, allongée sur le sable les bras en l'air dansant vers le ciel étoilé. Je suis hypnotisée par cet instant magique. Nous terminons avec des chants au son des tambours, les unes et les autres autour du grand brasier, c'est merveilleux.

Je retrouve ensuite les filles au restaurant, mais je me rends compte que je ne suis pas du tout dans mon état normal ! Mes mains tremblent, j'ai l'impression d'avoir la nausée, je ne me sens pas du tout de dîner et j'ai la sensation d'avoir bu plusieurs Red Bull.

— Tu te sens bien ? me demande Peggy

— Super bizarre. Mon cœur fait des bonds dans ma poitrine et je pourrais courir partout sans me retenir.

— Mais vous avez pris quoi ? me demande Sara.

— Ben, juste du cacao…

— Ah oui ! dit Peggy en riant. Eh bien tu as l'air sensible à ça en tout cas !

Je mets bien deux heures à m'en remettre et à redescendre sur terre. Une fois calmée et de retour à ma *guesthouse*, je me sens vraiment en paix et alignée à l'intérieur de moi. C'est un sentiment que je n'ai jamais connu, même lors de mes multiples expériences avec des drogues plus jeune. Comme si j'étais de retour chez moi, à mes racines, à la Terre, la « Pachamama ».

8 février 2018

Le partage de ce matin est fort pour moi, la thématique me remue. Je parle de mon expérience merveilleuse d'hier soir sur la plage, mais aussi de mes peurs concernant le rituel de ce soir avec l'œuf. À cause de toutes les douleurs que j'ai pu traverser en lien avec la sexualité ces dernières années, la simple idée de vivre un instant de tantra avec moi-même me terrifie. Les filles sont très bienveillantes et certaines me disent que si je ne me sens pas à l'aise avec la pratique de ce soir, je ne suis pas obligée de le faire. Faire ou ne pas faire ? Mon esprit se torture.

Nous explorons alors l'élément eau ce matin, thématique pour la journée, à travers la danse et le mouvement, aquatique et fluide, tout d'abord en dansant deux par deux comme des sirènes. C'est intéressant mais je sens une part de moi en résistance. Ma tête ressasse de vieux souvenirs et se raconte des histoires, persuadée que je ne serai pas capable de faire le rituel ce soir. Je vois à quel point mes projections peuvent me saboter.

Puis nous continuons la matinée en explorant tout ce qui touche au cœur et à l'amour, le quatrième chakra, qui se relie au second chakra, espace de créativité et de sensualité. Je comprends ainsi pourquoi être à l'aise avec ma féminité est si important pour me sentir capable de m'ouvrir et d'accueillir. Je suis en binôme avec Samantha, une Anglaise que je trouve magnifique, inspirante et puissante, à la peau caramel et aux yeux noirs intenses. Monika nous invite à nous connecter l'une à l'autre par le cœur, je place mes mains au centre de sa poitrine devant et derrière, puis j'observe ce que je ressens ou perçois. Les mots sortent de ma bouche sans passer par le filtre de mon esprit, je ne sais pas trop si cela a du sens mais je ne retiens rien : « Tu possèdes déjà tout en toi, tu n'as plus besoin d'être validée, tu as le droit de vivre selon tes besoins et personne ne peut te retirer ta liberté. » Elle est assez émue et me demande si je fais de l'énergétique car elle ressent une immense vague de chaleur au niveau de mes mains.

Nous dansons ensuite en miroir nos émotions, afin de les retranscrire dans les mouvements. Elle danse ce qu'elle ressent et je la suis en reproduisant chacun de ses mouvements, tout en restant connectées par le regard. C'est très beau et poétique, comme un tableau vivant de perceptions et de sensations. Des larmes finissent par couler le long de son visage et nous nous prenons dans les bras lorsque la musique cesse. J'ai rarement vécu un moment de bienveillance et de connexion comme celui-là. J'ai la sensation que plus mes barrières et masques tombent, plus je retrouve celle que j'ai toujours été au fond de moi. Quelqu'un de douce et empathique, capable d'aimer fort les autres.

Elle place ensuite ses mains à son tour au niveau de mon cœur et je ressens comme des va-et-vient de mouvements.

« Je perçois des vagues qui s'écrasent sur les falaises, comme un immense tumulte magnifique », me dit-elle, concentrée.

Je suis à mon tour très émue. Vient mon temps de danser mes émotions. Je fais de grands mouvements avec mes bras dans les airs, mes yeux sont gorgés d'eau et j'ai rarement été aussi portée par ce que je ressens dans mon corps. La musique classique me porte et je pourrais presque m'envoler. Nous terminons la pratique, nous nous asseyons, échangeons un court moment et nous nous remercions du fond du cœur pour cette magnifique expérience.

Nous changeons alors de partenaire, je me retrouve avec une jolie brune irlandaise, assez timide et plus introvertie. Nous faisons le même exercice de ressenti au niveau de l'utérus cette fois, puis nous sommes invitées à danser notre femme sauvage. Je suis moins à l'aise sur cette thématique, j'ai toujours l'impression de me « forcer ». C'est assez drôle de voir que je me retrouve en miroir face à quelqu'un elle aussi inconfortable. Elle commence timidement et je trouve très touchant qu'elle essaie malgré son mal-être, je l'encourage avec mon regard comme je souhaiterais être encouragée et je lui envoie beaucoup d'amour de façon subtile. Puis c'est à mon tour, j'arrive quand même à me lâcher un petit peu, sans trop me soucier de ce que peuvent penser les autres. Je la remercie chaleureusement et nous terminons la matinée.

Après une après-midi avec les filles à essayer de me détendre, nous nous retrouvons à 17 heures, l'heure habituelle pour la cérémonie du *Yoni egg* (œuf de Yoni). Je ne sais pas si je suis prête à sauter le pas. Des excuses tournent en boucle dans ma tête. Mon mental me joue des tours. Toutes mes peurs remontent à la surface. Puis une fois arrivée sur place, je décide de me laisser porter par l'énergie du groupe et je me dis que ce serait beaucoup trop dommage de passer à côté de l'expérience, alors je décide de me jeter à l'eau.

J'achète un œuf en jade néphrite (le plus commun et utile pour équilibrer le yin et yang) à Monika qui en a apporté tout un stock. Je trouve la situation assez cocasse mais j'essaye de lâcher prise. Chacune de nous prépare son œuf, place le fil dentaire dans le trou destiné à cet effet (oui, oui tout à fait), le nettoie consciencieusement puis le place dans le gobelet en carton qui porte notre prénom. Nous plaçons nos « offrandes » sur l'autel géant qui trône au centre de la pièce depuis le début du stage, illuminé de dizaines de bougies. Je sens mon cœur se gonfler et des larmes venir se placer au bord des yeux, comme si une étape initiatique importante était en train d'être franchie. Nous dansons autour de l'autel afin de bénir chaque œuf qui s'y trouve. Je me dis que si quelqu'un rentre dans la pièce à ce moment-là, il y aurait de quoi rire. Mais nous nous prenons au jeu et faisons tout cela très cérémonieusement.

Nous nous installons alors chacune sur notre tapis pour la seconde partie du rituel. Nous détendons d'abord le haut de notre corps avec quelques mouvements de rotation puis nous connectons à la terre, en visualisant une connexion entre notre bassin et le sol. Chacune récupère son gobelet et son œuf. La lumière est tamisée et l'ambiance est douce et respectueuse. Monika nous invite à réchauffer la paume de nos mains face à notre bougie et à effectuer le massage autour de notre poitrine pour ouvrir la zone de notre cœur (instant gênant encore pour moi). Certaines sont très à l'aise et finissent seins nus (ben voyons). Moi pas du tout. D'un côté, j'ai bien envie de me tailler en courant, mais la sagesse et la curiosité finissent par remporter la bataille. La pratique est tellement bien guidée que chacune se laisse porter et je finis par oublier le reste du groupe.

Nous nous installons ensuite à notre place avec notre paréo, tête au centre et bassin tourné vers l'extérieur. Nous sommes assez loin les unes des autres car la salle est immense.

Comme une pratique de yoga, Monika nous guide avec bienveillance et nous invite à d'abord nous connecter avec notre œuf sur notre cœur, à y placer nos intentions. Puis l'exercice continue en douceur, jusqu'à l'insertion de l'œuf. Mon juge intérieur se met à ricaner en se disant que notre truc ressemble vraiment à une secte et que ce n'est pas vraiment correct. Puis j'identifie ces jugements comme des injonctions sociétales ou familiales et je décide de ne pas trop les écouter.

Monika continue de nous guider à travers quelques postures de yoga tout en essayant de sentir comment guider l'œuf dans le canal et de jouer avec les muscles du périnée. Je ne sens pas grand-chose de ce qu'il se passe « là, dedans ». À croire que des années à me fuir n'ont pas aidé. Et je finis par sourire en m'observant avec pas mal de compassion et d'humour. Moi qui étais si agitée par cette petite chose, je suis bien contente d'avoir passé le pas car finalement ce n'est pas si compliqué que ça. Je pense qu'avoir franchi cette étape ne sera pas anodin pour la suite.

La pratique s'achève, je me sens détendue et heureuse d'avoir osé. Nous sommes invitées à conserver l'œuf pour le reste de la soirée ou à le retirer. Moi un peu flippée avant d'aller rejoindre les filles au restaurant en scooter, je me dis que je vais quand même aller faire un tour aux toilettes. Je m'assois. Je pousse légèrement en inclinant mon bassin et je me retrouve l'œuf dans la main en un rien de temps. « Je suis une poule ! » Voilà ce que je pense à ce moment-là.

Je rigole toute seule dans ma cabine de toilettes. Fou rire même. Je me rhabille, je croise les autres filles qui sont elles aussi légèrement euphoriques et je repars légère, pleine de gratitude pour cette expérience supplémentaire de sortie de zone de confort que je viens de vivre.

Je rentre à ma *guesthouse* et j'appelle Michael. Je ne l'ai pas trop fait depuis mon arrivée ici, un peu prise par tout ce que nous vivons. Je lui explique partiellement ce que je vis, mais je sens qu'il a du mal à se rendre compte. Lorsque je lui partage mes émotions et mes excitations, je ne perçois que peu d'intérêt de sa part.

— Bon et toi ça va, sinon ?

— Oui, oui… Ben le boulot. Tranquille, quoi.

— D'accord, rien d'autre à me raconter ?

— Ben non, tu sais, la routine, me répond-il.

Nous raccrochons un peu désabusés. Je ressens que le fossé commence à se creuser de plus en plus depuis que j'expérimente toutes ces choses et que je me tourne vers toutes ces explorations spirituelles. Je ne peux pas lui en vouloir, mais je me pose des questions.

9 février 2018

Aujourd'hui, c'est le dernier jour du stage. Cinq jours que je n'ai pas vu passer, mais alors pas du tout. Les filles vont terriblement me manquer, nous avons créé une sorte de famille et des liens très forts se sont tissés. Nous échangeons sur la pratique de l'œuf de Yoni le matin. C'est très intéressant d'entendre les différents ressentis et les impressions des unes et des autres. Pour ma part, je me sens transformée. Comme si j'avais enfin réussi à faire la paix avec une part entière de moi que je rejetais depuis tant d'années. Aussi, la sensation d'être un peu plus femme ce matin, un peu comme un lendemain de « première fois ». Je me dis également que mes projections sont toujours mes ennemies lorsqu'il s'agit de tester quelque chose de différent. Nous clôturons le partage avec de la danse libre dans tout l'espace, avec nos voiles de toutes les couleurs. L'atmosphère est joyeuse et légère, je me sens bien.

Nous nous associons ensuite par deux pour le reste de la matinée. Je me retrouve une nouvelle fois avec Samantha. Joie. Belle connexion. Nous devons alors exprimer ce qu'est la confiance pour nous sans que l'autre n'intervienne, simplement dans une posture d'écoute.

« Pour moi, la confiance se trouve d'abord envers l'univers et la vie, pour que cette dernière puisse nous apporter tout ce dont nous avons besoin. Je cherche également la confiance envers les autres aussi, car j'ai souvent peur d'être blessée ou jugée. Et certainement aussi la confiance en moi-même, pour que chaque part de moi puisse être exprimée et mise en lumière sans crainte. »

C'est intéressant car je remarque mes grands besoins fondamentaux : le besoin de sécurité, d'être aimée et de pouvoir être reconnue. Des choses que j'avais toujours compris jusqu'à maintenant mais pas vraiment conscientisé. Samantha fait la même chose de son côté et je l'écoute avec attention.

Nous changeons ensuite de binôme et devons répondre intuitivement à la phrase « Laisse-moi t'aimer » que prononce la personne en face de nous, puis « Comment puis-je t'aimer ? ». Je réponds à la première phrase sans trop réfléchir.

« Tu peux m'aimer mais j'ai besoin de liberté pour me réaliser, ne pas me sentir enfermée dans une relation. J'ai également besoin d'un soutien mutuel et équilibré, que l'on puisse partager des choses et que nos aspirations se rejoignent pour créer un avenir commun. »

Je me rends compte à ce moment-là que quelque chose cloche dans ma relation actuelle. Nous ne vibrons plus vraiment sur les mêmes élans et n'avons pas les mêmes priorités. Une graine se sème à l'intérieur de mon cœur et j'ai bien peur que celle-ci ne soit que le début d'une prise de conscience plus vaste.

Nous changeons une nouvelle fois de binôme et exprimons cette fois-ci ce que nous désirons puis ce qui nous bloque pour avancer. Je mentionne l'importance pour moi d'avoir une évolution permanente, de faire un métier qui me rend heureuse avec suffisamment d'argent pour continuer à explorer le monde et moi-même. Les seuls blocages qui viennent alors à mon esprit sont parfois le jugement des autres, la comparaison à ce que j'observe autour de moi ainsi que mon impatience souvent présente en moi. Je trouve cet exercice passionnant. Les binômes reflètent à merveille les aspirations et blessures des unes et des autres. Le fait de parler ou d'écouter à tour de rôle offre également un berceau magique pour pouvoir se déposer, sans attendre de conseil ou d'opinion de la part de l'autre.

Je profite de l'après-midi à la plage pour me ressourcer. Héloïse me parle d'un professeur de yoga avec qui elle a pris un cours de Yin ce matin au centre Samma Karuna, qui me plairait beaucoup. Je suis intriguée mais ne m'accroche pas trop longtemps à cette information. De toute façon, je vais y loger les prochains jours et j'aurai le temps de voir. Je dois me préparer pour la cérémonie de ce soir, « Shiva & Shakti », annoncée en début de semaine et qui m'avait déjà mise dans tous mes états lorsque Monika en avait parlé. Quel stress de me dire que 35 hommes vont me voir, vraiment me voir, sans filtre ni protection habituelle. Je me change 100 fois. Je ne sais pas quoi mettre. Je me sens un peu mal dans mon corps. J'ai fait du chemin sur ce sujet mais ce n'est pas encore vraiment ça. Je n'aime pas mes hanches, un peu trop méditerranéennes à mon goût. J'opte pour un legging simple, un débardeur sexy acheté sur place et une grosse plume accrochée à mon oreille. J'enfourche mon scooter et je me rends cheveux au vent (oui, on ne porte pas trop de casque ici, hum), vers le *shala* pour notre dernière soirée.

Nous sommes si belles ce soir, toutes apprêtées et joliment habillées. Je me pare d'une ceinture de pièces habituelle pour parfaire ma tenue puis je me place dans le cercle sur un coussin. Nous commençons la soirée avec un rituel de bénédiction et de célébration. Chacune notre tour, nous nous avançons un pas en avant dans l'immense cercle pendant une minute, afin que toutes les autres « *Shakti* » puissent nous honorer et reconnaître notre beauté. Je sens l'émotion monter dès le début du rituel. Elles sont toutes si belles. Quel chemin parcouru, quelle semaine. Je sens mon cœur exploser. Ma respiration se coupe. Arrive mon tour, je m'avance dans le cercle, je vois tout leur amour dans leur regard et je m'effondre en larmes. Comme une enfant de 8 ans après un gros chagrin, j'abandonne toutes les dernières résistances. Wow, c'est incroyable ce truc ! Impossible de me maîtriser.

Nous terminons le rituel, je reprends mon souffle et me recentre. Nous prenons quelques photos en guise de souvenirs puis nous nous plaçons dans le cercle pour le rituel sous notre voile, avec chacune une rose à portée de main. Je me sens forte et puissante. La pratique précédente m'a donné assez de confiance pour tout affronter. Vu de l'extérieur, la scène est assez mystique et incroyable. Les hommes entrent en silence, tous vêtus de blanc et prennent place assis en face de chacune de nous, sans parler. Ils n'ont pas été choisi au hasard, ils viennent tous des formations yoga ou tantra chez Agama. Mon cœur bat la chamade. Allez, allez, tout va bien, je vais gérer…

Nous ôtons notre voile lorsque la musique commence à résonner dans l'espace. J'entame le rituel en prenant la rose posée à côté de moi et je pose mon attention sur l'homme qui se trouve en face de moi, en retirant les pétales et je lui dépose au-dessus de la tête (encore une fois, je sais que de l'extérieur c'est un peu étrange cette affaire). L'homme avec qui je commence le premier contact a un accueil très doux et respectueux. Il me regarde comme si j'étais la huitième merveille du monde, c'est assez incroyable. Puis je place mes mains dans les siennes et nous entamons le cercle de regards. Deux minutes par homme. C'est long et c'est court à la fois. Je retrouve ainsi dans chacun de leurs yeux mon père, d'anciens compagnons, un sage, du soutien, un homme qui a pu me blesser ou que j'ai pu blesser, un dieu… C'est un ressenti incroyable de pouvoir accueillir et émettre de l'énergie simplement par le regard. Je vis une merveilleuse expérience de guérison et de pardon envers le masculin que je n'aurais jamais imaginé. Les tintements de cloches dans les mains de Monika s'enchaînent, je change de partenaire à la vitesse du vent et je me sens emportée dans un tourbillon d'émotions et d'amour.

Nous entamons la seconde partie de la soirée avec le cercle de danse. Ce que j'appréhendais le plus, mais après une heure et demie à s'être regardé dans les yeux je crois que je ne suis plus à ça près ! La cloche se remet à tinter toutes les trente secondes, cela passe assez vite. Je m'amuse à faire virevolter mon voile dans tous les sens. Je reprends souvent les mêmes mouvements pour plus de facilité et je crois que je suis aussi un peu fatiguée. Je suis touchée de voir de l'admiration ou de l'amusement dans le regard de chacun des hommes qui nous observent nous agiter. Je prends du plaisir jusqu'au bout et je savoure cet instant unique.

Le rituel s'achève, les hommes sortent en silence. Nous ne leur avons pas parlé de la soirée et je trouve l'expérience encore plus intéressante. Encore mieux qu'un *speed dating* ! Un immense fou rire général retentit dans la pièce lorsque nous nous retrouvons seules. Toute la pression retombe et nous nous prenons toutes dans les bras les unes et les autres dans un grand relâchement collectif. Grâce à ce rituel, j'ai osé me montrer véritablement, dépasser ma peur d'être vulnérable face à l'autre et j'ai vraiment guéri quelque chose dans ma façon de me placer face au masculin. Nous sommes toutes sur un nuage. Les au revoir sont assez difficiles. Je me réconforte en me disant que j'en croiserais encore certaines les prochains jours et de nombreuses viendront pour le rituel de la Saint-Valentin que nous ferons dans quelques jours. Merci la vie. Merci Monika.

10 février 2018

Je dois déménager de ma *guesthouse* pour rejoindre Samma Karuna, le centre où je vais rester pour ma deuxième semaine yoga et détente. On m'annonce que je vais devoir dormir dans le dortoir en dépannage avec l'équipe de bénévole car mon bungalow n'est pas encore libre. La tension dans mon cœur monte et je redescends du nuage sur lequel je me trouve depuis une semaine. La tuile ! Moi qui voulais être tranquille... Je vais pour retirer de l'argent au distributeur juste en face de l'accueil et je me rends compte que je ne trouve plus ma carte bleue. C'est une blague. Panique. Je respire. J'ai aussi oublié le chargeur de mon Mac à mon ancien logement. Ohlala, c'est quoi ce *binz* ?! Gros manque d'ancrage là… La vie me rappelle bien à l'ordre. Je suis bonne pour un aller-retour en tuk-tuk sous la chaleur pesante. Je peste, je pleure, toute l'euphorie de la semaine retombe dans les chaussettes (que je ne porte pas vu que je suis en tong…).

Enfin posée, je respire un grand coup. Je fais opposition pour ma carte qui semble avoir été avalée par le précédent distributeur et Héloïse me retire de l'argent pour me dépanner. Le soir, nous passons la soirée sur la plage autour d'un feu et je me fais littéralement manger les fesses par les moustiques, même à travers mon pantalon. Mais c'est QUOI cette journée ?! Arrivée à ma chambre le soir, j'ai mal au ventre, je me rends compte que mes règles se préparent, ma cup n'est pas stérilisée, il est minuit et je n'ai pas de bouilloire. Wow, je comprends pourquoi j'étais dans un tel état émotionnel depuis ce matin. Tant pis, je mets du papier toilette en guise de protège-slip (MacGyver des menstruations) et je serre les fesses en attendant demain (littéralement). Sacrée expérience tout ça.

11 février 2018

Je suis enfin posée dans ma chambre, pas encore de colocataire en vue, c'est cool. Mon bungalow est à deux pas de la plage et juste à côté de l'hôtel d'Héloïse qui, elle, a choisi le confort pour les deux semaines. Je prends mes marques et j'installe mes petites affaires un peu partout dans l'espace. C'est ma façon à moi de nidifier et de me sentir bien lorsque j'arrive dans un nouvel endroit. Mon esprit s'apaise. Je ne me rends compte maintenant que mon état émotionnel d'hier était véritablement lié à l'arrivée de mes règles et à la tempête hormonale qui s'abat sur moi à chaque fois. Je pense qu'en temps normal j'aurais été moins réactive (à voir).

Je décide d'aller prendre un cours de Yin yoga pour rencontrer ce fameux professeur dont Héloïse m'a parlé. Je ne suis en effet pas déçue. Merjin est un grand blond aux cheveux longs et attachés, au regard bleu perçant, assez fin et élancé, Hollandais avec un accent à couper au couteau mais très charmant. Nous le saluons à la fin du cours, il me sourit et je perçois tout de suite une connexion particulière. Je ne m'attarde pas plus que ça, je me dis que je ne suis pas là pour ça et je pars déjeuner avec mes amies.

Un petit peu plus tard dans l'après-midi, nous nous croisons dans l'espace commun alors qu'il est en pause après un de ses cours. En temps normal, je n'aurais peut-être pas osé mais vu que tout le monde est chaleureux avec tout le monde ici, je n'ai pas les mêmes réflexes. Je m'assois à côté lui avec mon jus fraîchement pressé et nous commençons à parler de chamanisme, d'énergies, de nos découvertes et ce que nous faisons. C'est passionnant de discuter avec un homme connecté à ses émotions, intéressé par les mêmes sujets que moi. Nous ne voyons pas vraiment le temps passer, il me dit vouloir partir pour aller assister à un workshop sur la relation consciente et je repars dans mon bungalow, un sourire aux lèvres, piquée par la curiosité de savoir ce qu'il se passe et de ce que j'ai à apprendre de cette rencontre.

14 février 2018

Voilà trois jours que j'alterne écriture et relecture de mon livre sur les pierres (depuis ma demande à l'univers j'ai eu deux propositions, dont une pour écrire un guide sur les cristaux), cours de yoga, promenade le long de la plage et tirages de cartes avec les copines. La vie est douce. J'en oublie complètement mon quotidien parisien et je savoure chaque instant en conscience. Je donne assez peu de nouvelles à Michael et je culpabilise parfois un peu. Même s'il est assez indépendant et me laisse vivre mon expérience, je me demande si c'est bien normal de ne pas vouloir davantage communiquer entre nous.

Ce soir, j'emmène mes amies Héloïse et Anne-Claire pour la cérémonie de la Saint-Valentin organisée par Monika. Nous sommes habillées en blanc et entrons dans le *shala* comme dans un temple. Je suis très heureuse de pouvoir leur faire découvrir mon enseignante et son univers, toujours aussi belle et rayonnante dans ses tenues de déesses, ainsi que quelques-unes de mes amies, rencontrées lors du stage. Nous nous mettons des paillettes et des *bindis* sur le visage pour nous prendre au jeu (je commence à en avoir l'habitude). Puis la soirée débute avec la pratique de se regarder dans les yeux les unes et les autres, accompagnées d'une bougie. Je suis ravie de retrouver ces douces énergies qui m'avaient tant manqué et heureuse de voir à quel point je suis à l'aise et comme j'ai évolué par rapport à tout cela.

Nous entamons le rituel que Monika appelle *Angel Walk*. Nous créons à nous toutes un « tunnel » en nous plaçant par deux les unes en face des autres. Nous sommes assez nombreuses, cela crée un beau passage. Puis, la dernière du tunnel s'avance doucement et déambule les yeux fermés au milieu de toutes les femmes, qui la bénissent avec des gestes, des mots et des regards. Waouh, ça va être fort ! Héloïse n'est pas à l'aise et se tortille. Je ris et je la rassure en mettant de l'humour et de la légèreté dans l'expérience : « Pas de pression tu verras c'est chouette ! »

La musique commence à résonner dans l'espace, l'émotion monte petit à petit. Je suis une nouvelle fois émerveillée de voir la beauté de toutes ces femmes puissantes qui s'avancent dans l'allée et de sentir tout cet amour dans mon cœur. C'est vraiment intense, j'ai les mains qui tremblent, les larmes aux yeux tout le long. Arrive le tour de mes amies, à qui je fais d'énormes câlins et de belles déclarations d'amitié en pleurs, comme j'en avais rarement fait. Moi qui n'étais pas câlin il y a encore quelques semaines, me voilà transformée ! Lorsque vient mon tour, mon cœur explose, les larmes coulent le long de mes joues et je mesure à quel point cette expérience et ce voyage sont en train de changer ma vie…

Le rituel se termine. Nous disons au revoir au groupe puis partons manger quelque chose dans un restaurant vegan. Tout le monde nous regarde avec nos *bindis* et nos paillettes, pas d'un regard jugeant comme en France, mais avec beaucoup d'émerveillement et de malice. J'ai l'impression que notre visage a changé et qu'une lumière émane de nous toutes. Puis nous nous dirigeons vers un café bar en plein air, un peu le QG de l'île, avec un feu de camp et de nombreuses personnes en train de danser et chanter. Un véritable paradis pour les hippies. Je me sens bien et étrangement à ma place.

Nous retrouvons Orlando, un colombo-québécois croisé quelques jours plus tôt sur la plage qui jouait du saxophone, et d'autres visages connus, dont Merjin a qui j'avais mentionné ma présence ici quelques heures auparavant. La soirée se teinte de discussions profondes, de flirts légers et de rires. L'atmosphère est douce. Héloïse apprécie la présence d'Orlando, on se fait des petits regards qui en disent long et je les laisse un peu tranquille. Anne-Claire s'amuse à tester son magnétisme avec les hommes autour d'elle et nous rions aussi de bon cœur. Il y a quelque chose de spécial dans cette soirée de Saint-Valentin, nous le percevons toutes les trois et choisissons de suivre le mouvement sans trop nous prendre la tête.

À côté de moi, je discute avec Merjin, de tout et de rien. Je sens quand même dans mon ventre quelque chose qui s'agite. Il ne ressemble en rien aux hommes que j'ai pu connaître auparavant. Libre comme l'air, il est là depuis presque un an et ne sait pas trop encore s'il rentrera. Il possède un vieux téléphone, est à peine sur les réseaux sociaux, et préfère passer son temps à nager ou faire du yoga.

— Tu peux me donner ta main ? me dit-il.

— Hum, oui, pourquoi ? répondis-je le cœur battant.

— J'ai juste envie de sentir ton énergie.

Ah. Je lui tends. J'ai la poitrine qui va exploser. D'habitude, les hommes font des remarques un peu légères ou des blagues que j'arrive facilement à détourner, mais là, pas vraiment d'échappatoire. Je regarde le feu devant moi, hypnotisée et nous restons en silence un long moment.

Merjin me ramène sur mon propre scooter pour ne pas avoir à faire le chemin à pieds, car sa *guesthouse* n'est pas très loin. Sans tong (*Of course*). Prévenant et doux comme toujours. Après nous être pris dans les bras, je rentre à mon bungalow le cœur comme un bonbon, avec une sensation étrange que je n'avais jamais vécue. Quelques minutes plus tard je reçois un message de sa part sur Messenger (ah, il utilise quand même son téléphone) me proposant de sortir regarder les étoiles... J'hésite quelques secondes mais je choisis la droiture (Capricorne oui, oui), craintive de ce qu'il pourrait se passer et le remercie pour son offre. J'ai l'esprit un peu perturbé et le cœur remué. Mais je m'endors des paillettes plein l'esprit et plein les yeux. Nous verrons bien ce que nous réservent les prochains jours...

15 février 2018

Je retrouve Héloïse et Anne-Claire à la plage. Nous avons toutes des potins croustillants à raconter. Anne-Claire dégaine son oracle et nous commençons à nous faire des tirages. Je demande à creuser un peu ce lien que je ressens par rapport à Merjin. Les cartes qui sortent parlent de cœur, d'amour, de vieille amitié... Bon, et bien on n'est pas sorti du moulin. Je leur explique le message d'hier soir et ce qui se passe en moi. Je suis clairement chamboulée. Je n'ai quasiment rien mangé de la journée et j'ai l'estomac noué. J'essaie de profiter de l'instant présent mais des milliers de questions se bousculent dans ma tête. Je me demande si c'est normal de ressentir ça. Et qu'est-ce que cela dit de moi ?

Le soir nous allons à nouveau à un cercle de chants. Merjin se joint à nous. Toujours aussi souriant et doux dans son énergie sans chercher à me provoquer ou à me mettre mal à l'aise. Il a le regard d'un enfant innocent. Je suis tellement perturbée par sa présence et ce que je ressens que je choisis de m'allonger la tête en direction du centre, le regard fixé sur les ventilateurs au plafond. Merjin me regarde avec un sourire malicieux et me prend la main (explosion dans ma poitrine) puis il continue de chanter, bien dédié à son mantra, tout en me serrant la paume avec soutien. Il sait très bien ce qu'il se passe en moi. Une part de lui entretient beaucoup de compassion mais je sens qu'une autre trouve aussi cela mignon et amusant.

La soirée se termine et il me propose de me ramener à mon bungalow. Cette fois-ci, pas d'excuse pour ne pas aller regarder les étoiles. Il place deux transats face à l'océan. Le ciel est incroyable. Mon ventre est triplement noué. Je sens bien quel est le chemin que nous sommes en train d'emprunter. Au bout d'un moment je lui dis :

— Tu sais, je suis avec quelqu'un en France.

— Oui ? D'accord, ce n'est pas important, si ?

— Tu te doutes bien que j'ai des principes.

— Ah oui quels principes ? Tu n'aimes pas passer du temps avec moi ? (Hum)

— Si tu le sais bien, mais voilà, j'ai un peu peur de ce que tu attends.

— Tu as peur de moi ? Ou tu as peur de toi ?

(Silence.)

Nous passons la soirée (et une bonne partie de la nuit) à parler de nos relations, de nos passions et de nos rêves. Je finis par m'apaiser et lâcher prise sur ce que je ressens sans chercher à projeter quoique ce soit. Je suis venue ici ouvrir mon cœur, je crois bien que l'univers a un sens de l'humour assez particulier pour ce qui est de la façon de le faire. Merjin m'escorte jusqu'à ma chambre pour me souhaiter une bonne nuit et je me couche le regard grand ouvert, bien perturbée pour pouvoir arriver à dormir.

16 février 2018

Le voyage est bientôt terminé. Nous avons passé la semaine à rire entre amies, à échanger au gré des rencontres, à parler astrologie au bord de la plage, à chanter des mantras, à manger dans de merveilleux restaurants et à danser au coucher du soleil aux sons des tam-tams. Le rêve s'achève bientôt et j'ai l'estomac toujours noué. Triste de quitter cette île, un véritable paradis qui me permet d'être celle que je suis véritablement, sans masque et sans filtre.

Je suis déchirée de quitter Merjin avec qui j'ai créé un lien fort, comme une âme sœur qui attendait d'entrer dans ma vie pour me montrer ce à quoi je peux aspirer dans une relation. J'ai l'impression que je le connais depuis des années. Lui continue de sourire et me dit de ne pas être triste. Que si la vie le veut, nous nous reverrons. Je suis anxieuse également de me rendre compte que je vais devoir prendre certaines décisions à mon retour, basées sur mes récentes prises de conscience. Je suis profondément triste de quitter mes amies qui restent ici et ont choisi de vivre une vie nomade, à laquelle j'aspire certainement au fond de moi.

7

La voie chamanique

22 février 2018

Ce soir, je me rends à une conférence au Forum 104 dans le 15e arrondissement de Paris. Il s'agit d'une intervention de Myriam Beaugendre sur la psychothérapie et le pouvoir des plantes. Cela fait un moment que je suis curieuse d'en savoir un peu plus sur l'ayahuasca et ses pouvoirs thérapeutiques. L'ayahuasca est considérée comme une plante maîtresse en Amazonie, elle permet de se plonger dans un état de conscience modifié lors de cérémonies où les chamans chantent des icaros afin de guider les personnes dans leur voyage. Il y a beaucoup de choses qui se disent autour de son utilisation car les expériences sont très différentes et les effets donc assez mystérieux. La médecine classique est également en guerre et maintient que la plante est dangereuse, alors que de nombreuses études ont prouvé ses bénéfices, notamment avec les addictions, dépressions et troubles du comportement.

Je sens l'appel du chamanisme de façon très puissante depuis ces derniers mois mais je suis encore un peu perdue sur la façon dont je souhaite m'y rendre. Je sens que la plante se placera sur ma voie à un moment donné. Je n'en ressens pas d'urgence mais j'ouvre simplement des portes pour voir où elles me mènent. La conférence se passe en trois temps : d'abord l'explication de son parcours et de son travail, puis la médecine des plantes et des questions-réponses. Myriam raconte être allée en Amazonie pour la première fois il y a des années, sceptique de ce qu'elle allait y trouver. La plante lui a montré le chemin, ce fut une révélation puis elle a hérité d'une terre là-bas, sur laquelle elle a construit un centre.

Je trouve son histoire passionnante et l'intervention intéressante mais un petit peu trop orienté commerciale pour moi. Tout est fait pour conserver le mystère et nous donner envie d'y aller, sans trop rentrer dans le détail de comment se passent les cérémonies, etc. Apparemment il y a beaucoup d'attente et si on souhaite s'inscrire il ne faut pas trop attendre, ce qui nous pousse à prendre une décision assez rapidement. Je ressens l'appel de la plante mais je sens que la porte n'est pas à cet endroit. De plus, les gens autour de moi me fatiguent. Je ne sais pas si c'est moi mais je capte des émotions assez intenses dans les temps d'échange. Beaucoup de personnes sont venues avec l'espoir d'une solution miracle pour résoudre des problématiques de leur quotidien et ne semblent pas satisfaites des réponses. Il y a quelque chose qui ne colle pas avec la démarche que je souhaite suivre. Je repars un peu décontenancée car j'avais peut-être trop d'attentes mais je sais que cela va faire son chemin en moi.

23 février 2018

En ce moment, je ressens le besoin de me dépouiller et de laisser des choses derrière moi. Les énergies de l'hiver sont en action, je les ressens très puissamment depuis mon retour de Thaïlande. Il y a comme une nécessité de rentrer dans ma grotte intérieure, de mourir un peu symboliquement, afin de pouvoir renaître un peu plus tard dans la lumière, pour la porter au monde. Je n'ai pas trop envie de parler, de travailler ou de soutenir des cercles de parole. Il y a vraiment un appel de ma sorcière intérieure à prendre soin d'elle et de ses besoins.

L'ambiance à l'appartement est assez étrange depuis mon retour. Nous avons du mal à communiquer et nous comprendre avec Michael. La complicité s'essouffle un peu et les tensions parfois surgissent lorsque je suis frustrée que ça n'aille pas dans mon sens. Lui est plutôt à éviter le conflit, donc je finis par m'énerver un peu seule. Je lâche prise et je me laisse porter dans les profondeurs de ce qui doit être vécu, même si ce n'est pas chose simple. Je garde l'amour et la confiance comme seule boussole. Tout ira bien.

24 février 2018

Premier jour de stage de base à la FSS (*Foundation for Shamanic Studies*). J'ai ressenti l'envie d'aller plus loin après ma première expérience de voyage chamanique il y a quelques mois. Avec cette session, nous allons apprendre à voyager pour nous et les autres, grâce à des outils, des repères et un cadre adapté. Exactement ce qu'il me faut. Alexandra, la praticienne en charge de l'expérience nous introduit le chamanisme. Elle nous explique que les chamans ne croient pas mais savent. La fondation se base sur 40 années d'exploration de Michael Harner, auprès de pratiques chamaniques du monde entier. Elle nous dit que l'ayahuasca ne représente que 10 % de la pratique chamanique et qu'il serait dommage de ne s'arrêter qu'à cela (je suis assez d'accord). Elle continue en expliquant que le but du voyage est de se connecter à nos alliés, afin d'apporter de la force pour la guérison et la divination. La pratique permet également de se placer en psychopompe, c'est-à-dire permettre le passage entre le monde du milieu (le nôtre) et les mondes subtils (en haut, en bas). Le chaman permet la transmission des réalités subtiles au plan de la matière. Il peut également pratiquer des extractions d'entités et des recouvrements d'âme.

Je trouve tout cela un peu fou et en même temps parfaitement normal. J'ai l'impression de me rebrancher à des choses que j'ai toujours connues donc je ne suis pas vraiment « choquée » par ces histoires d'esprits et d'énergies. Alexandra continue en nous expliquant qu'il n'y a pas d'ego dans le monde d'en haut et d'en bas. Que nous n'avons rien à craindre lorsque nous voyageons dans ces espaces en conscience. Pour ce qui est des esprits dans le monde du milieu ce n'est pas la même chose. Je sens comme une légère tension dans la salle à l'évocation de ce dernier sujet. C'est vrai que les histoires de fantômes ça fait souvent flipper. Intérieurement je souris, je n'ai jamais eu peur d'aucun esprit, je ne sais pas pourquoi mais je me sens bien protégée depuis toute petite.

Après la théorie, place à la pratique. Comme lors de ma première expérience, nous sommes invités à nous allonger avec notre bandeau sur les yeux. Nous plaçons notre intention si nous en avons une. Pour moi, il s'agit de retrouver ma baleine. Je repars de mon point de départ habituel : la plage d'une petite île avec une montagne au centre. Puis je me laisse glisser et tomber dans les profondeurs de l'océan. Au bout de quelques minutes j'entends un chant de baleine résonner dans l'espace de ma poitrine. Frissons. Pour le reste du voyage, je suis un peu perturbée par un homme derrière moi qui bouge un peu trop. Je passe quand même la majorité de mon voyage à nager avec ma baleine. Je sens qu'elle me permet d'être plus sereine et apaisée. Je la prends dans mes bras (oui un format baleine à taille humaine sur ce coup), je ressens beaucoup de chaleur puis nous remontons ensemble à la fin du voyage, lorsque le tambour sonne le rappel.

Chacun partage ses ressentis en petits groupes, puis nous passons à une pratique à deux, afin de voyager pour quelqu'un. Je me place à côté de ma binôme qui me semble très sympathique et nous nous mettons en contact par le pied. Il suffit de nous connecter à notre allié et de lui demander de nous présenter celui de notre partenaire (ça paraît simple sur le papier). Lorsque nous l'avons, nous pouvons ainsi le souffler au cœur et à la tête de la personne.

J'entends immédiatement un cri, comme une trompette, mais je cherche davantage et j'ai des images de savane qui me viennent. Lorsque nous terminons le voyage, nous échangeons un peu.

— Hum, le lion te parle ?

— Oui, mais je ne crois pas que ce soit celui-là. Moi, j'ai plutôt vu un éléphant tout à l'heure, me répond-elle.

— Rha, mais oui ! J'ai entendu un bruit de trompette dès le début du voyage…

— Ah et bien tu vois tu peux te faire confiance ! De mon côté, j'ai vu un gros poisson dans un lac et j'ai entendu le message « Cours vite » et « Dépêche-toi ».

— C'est rigolo, moi c'est la baleine ! Et ton message fait écho à mes questionnements du moment par rapport à mon couple ou encore mes projets professionnels. Merci en tout cas.

C'est tout de même rigolo. Les deux plus gros mammifères qui se retrouvent ensemble.

Nous poursuivons ensuite l'après-midi avec la danse des alliés. Pas très à l'aise à l'annonce de la pratique. J'ai beau avoir dansé en Thaïlande, il y avait une atmosphère particulière. Tout le monde en cercle se met à battre du tambour (j'ai acheté le mien quelques semaines avant pour entamer ma formation) ou du hochet afin de fusionner avec son allié principal (oui, oui, tout va bien) et ensuite venir le danser au centre. Avant Koh Pha Ngan, j'aurais été complètement en panique mais je crois que je gère mieux l'exposition au regard des autres et j'arrive à lâcher. Je me connecte à ma baleine (je crois, hein, je ne sais pas trop en vrai) et lorsque vient mon tour je prends mon courage à deux mains pour passer au centre du cercle. Je me déplace avec fluidité et je fais de grands mouvements aquatiques. Je le prends comme un jeu et ça passe assez bien. C'est beau de voir tout le monde prendre sa place et oser. J'ai tout de même un peu la tête ailleurs depuis ce matin.

Pour terminer la journée, nous sommes invités à faire une pratique divinatoire en cercle, comme un oracle collectif. Ma petite fille à l'intérieur de moi jubile. Je me croirais à l'école de Poudlard. L'idée est que chacun écrive son prénom sur un petit bout de papier et souffle sa question dedans. Puis nous déposons chacun de nos papiers dans un bol. Il s'agit ensuite d'effectuer un voyage chamanique au son du tambour comme ce matin, afin de recevoir un message pour quelqu'un dans le groupe, mais nous ne savons pas pour qui. Excitant. Nous faisons un court voyage puis je note ce qui m'est venu sur une feuille. Chacun notre tour, nous tirons alors un prénom dans le bol afin de connaître le destinataire du message que nous avons reçu. Ma question était de savoir comment agir face à ma situation actuelle. Une personne du cercle tire mon prénom. Mon cœur bat. Elle lit son message : « Va toujours tout droit devant toi ». Mystérieux. Je prends quand même…

25 février 2018

Je me sens triste. Mille questions tournent dans ma tête. Nous commençons le deuxième jour de stage en cercle en battant du tambour pour appeler la force (oui, comme le Jedi dans *Star Wars*, j'aime beaucoup l'idée). Je me sens vidée et je suis à moitié motivée. Nous sommes invités à marcher dans l'espace pour nous croiser les uns et les autres afin de nous regarder dans les yeux quelques instants. Je commence à être habituée à cette pratique depuis la retraite avec Monika et j'autorise désormais les autres à me voir sans trop broncher. J'ai toujours la sensation qu'un processus de guérison un peu magique s'opère lorsque l'on se voit. Puis nous entonnons un chant chamanique sur la thématique de la guérison (justement).

Ce matin, avant de partir, j'ai tiré une carte dans mon oracle des Rebelles sacrées : « Tout commence par un premier pas ». Comme un rappel par rapport au message d'hier. Et la couleur verte, symbole de l'ouverture du cœur… En début de matinée, nous prenons un temps d'échange sur le chamanisme et les éventuels questionnements que peuvent avoir les gens. Un jeune homme pose de nombreuses questions pragmatiques pour essayer de comprendre avec son mental comment fonctionne exactement un voyage. Je me sens agacée. J'ai l'estomac noué. Je pense à Michael et à notre couple qui bat de l'aile. J'observe et j'accueille tant bien que mal.

Puis nous ouvrons un nouvel espace de pratique afin de voyager à nouveau en binôme, pour effectuer une guidance pour l'autre. J'ai le trac, j'ai peur de ne pas y arriver. J'ai toujours besoin de sentir que je suis douée dans ce que je fais depuis petite, sinon j'ai tendance à fuir. Ce n'est pas évident. Je suis avec une femme à l'allure très sympathique. Elle porte des chaussettes aux motifs de guépard et un tee-shirt avec un chat. J'ai des chaussettes avec des chats et un pull aux motifs guépard. Drôle de synchronicité.

Nous nous allongeons et entamons le voyage. Je demande à ma baleine de me guider (ces genres de phrases deviennent de plus en plus normales dans mon quotidien). Puis je vois une maison qui ressemble à celle de Hansel et Gretel. J'entends les cloches de la cérémonie de mariage. Pourtant je ressens une envie de partir courir dans la jungle. Nous revenons du voyage et je lui dis :

« Je ressens comme un tiraillement entre l'envie de t'engager, de créer un foyer mais également le besoin de liberté et d'indépendance. »

Elle est complètement en accord avec le message. Mon ego est satisfait. Nous échangeons les rôles et cette fois-ci, c'est elle qui me transmet le message : j'allais devoir me battre, prendre les choses par étapes mais que tout irait bien au bout du compte. Fou.

L'après-midi, Alexandra nous propose de faire un voyage dans le monde du haut, très différent que le monde du bas apparemment en termes de sensations et de perceptions. Le processus est le même, sauf qu'au lieu de descendre il faut trouver un passage pour s'élever dans notre visualisation. Je monte des marches jusqu'à dépasser les nuages. Je suis accueillie par un ange, certainement l'Archange Michael que je considère comme mon gardien protecteur depuis plusieurs mois. J'entends des chants célestes, c'est magnifique. Je vois beaucoup d'images mais difficile de m'y accrocher pour m'en souvenir. Je demande un soin et je ressens des vibrations dans l'espace de mon cœur. Je vois des images de Michael, de moi qui danse, puis de Merjin rencontré en Thaïlande. J'ai la sensation que tout est juste et que tout ira bien. Des larmes coulent le long de mon visage.

Nous revenons et échangeons sur notre voyage en binôme. Difficile de mettre des mots sur ces ressentis. Je me rends compte à quel point ces questions sont futiles dans un certain sens. J'ai la sensation d'avoir touché à un espace de gratitude nouveau. Comme si j'avais maintenant compris que j'étais créatrice de ma réalité et que c'était à moi de choisir comment je décidais de vivre ce qui m'arrive...

3 mars 2018

Je suis heureuse de poursuivre ce stage rapproché du premier. Cela me permet d'aller plus loin dans mes perceptions et les outils chamaniques que nous avons déjà abordés.

De mon côté, je me suis mise à proposer des guidances à ma communauté à petits prix pour m'entraîner, cela m'a aidé à prendre confiance et à affiner mes ressentis. Pendant ces deux jours, nous allons explorer la thématique de la mort. Ça promet d'être riche et intense. Le praticien chamanique est semble-t-il un psychopompe, sur trois axes principaux : il se place en tant qu'esprit lui-même, il peut accompagner quelqu'un en fin de vie ainsi qu'un esprit désincarné coincé dans le monde du milieu (je me dis qu'on passe encore un cap dans le « chelou », mais allons-y). Le travail de ce stage va ainsi nous permettre de lâcher nos peurs et résistances face à la mort, car nous enchaînons des cycles d'incarnation dans notre existence et lorsque nous le comprenons, nous nous sentons plus légers (tiens ça va sûrement m'aider ça, moi qui ai de nombreux mécanismes d'insécurités).

Nous commençons la matinée par une méditation sur la notion de mort. Je me sens flotter dans le néant. Je me sens plutôt en paix. Puis nous sommes invités à voyager avec le tambour pour rencontrer un nouvel allié, celui avec lequel nous pourrons travailler sur toutes les thématiques en lien avec la mort. J'ai tout de suite eu la vision du corbeau dès que mes yeux se sont fermés. À peine descendue dans le monde d'en bas, il est déjà là. J'ai mal à l'estomac. Je lui demande la symbolique de cette douleur. Il me répond « Tu dois traverser ta douleur pour renaître ». Je lui demande la force de le faire et je vois apparaître Isis, la déesse égyptienne (j'ai l'impression en même temps que je suis elle, je me perçois avec des ailes, c'est assez étrange). Il me dit que je dois apprendre à être seule et à vivre dans la joie. Mais surtout, traverser et à me libérer de mes peurs. Il me montre enfin des images du Pérou. Frissons. Le tambour ralentit. J'entends dehors un groupe de corbeaux. Frissons de nouveau. Le tambour se calme et je ne veux pas revenircar j'ai la sensation d'avoir encore des choses à faire. Il termine en me disant « Tu sais qu'au fond tout cela n'a pas d'importance ». Super.

Je suis clairement dans un passage initiatique. Je sens que ce week-end n'a pas fini de me surprendre. Après une courte pause pour reprendre nos esprits et avaler un carré de chocolat, Alexandra nous explique que nous allons voyager aux portes de la mort dans le monde d'en haut. Hum, excitant. Elle nous fait signer un contrat (carrément). Sur ce dernier nous devons écrire que nous nous engageons à revenir de ce voyage (ah oui, c'est mieux) et devons mentionner les personnes que nous aimons ainsi que ce que nous avons encore à accomplir. Mon ventre se tord. Je flippe un peu quand même, ça a l'air sérieux ce truc. Ce voyage s'appelle aussi le démembrement, car nous devons demander à notre allié de dissoudre notre corps physique afin de pouvoir voyager sur un plan plus élevé. Il va durer 30 minutes (un voyage dure en moyenne plutôt 12 minutes). Bon.

Je m'installe, point de départ, escalier, je monte. Ma baleine est là, elle me regarde avec tendresse puis un loup blanc s'approche de moi et commence à me manger (ohlala). Un serpent apparaît et entre en moi également par ma bouche (pas glorieux l'image je sais) puis enfin, un corbeau me picore les jambes. Pour accompagner ce beau monde, ma baleine finit par m'avaler entièrement et je disparais. Je suis une lumière. J'accède au monde d'en haut en entrant comme dans un sas spatial. Tout est blanc. J'aperçois la statue d'une déesse et une chouette. Tout est doux comme du coton autour de moi. Il y a des nuages. Je me sens en paix. Je me penche par-dessus les nuages pour regarder en bas. Je vois la Terre. Je la trouve si laide et fragilisée. Mon cœur se brise, j'ai mal à la poitrine. Je m'approche d'une fontaine où se trouvent des nymphes (oui, oui) qui prennent beaucoup de plaisir à me laver puis m'accrochent des fleurs dans les cheveux. Je marche jusqu'à une immense porte. La fameuse. Mais je sais que je ne dois pas la franchir.

Je sens l'appel du retour arriver mais je n'ai pas envie de partir. Je ressens une profonde tristesse m'envahir. Les larmes se mettent à couler le long de mes joues sous mon bandeau. Je choisis enfin de me laisser tomber et je chute avec ma baleine dans les bras jusqu'à sombrer dans l'océan. Elle me réconforte et me dit « Ça ira tu verras ». Des images défilent devant mes yeux. J'ai la sensation de voir des visions de mes différentes vies et incarnations c'est un peu bizarre. Je revois les trois animaux du début et je les remercie. Je profite encore un instant de cette sensation d'apesanteur pour poser quelques questions puis le voyage touche à sa fin. Je suis sonnée. Je ne voulais vraiment pas revenir.

Je mets tout le temps du déjeuner pour arriver à me remettre de mes émotions. Je suis un peu absente. Comme si mon corps était à moitié revenu. Cet après-midi, Alexandra nous explique que nous allons voyager au-delà des portes de la mort pour expérimenter le vide en dehors de l'incarnation. Un voyage d'une heure (mon dieu !). Nous nous installons. Je pose l'intention que tout se passe pour le mieux.

Dans un premier temps, j'arrive dans un espace noir, au milieu de centaines de galaxies. C'est magnifique. Comme si l'on me proposait de choisir ma prochaine vie. Plus le temps avance et moins je sens mon corps. Des images défilent. Comme si j'avais de la clarté sur ce que j'avais vécu jusqu'à présent et pourquoi : le choix de mon âme, d'avoir choisi cette famille et mes parents, ma relation avec mon ancien compagnon Romain que j'avais quitté pour pouvoir voyager, mon syndrome, le séjour à Bali qui a initié une prise de conscience… Je reçois à nouveau beaucoup d'images et de messages confus. J'ai la sensation d'être dans un demi-sommeil, incapable de bouger. Je ressens que ma mission est de transmettre et d'enseigner. Je me vois remonter dans le monde du haut, retrouver ma fontaine, prendre les nymphes dans les bras puis redescendre. Je ne me rappelle de rien quasiment de ce voyage. Je suis encore plus déphasée qu'à midi. Je vais mettre un moment à atterrir.

Nous continuons l'après-midi afin de définir notre boîte à outils pour pouvoir accompagner quelqu'un en fin de vie. Nous faisons un voyage avec le tambour pour demander notre chant. Ce chant qui nous permettra d'accompagner. « Anima Gaweho » résonne dans ma tête et mon cœur (aucune idée de ce que cela veut dire). Je le chante intérieurement. Je vois un chemin dans la forêt qui monte jusque dans la montagne. En haut, se trouve une porte géante en pierre. Je me vois être le corbeau qui tournoie juste au-dessus. Je me dis que ça doit être ça mon protocole d'accompagnement. Lorsque nous revenons, Alexandra clôture avec un enseignement : « Nous sommes préparés à nous incarner mais rarement à partir ». C'est vrai. Cette pratique était intéressante mais je ne sens pas que cela me parle plus que ça.

Pour terminer la journée, nous faisons une pratique de connexion avec les ancêtres. La pièce est vidée et nettoyée à la sauge. Nous sortons de l'espace. Un cercle de coussin est installé dans l'espace, puis nous sommes conviés à rentrer chacun notre tour et nous installer en face d'un coussin afin d'accueillir un(e) ancêtre. Je ressens immédiatement de nombreuses présences dans la salle. Je me sens néanmoins rassurée. Je ferme les yeux et j'entre en méditation, accompagnée du battement doux du tambour. Je vois dans mon esprit une vieille femme indienne. Je la remercie pour sa présence. Puis je lui demande d'où je viens. « Tu es ici pour briser le cycle de femmes qui ont souffert et qui étaient fortes. Tu peux aujourd'hui te réaliser ». Je lui demande quoi faire pour Michael (oui toujours l'éternelle question, c'est si difficile). Elle me répond « Tu as signé toute seule un contrat pour te protéger mais tu n'en as pas besoin ». Je lui demande si c'est juste de repartir à Bali en mai. « Écoute ton cœur ». J'entends le chant de ma baleine. Frissons. Et enfin « Trouve le courage de te réaliser ». Je pense que j'ai mes réponses.

4 mars 2018

Ce matin, je suis triste, comme souvent ces derniers jours. Je discute avec mon amie Maglone sur le couple et je prends encore conscience de certaines choses par rapport à mes besoins et au mode de vie auquel j'aspire. Ce matin, pendant la méditation au tambour ; j'entendais « Est-ce que tu veux voyager quatre mois par an ? », « Est-ce qu'il serait heureux avec quelqu'un qui voyage quatre mois par an ? » Mon cœur est lourd. Je vis cette période avec beaucoup de tristesse. Je n'arrive pas à lâcher prise sur ce que je sais déjà. Nous nous installons dans la pièce et débutons la journée par un temps de partage. Alexandra nous explique que pour accompagner un mourant, c'est une préparation importante en amont et que le chant peut aider pour beaucoup.

Puis, elle enchaîne en introduisant ce que l'on va faire aujourd'hui : accompagner une âme défunte restée coincée dans le monde du milieu. Elle explique qu'un esprit n'est jamais malveillant, il peut simplement rester dans ses mécanismes précédents ou bien ne pas être conscient qu'il est mort. On peut ainsi lui suggérer de passer de l'autre côté. La plupart du temps ils sont d'accord mais si ce n'est pas le cas, on ne force jamais une âme, on leur apporte simplement de la force pour pouvoir continuer sur leur chemin. C'est ainsi souvent le cas auprès des personnes qui n'ont pas achevé leur deuil, car l'âme de l'être aimé reste « collée » auprès de ces dernières. Il faut également penser aux fausses couches et aux IVG. Après une rupture difficile, l'esprit de la personne toujours vivante peut également toujours influer sur l'espace énergétique. Je trouve tout ça très passionnant.

Nous faisons tout d'abord un voyage au tambour pour définir notre protocole. Je retrouve mon corbeau dans le monde du bas, qui m'invite à explorer des galeries et des tunnels souterrains pour trouver les âmes perdues. Je peux ainsi les couvrir de lumière puis les guider jusqu'à un puits où ils pourront descendre (étrange, je dois l'avouer). Je demande si cela fonctionne dans le monde du milieu, il me dit que c'est la même chose et me montre également une porte dans un arbre (je préfère cette image mais bon, va pour le puit).

Nous sommes ensuite invités à faire un voyage par deux en binôme, chacun notre tour pour trouver si des âmes sont restées « collées » à la personne. Je me mets avec Patrick, un papa d'une cinquantaine d'années. Il me confie après le court voyage qu'il a perçu mon arrière-grand-mère maternelle (que je ne connais pas) ainsi qu'un fœtus... Je vais creuser le sujet. De mon côté, je perçois son grand-père et son frère, qu'il me confirme avoir perdu dans un accident il y a quelques années. Il me dit avoir perçu une puissance douce chez moi et beaucoup d'émotions.

Alexandra nous explique qu'une possession est une fusion non souhaitée d'un esprit, mais qu'ils n'en parlent pas dans ce stage (silence un peu gêné dans la pièce). Elle nous informe également que nous pouvons demander à notre allié de la mort de lui demander du soutien pour être moins parasité par les esprits. En écrivant ces lignes, j'ai vraiment l'impression d'être dans une école de sorciers. Et je comprends lorsque ma mère me dit que c'est quand même « chelou » tout ça.

Nous terminons le week-end avec un voyage plus léger, afin de voir ce qui nous rend heureux. Je me vois voyager de partout. Je ressens ensuite un profond amour inconditionnel pour toutes choses, mais pas de l'attachement. Puis j'ai des images des ateliers que j'organise. Le reste est assez flou. Je me vois danser, chanter. Je m'endors à moitié, je suis bien fatiguée. Je crois que je sais déjà tout ça. Et juste avant de remonter, la chanson de Christina Perri résonne dans mon esprit « I'm only human »...

8 mars 2018

Premier week-end de formation en Yoga du son. Je l'attendais impatiemment depuis un moment celui-là. Le yoga du son permet d'utiliser la voix comme véhicule de connaissance, de transformation, de libération et de puissance. De nombreuses émotions et mémoires du passé ont pointé le bout de leur nez ces dernières semaines. Je commence à traverser ces passages avec de plus en plus de fluidité malgré le fait que cela ne soit pas toujours évident et j'accueille avec bienveillance ce que cela déclenche en moi. Douceur. Nous entamons la journée avec l'expérimentation de différents sons, prenant leur source dans le bassin. Tenir une seule note pendant une heure, debout est une expérience vraiment intense. J'entre dans une forme de transe assez folle mais je me sens également épuisée après chaque pratique. Je me rends compte que malgré mes facilités à chanter depuis petite, je ne l'ai jamais fait d'une telle manière et ce n'est pas si évident.

Denis, notre instructeur que j'aime beaucoup car il est simple et bienveillant, nous explique que le bassin est le siège de notre puissance. Cela me fait sourire car Morgane me parle constamment du bassin et des cinq fleurs qui s'y trouvent (anus, périnée, vagin, urètre, clitoris… oui, oui, toutes ces choses sont devenues mon quotidien et je crois que je commence à m'y faire). Denis lui y associe la fleur de Lotus. Cette fleur véhicule un sublime message, car le Lotus naît du marécage, sur une eau morte, et pourtant… quelle beauté ! Il se nourrit simplement de ce qui est présent, sans jugement afin que quelque chose de merveilleux puisse y prendre racine. Quelles que soient les eaux boueuses sur lesquelles il repose, il réussit toujours à fleurir avec grâce. Il symbolise notre Éveil, se nourrissant de toutes nos expériences, même celles que l'on juge négatives, afin de nous conduire vers notre nature profonde.

Je prends conscience de ma capacité à sortir le son au-delà de mes cordes vocales, avec beaucoup plus d'amplitude et de résonance. Plus j'ouvre la bouche et détends la mâchoire, plus mon son est fort et puissant. Je trouve de la joie dans le son « A », de la rondeur dans le son « O », de l'ancrage dans le son « OU » (mais également de la colère et de l'impuissance car celui-ci est difficile pour moi, pas étonnant), de la clarté dans le son « É » et de la légèreté dans le son « I ». Travailler avec tous ces sons relève d'une belle gymnastique. Je me rappelle à quel point j'aime chanter. J'ai envie de prendre des cours de chant mais je n'arrive pas encore à trouver le bon professeur. Je pose l'intention en ce jour.

4 avril 2018

J'ai longtemps cherché après quoi je courrais. Ce qui me rendait mal à l'aise dans mes précédents emplois, dans mes précédentes relations, dans mes anciennes habitudes. Ce vide que je ressentais dans mon cœur. J'ai essayé de comprendre ce qu'il me manquait, ce que j'aurais souhaité changer dans ma vie, ce dont j'avais besoin pour être plus sereine et épanouie. La raison pour laquelle je devais tout planifier, organiser au millimètre près ou anticiper et la panique que cela engendre au moindre grain de sable dans la machine.

Après des années de réflexion et ces quelques mois de découvertes, de voyages et d'explorations intérieures, je sais que la seule chose après laquelle je cours aujourd'hui, c'est le Temps. Je me sens enfin à ma place, je fais ce qui me rend heureuse, je me sens incarnée dans ma mission et en perpétuelle évolution vers la meilleure version de moi-même. Il ne me manque plus grand-chose. Et c'est merveilleux. Si ce n'est le temps. Le temps de créer, le temps de discuter entre amies, le temps de voyager, le temps de vibrer, le temps de me chercher, le temps de pleurer, le temps de rire, le temps de lire, le temps d'écrire, le temps de vivre… tout simplement.

Je prends conscience de ma difficulté à vivre l'instant présent. À me projeter toujours vers le futur. Vivre dans la nostalgie. Espérer. Soupirer. Je ne sais pas si c'est cette « nostalgie de l'ailleurs » (comme l'appelle Arouna Lipschitz, une grande amoureuse de la vie et écrivaine) qui m'habite depuis toujours, comme une course vers une ligne d'arrivée fictive, sans vraiment accepter d'être incarnée ici et maintenant, dans une autre réalité. Ou si à l'inverse c'est une bénédiction, de savoir que tout est merveilleux, parfait et que la seule chose qui compte aujourd'hui est d'avoir le temps de réaliser tous mes rêves et mes aspirations. Je n'ai pas la réponse. Je pense qu'aucun de nous ne la possède. Alors peut-être que la seule solution, est de cesser de compter les minutes mais de compter nos respirations.

7 avril 2018

Nouveau week-end de stage chamanique cette fois-ci sur la thématique des rêves. Je retrouve Alexandra, à nouveau accompagnée de sa douce assistante Laëtitia. Elle introduit le sujet en nous expliquant qu'un rêve est un voyage chamanique qui vient à nous. Elle nous invite pour demain matin à essayer de rester connectés à nos rêves de la nuit, à ne pas parler, afin de pouvoir nous y replonger en arrivant. Cela nous permettra un accès plus fluide avec le monde des esprits. Également y noter un titre ainsi qu'une émotion. Comme pour la thématique sur la mort, nous débutons avec un voyage pour rencontrer notre allié pour les rêves. Je tombe nez à nez avec une panthère tachetée. Elle me montre que pour accéder au portail des rêves je dois courir ou fusionner avec elle dans une plaine, afin de m'élancer et m'enfoncer dans une forêt tropicale sombre et humide. À notre retour, on nous explique que le travail avec les rêves permet de visualiser des potentiels (comme la médiumnité) ou bien explorer également les vies passées. Le rêve nous permet ainsi d'expérimenter d'autres réalités.

Dans un autre voyage que nous faisons avec notre allié, je sens mon corps gonfler (mon corps éthérique, je pense, qui s'amplifie) et la sensation que mes mains se touchent alors qu'elles étaient posées sur mon ventre à 10 cm l'une de l'autre. Je vois ensuite défiler de nombreuses images devant mes yeux : des vies alternatives, il me semble. Passées ou potentielles je ne sais pas : seule et célibataire avec des chats, puis chamane dans une forêt, *trader* à New-York, habitant sur une île, en Égypte avec la déesse Isis, guérisseuse celte… La question que me pose alors ma panthère est « Est-ce que j'y suis heureuse ? ». Je trouve l'idée très pertinente et intéressante. Nous revenons et je reste silencieuse avec cette réflexion.

Nous continuons la journée avec un rituel chamanique permettant de travailler sur le rêve de quelqu'un. Il faut battre des bras et des jambes pour appeler le rêve (oui, comme un oiseau, on n'arrête pas l'innovation). Le praticien observe alors la danse de la personne pour qui elle travaille. Lors du second tour, le praticien danse pour suivre son client et, lors du troisième tour, ce dernier danse seul afin d'agir ou amplifier le rêve. Waouh ! je n'ai pas du tout envie de me donner en spectacle. Grosse résistance à l'intérieur de moi. Peur du jugement et du rejet activé. Ouhlala ! j'ai envie de me tirer, Je tiens bon je reste. Je sélectionne mon rêve et mon binôme. Je choisis le rêve où je me suis vue en cérémonie chamanique sur la plage. Finalement, en tant que praticienne, j'adore suivre la danse de ma partenaire. Elle entend même ma baleine chanter, c'est rigolo.

Après manger, nous faisons une pratique de divination par deux. Les yeux bandés avec un hochet, nous demandons à fusionner avec notre allié du rêve et laissons venir ce qui vient pour parler et laisser sortir les mots. J'adore et je me sens assez à l'aise là-dedans. Les messages transmis résonnent bien chez ma binôme. Nous continuons des pratiques de guérison et de visualisation, puis clôturons la journée avec une divination collective : une personne se place au centre et chacun se branche sur cette dernière afin de voir ce qui nous vient dans l'espace de canalisation. Nous délivrons alors tous nos messages afin d'éclairer son chemin. Les quelques personnes passées dans le cercle ont été étonnées de recevoir autant de conseils qui vibraient justes avec leurs problématiques.

8 avril 2018

Pour cette seconde journée, nous sommes invités à arriver en silence un peu en avance, nous installer et reprendre le rêve de notre nuit précédente. Compliqué pour moi car je n'ai pas noté grand-chose, pourtant ils étaient plus clairs que d'habitude. Mon mental est agité au début du voyage, puis je me décide à suivre ma panthère dans la forêt. Je retrouve un homme sous une cascade, il m'invite à le rejoindre dans l'eau, puis nous traversons cette cascade pour arriver sur un lit de cristal (oui, rien que ça), je m'allonge pour y recevoir un soin mais je m'entends dire que « je n'y ai pas droit ». Je ressors et plonge alors profondément jusque dans les abysses sombres, je me roule en boule et j'attends. Je me demande à combien ma jauge d'amour est remplie et je vois le nombre 70 % apparaître. Puis je remonte et je m'accroche à un rocher, je lutte contre le courant, je me sens épuisée. Je décide de lâcher prise et je me fais engloutir dans l'œil d'un cyclone pour finalement me retrouver en bas dans une merveilleuse prairie remplie de fleurs. Je retrouve à nouveau l'homme du début de mon voyage et nous finissons par nous embrasser.

Wow, mon imagination est vraiment riche ! Heureusement que ma capacité à interpréter les symboles est présente, sinon je me demanderais bien à quoi cela sert de voir tout ça. Alexandra nous propose alors un voyage dans le monde des ancêtres pour nous aider à comprendre davantage notre rêve. Décidément on peut tout faire avec le voyage chamanique ! Je retrouve une vieille dame amérindienne, peut-être celle que j'ai vue la dernière fois. Elle me dit que l'homme dont j'ai besoin est dans mon cœur et que quand je l'aurais reconnu il se matérialisera. Je dois travailler la patience et l'indulgence. D'accord.

Pour continuer la journée, nous sommes invités à vivre une expérience sur trois niveaux. Demander quel est le rêve de notre vie. Puis quel est le rêve derrière le rêve. Et enfin le rêve derrière le rêve derrière le rêve. Waouh, *mindfuck* le truc ! Bon, ça me plaît bien (forcément).

Premier niveau : je me vois à la plage, animer des groupes, faire de la danse, animer un centre, une famille dans la forêt avec un enfant… Je me sens libre, debout sur le dos de ma panthère.

Second niveau : un énorme serpent, une union avec les minéraux et végétaux, je prends la terre dans mes bras, je perçois le silence et la paix, je montre aux gens que tout cela est possible.

Troisième niveau : je voyage entre les trois mondes, je ressens énormément l'amour inconditionnel et je perçois la beauté dans chaque être humain.

Je trouve le processus fascinant et je comprends le déroulé ainsi que les symboles de façon assez sensée. L'amour, le partage, la connexion à la terre et aux éléments...

Nous pouvons enfin demander quelles sont les prochaines étapes pour vivre le grand rêve : je vois un grand trou noir dans un arbre que je capte comme accepter la noirceur et la solitude, je vois mon psy (continuer à travailler sur mon enfant intérieur) et une grande connexion avec la nature. Enfin, ma panthère me déchiquette et me mange (oui, je commence à avoir l'habitude, hein), puis ma baleine me redonne vie : accepter la renaissance.

Nous clôturons la journée avec un exercice de transmutation puissant où nous nous regardons dans les yeux pendant dix minutes. J'ai la grande joie de la faire avec mon amie Marion, qui m'a accompagnée dans les trois week-ends de stages. Je vois son aigle dans son regard. À force de m'y perdre, son visage se déforme et change. La pratique est très impressionnante. On se reconnaît mutuellement l'une et l'autre dans notre puissance. À la fin, nous nous tombons dans les bras, émues d'avoir vécu tout cela. Nous participerons également aux prochains stages ensemble, dont celui des extractions que j'ai hâte de faire, avec Laurent cette fois-ci, apparemment très réputé dans le milieu chamanique. Je me rends compte à quel point ces trois stages en seulement deux mois ont bouleversé mes perceptions, dans tous les sens du terme. Grâce aux guidances que je propose désormais pour les autres, mes visions se sont considérablement développées. La pratique au tambour était définitivement une bonne porte à emprunter.

8

Rompre pour renaître

1er mai 2018

Suivre mon cœur n'a jamais été aussi difficile. Après une énième soirée à tourner en rond, frustrée par nos échanges, je dis à Michael :

— Peut-être que tu devrais prendre un appartement. Tu n'as jamais habité seul et moi je n'ai jamais vraiment été célibataire, nous alimentons un cercle de contrôle-dépendance qui n'est pas sain pour nous.

— Ah oui ? répond-il.

— J'ai aussi besoin d'espace certainement, pour pouvoir réfléchir et observer comment je me sens dans un environnement davantage centré sur moi.

— Oui, tu as peut-être raison. Dans un sens l'idée de vivre seul me plaît bien.

Tout est allé si vite ces derniers mois que je ne sais plus ce que je ressens. Je me sens très coupable. Lui qui a toujours été là près de moi lorsque j'ai été malade, qui m'a toujours soutenue et accompagnée dans mes épreuves… Heureusement, sa sagesse naturelle et sa bienveillance lui permettent d'accepter la situation. Nous étions si distants l'un de l'autre ces dernières semaines, ce n'était de toute façon plus vraiment vivable. Ça me conforte un peu qu'il le prenne comme ça.

Tout se mélange dans mon esprit. Je n'arrive plus à savoir si le voyage dont je rêve tellement depuis Bali est une fuite pour m'échapper de mon couple ou si mon couple me pousse vers le voyage. Je n'arrive plus à savoir si toutes mes quêtes spirituelles sont légitimes ou si je cherche simplement à masquer un mal-être intérieur. Je ne sais plus si cette aspiration à grandir et évoluer doit forcément être vécue dans l'espace de la relation. Tout semble flou. J'ai le cœur serré. Moi qui ne rêvais que de mariage et de grande histoire romantique depuis toujours, je me demande si ce n'était pas simplement pour me mettre en sécurité. Tout se mélange en moi. Je ne me reconnais plus. J'ai l'impression d'être quelqu'un de sage et alignée un instant, et une horrible petite fille immature et capricieuse le moment d'après.

Je ne me rends pas encore trop compte de ce que je suis en train d'amorcer. Il va falloir que je trouve un appartement moi aussi. Je ne peux pas continuer à payer ce loyer, seule. Comment vais-je gérer mes voyages avec les chattes ? Qui va s'en occuper ? Suis-je une maman chat indigne ? Je me sens si mal. J'ai envie de tout abandonner et de rester dans ma zone de confort, au final, on n'est pas si mal. Pourtant, mon cœur hurle que ce n'est pas la solution. Il y a eu trop de signes. Il y a eu trop de messages. Je ne peux plus ignorer. Je crois qu'il faut simplement prendre une profonde inspiration et sauter dans le vide...

15 mai 2018

Décollage imminent. Le moment est parfait, comme toujours. Sans le savoir au moment de la réservation, je pars le jour de la Nouvelle Lune. Le nettoyage est en cours, il a déjà commencé et va se prolonger au milieu des rizières de Bali. J'ai un grand besoin de lâcher l'ancien pour aller vers le nouveau, dans un tourbillon émotionnel pas facile gérer. Mais je crois qu'il n'y a rien à gérer. Simplement me laisser porter. C'est difficile, mais c'est ce qui rend la vie si magique. Je suis prête. Mon cœur est ouvert malgré les peurs et les insécurités. J'apprends chaque jour aux côtés des merveilleuses personnes que je côtoie et les expériences auxquelles je suis confrontée. Je suis vivante. Je respire. Je suis.

Ces dernières semaines ont été très difficiles. Comme des vagues qui sont parfois venues me submerger et dans lesquelles j'ai cru me noyer. J'ai passé du temps avec des personnes dites « éveillées » et j'ai parfois été décontenancée par le manque de bienveillance, sous couvert de théories spirituelles mal calibrées. Je crois que passer du temps sur mon île va m'être très bénéfique. Je pars seule mais je sais que je le serai peu. Je vais retrouver Emilio, un jeune youtubeur, pour aller nous promener dans les rizières, mon petit chauffeur chouchou Oppo qui m'attendra de pied ferme à l'aéroport, les copines Ilia et Peggy qui m'attendent dans un *ashram*[1] près de l'océan, mon amie Lua qui vit la moitié de l'année là-bas… Finalement, nous ne sommes jamais vraiment seul, où que nous soyons.

1. Lieu isolé destiné aux exercices spirituels, notamment la méditation.

19 mai 2018

Je m'offre une séance d'acupuncture et un massage par un praticien de l'*ashram*, pour soulager une névralgie au bras qui dure depuis le début du mois. Ça me lance violemment et la douleur ne me quitte pas. J'ai compris qu'une part de moi n'arrive pas encore à lâcher les projets, le travail, l'organisation... Mon souhait d'être dans la contemplation plutôt que l'action est plus facile à dire qu'à intégrer. Comme si je ne m'autorisais pas encore vraiment à apprécier ce que je vis sans penser à ce que je devrais faire après, pour maintenir mon niveau de confort et repartir en voyage. Paradoxal. Passer du temps avec les copines me fait beaucoup de bien. Nous parlons de nos vies, d'amour, de nos étapes de transformation. Chacune peut comprendre ce besoin de prouver sa reconnaissance et de réussir. Nous sommes toutes entrepreneuses et sans filet, dans le même bateau. Ce n'est pas toujours facile mais à la fois très stimulant de pouvoir nous soutenir les unes et les autres.

Je leur explique également pourquoi j'ai arrêté l'école. Il y a quelques semaines au milieu des stages chamaniques, je me suis rendue compte que ce n'était plus aligné pour moi. Je n'arrivais plus à me concentrer en cours, je m'occupais de mon blog et de mes prochains ateliers. J'ai compris que j'avais envie de me concentrer sur les besoins psycho-émotionnels des gens et que la spiritualité était bien plus qu'une passion. Je ne serai pas remboursée de cette année en cours, mais j'assume mon choix. J'utiliserai l'argent de l'emprunt pour financer le reste de mes voyages et stages. Rien n'est perdu. Je suis en paix avec ça, même si je pourrais le voir comme un échec, surtout au regard de ma famille et mes proches. Je suis certaine que je n'ai pas fait tout cela pour rien, quoiqu'il arrive.

Demain, je retourne à Ubud pour poursuivre mon voyage. J'ai envie de davantage prendre le temps d'aller me faire masser dans mes petits spas favoris, aller profiter des *kirtans* pour chanter des mantras ou encore faire quelques cours de yoga. Mais je sens parfois que je me prends la tête toute seule et je ne me laisse pas savourer l'instant présent. Je pense souvent à Michael. Je me demande comment il va et comment nous allons traverser tout cela. Nous n'avons pas vraiment rompu, je suis un peu en flottement. Je m'inquiète pour mes chattes dont je vais devoir m'occuper ces prochains mois malgré mes voyages, et surtout pour le fait que je vais devoir me soutenir moi-même, car ce sont de véritables miroirs de mes états intérieurs et je n'ai pas droit à l'erreur. Lorsque je ne vais pas bien, Isis manifeste immédiatement des signes d'anxiété et se fait des plaques sur le corps. Je dois vraiment prendre soin de moi et de mes besoins, car désormais il n'y a plus que moi, seule, dans l'équation.

27 mai 2018

Voyager seule est une merveilleuse expérience, je touche enfin du doigt des instants de plénitude, sans avoir besoin de le vivre avec quelqu'un et pour moi c'est incroyable. Je pars de loin comme beaucoup d'entre nous avec cette peur de la solitude, de l'abandon ou de l'oubli. J'ai toujours organisé ma vie en fonction de mon entourage, faire plaisir à tout le monde, être importante à travers les yeux de l'autre… Alors je le sais, le chemin parcouru est grand. J'arrive à manger au restaurant, seule, et à l'apprécier alors qu'avant je me serais sentie la petite misérable que tout le monde regarde. J'arrive à me coucher plus tôt lorsque je suis fatiguée sans avoir peur de rater quelque chose et à ne pas passer des heures au téléphone avec des gens lorsque je n'en ai pas envie.

Je ressens une joie profonde de vivre pour moi-même, sans culpabilité, sans m'imposer des choses, de me projeter à nouveau dans des explorations en solitaire et je ressens beaucoup de gratitude pour ces nouvelles étapes qui s'offrent à moi. Bien sûr les épreuves seront tout autres lorsque je rentrerai à Paris, mais je les accueillerai avec bonheur. Pour le moment, je me prépare en douceur pour cette troisième semaine de voyage que je compte bien vivre en conscience, dans l'instant présent, avec délectation…

30 mai 2018

J'ai retrouvé Lucile, une amie de lycée présente à Bali depuis quelques jours, avec qui je vais passer la journée. Nous ne nous sommes pas vues depuis des années. Je lui propose de passer un peu de temps avec moi que je lui fasse découvrir mes endroits préférés. Nous nous rendons à la cascade de Sebatu, mon sanctuaire habituel auquel je me rends à chaque fois que je viens, pour aller nous purifier. Il faut descendre de nombreuses marches dans la forêt pour s'y rendre. Nous achetons des offrandes (des fleurs et des pièces, de l'encens, disposés dans des petits paniers tressés en feuilles de palmier) puis nous nous rendons aux vestiaires. Je suis vraiment heureuse de partager ce moment avec Lucile et Oppo qui passe également la journée avant nous.

Nous devons mettre un *sarong*, noué autour de notre cou, c'est un paréo de cérémonie que nous portons tous ici dans les temples. Je garde quand même ma culotte (je connais l'impétuosité de la cascade). Puis nous avançons doucement dans le bassin d'eau fraîche, déposons notre offrande avec une prière et nous plaçons devant la première cascade. Je prends une grande inspiration et je mets ma tête sous le courant en poussant un petit cri. Je reste dessous environ 30 secondes avant de ressortir euphorique. Lucile me regarde amusée et un peu flippée. Puis je me déplace devant la seconde un peu plus large et cette fois-ci je me glisse en dessous par l'arrière en présentant mon dos et mes épaules contre la paroi. Froid. Je respire fort, je souffle et je ris tellement je suis grisée par ces sensations. Mon amie me rejoint et nous terminons ensemble d'accueillir le torrent d'eau qui nous permet de libérer tout ce dont nous n'avons plus besoin. Nous terminons la purification en remontant, avec un temps de prière face aux statues de Shiva et Parvati, avant de recevoir le fameux riz du prêtre : des grains sur le front, sur la gorge et dans les mains. Nous nous séchons un peu puis remontons les centaines de marches pour retourner à notre voiture.

En fin de journée, nous nous rendons dans un petit village près d'Ubud pour apprécier les festivités de Galungan. La ville est déjà parée de milliers de guirlandes tressées, de fleurs et de petits temples éphémères. Cette période festive est le nouvel an balinais. Au cours de cette fête il est dit que tous les dieux de Bali descendent sur terre célébrer la création de l'univers et la victoire du bien sur le mal. Les Balinais croient que leurs ancêtres reviennent sur terre pour participer aux festivités, s'amuser, et profiter des offrandes. Oppo m'a proposé de prendre un hôtel dans le coin pour quelques jours et passer cette journée avec sa famille, chez lui. Je suis vraiment honorée et excitée de cette invitation. Lucile, qui a adoré passer la journée avec nous n'a pas vraiment envie de nous quitter.

— Viens avec moi si tu veux, je lui dis.

— Ah bon, tu es sûre ? Je ne veux pas déranger.

— Non, ne t'inquiète pas, ça me fait plaisir ! Tu peux dormir à l'hôtel avec moi et tu rentreras après.

Elle appelle son compagnon qui était resté à leur hôtel. Ce dernier se réjouit pour elle. Nous passons prendre ses affaires et nous dirigeons vers le village.

31 mai 2018

La cousine d'Oppo et lui-même viennent nous réveiller le matin avec un grand sourire. Elle a apporté sa brosse et des fleurs à placer dans nos cheveux. Le réveil est un peu dur, la veille Oppo et Gede, son cousin, ont passé la soirée à boire du rhum sur notre terrasse. La soirée s'est soldée en bain de minuit, ce qui était très sympathique car il flottait dans l'air beaucoup d'euphorie et d'insouciance, mais le coucher fut assez tardif. Je sors mes vêtements de cérémonie achetés la veille dans une petite échoppe avec Lucile, je m'habille et je me laisse coiffer comme une poupée. L'expérience est drôle et douce. Nous sortons faire des photos tous ensemble puis montons sur les scooters, assises en amazone (les deux jambes sur un côté, comme toutes les femmes ici lorsqu'elles sont en tenue) pour aller nous promener dans un temple du coin et faire des offrandes.

L'après-midi nous sommes conviées à boire un thé et prier dans la famille d'Oppo. Je leur offre des cadeaux achetés quelques jours auparavant : des chemises pour lui, un pashmina pour sa maman, une chemise en lin blanc pour son papa, un tee-shirt pour son petit frère et une robe pour sa petite sœur. Tout le monde y a droit. Je me sens un peu comme la Mère Noël. Ses parents prennent les présents avec le sourire mais beaucoup de pudeur. Ils ne les ouvrent pas. Mince ! C'est mon moment préféré. Oppo m'explique plus tard que cela ne se fait pas et qu'il est de coutume de ne pas ouvrir les cadeaux devant les invités (pratique pour ne pas se forcer quand on est déçu !).

Une famille du village entre dans la cour et son papa se lève. La petite fille présentée est tombée la veille et ils viennent pour sa guérison. Ils apportent des offrandes, du riz et des gâteaux pour le guérisseur. Ce dernier s'installe et récite des mantras en aspergeant de l'eau sur la tête de la petite à l'aide de son plumeau de paille et clôture avec du riz sur son front. La famille repart heureuse et souriante. Je suis émue, c'est tellement différent de notre médecine française.

Nous sommes alors invitées à nous agenouiller avec Oppo devant le temple de son père, pour pouvoir recevoir sa bénédiction. Il récite à nouveau des chants et mantras, nous asperge d'eau, puis nous invite à boire et enfin placer du riz sur notre front, notre gorge et dans le creux de notre main, afin d'en manger. Même rituel qu'au temple de la cascade. Nous vivons un moment rare et authentique, tous habillés en tenues de cérémonies. Au milieu des coqs et des chiens, je capture cet instant dans mon esprit. C'est pour cela que j'aime rester longtemps dans un endroit, pour vivre la véritable culture à l'état pure en dehors des activités touristiques. Leur quotidien est tellement éloigné de nos préoccupations et agitations, je me sens apaisée, un peu comme à la maison. Je suis émerveillée de voir autant de respect, de sourires, de simplicité et de joie devant chacune des magnifiques habitations ornées d'offrandes et de décorations. La journée se termine dans la plus grande des douceurs, aux sons des percussions qui retentissent encore dans tout le village.

2 juin 2018

Bientôt le jour du départ. Je dîne avec Julien, un ami du collège que je n'avais pas vu depuis très longtemps, et sa copine. Ils sont en vacances ici et repartent presque en même temps que moi. Quand je disais que j'allais être avec plein de gens ! Nous avons réalisé que nous étions sur l'île au même moment grâce à Instagram. Nous nous racontons nos vies, parlons de nos travails, de nos envies de nous créer des cadres sur-mesure, pour ne plus nous laisser encombrer par ce qui nous pèse dans le quotidien. Étant ici, nous ne comprenons pas comment nous pouvons nous laisser submerger par la frénésie qu'il y a en Europe. Puis, je leur explique ma situation avec Michael et le fait que je cherche un appartement, Marion sursaute et me confie chercher elle aussi une colocation à Boulogne ! Ils vivent à Berlin mais elle vient deux fois par mois pour pouvoir travailler avec son associée. Improbable. En l'espace de quelques minutes, nous nous mettons d'accord sur le budget pour le loyer, je lui explique que j'ai deux bêtes à poil et tout se calibre parfaitement. Je suis complètement hallucinée et en même temps peu surprise de cette synchronicité. Moi qui ne parle que de loi de l'attraction depuis quelques semaines, il a bien fallu que j'en fasse l'expérience vive.

10 juin 2018

Je suis heureuse de m'offrir cette retraite dans les Cévennes. Depuis mon retour de Bali, j'avais un peu l'impression de perdre pied. Il a fallu atterrir de trois semaines de rêve où je me sentais si bien, reprendre contact avec la réalité et commencer à chercher un appartement. Nous regardons les annonces en ligne, il y en a une qui nous semble pas mal. Pour le reste, c'est un peu difficile aussi, Michael a trouvé son appartement et va bientôt déménager. Les choses deviennent réelles et tangibles. J'alterne toute une palette d'émotions en une journée. La colère contre moi-même d'avoir mené notre relation à l'échec, la libération de ne plus me sentir enfermée dans une situation qui ne me convenait plus, l'angoisse de savoir comment cela va se passer avec les chattes...

Organisée par mon amie Marion, avec qui je me suis formée en pratiques chamaniques, cela va me faire du bien d'être du côté des participantes pour une fois. Le lieu est magique au milieu des montagnes, dans une belle maison transformée en gîte. Je découvre les participantes les unes après les autres. J'ai l'impression de déjà les connaître. Étrange. À l'ouverture du cercle, les émotions sont bien présentes. La première journée est dédiée à un temps de méditation puis d'enseignement autour de l'amour de soi. Elle nous parle de l'équilibre de donner et de recevoir, de dépendance affective, de marchandage ou encore de gratitude. Des thèmes qui me parlent beaucoup et dont je prends la mesure aujourd'hui avec ce que je traverse. Elle nous rappelle que la femme guide le monde grâce à ses capacités réceptives et qu'il est toujours plus juste d'accepter notre puissance sans avoir besoin d'exercer notre pouvoir. Cette phrase me touche beaucoup.

Nous faisons un premier voyage au tambour. Je suis heureuse de pouvoir continuer à pratiquer depuis les formations à la FSS. J'ai fait beaucoup de guidances pour les autres ces derniers temps et je me suis complètement oubliée dans l'histoire, un peu comme toujours. Marion explique aux femmes comment voyager, partir de son point de départ et aller rencontrer son allié. Étant donné que je suis déjà à l'aise dans le voyage, elle me suggère de poser mes intentions comme je le souhaite et de faire mon truc. Je choisis de faire un premier voyage pour obtenir un état des lieux de ce qui est présent dans ma vie. Je me retrouve rapidement dans un espace très lumineux. La divinité Tara me fait un soin dans l'espace du cœur, cela me fait beaucoup de bien. Je reçois également des messages que tout est à sa place et de prendre soin de moi en priorité pour le moment.

Puis, après avoir partagé sur nos perceptions, nous effectuons un second voyage. Cette fois-ci je demande à comprendre pourquoi est-ce que je suis autant attirée et bouleversée par Bali. Attirée obsessivement oui, car sur un coup de tête le dernier jour de mon séjour, j'ai décidé de repartir deux mois là-bas cet été (j'ai déjà pris mes billets, plus possible de reculer). Complètement immature ou fou je ne sais pas.

Je m'allonge à nouveau et je repars dans l'espace du voyage : je retrouve ma baleine et soudain, je me vois enfant, orpheline sur l'île, en train de chercher mes parents... Une émotion violente emplie ma poitrine. Les larmes montent et je comprends que cette petite fille c'est moi, dans une de mes vies passées (ou parallèle, car l'espace-temps n'existe pas dans les différentes incarnations). Le voyage se termine et je remonte complètement bouleversée. Je n'arrive pas à m'arrêter de pleurer. Je partage dans le cercle ma traversée et je mets un moment à redescendre. Je comprends maintenant. Je comprends.

13 juin 2018

L'atmosphère est douce ici. Je me sens à ma place. Je n'ai pas besoin de prouver quoi que ce soit, je partage naturellement mes expériences de vie et j'apporte mon soutien lorsque j'en ai l'énergie. J'apprécie les temps de silences et d'introspection qui nous sont offerts. Certaines femmes ont de la difficulté à visualiser des choses ou à apaiser leurs émotions lorsque nous sommes en cercle. C'est très touchant de voir les parcours de chacune. Je me sens profondément humble et honorée de pouvoir vivre cette expérience dans cet espace de sororité. Le cadre et la médecine du cercle nous permettent de nous déposer en toute sécurité et je crois que c'est la première fois que je perçois autant cette horizontalité qui fait tant de bien. Chacune porte sa lumière, personne n'est au-dessus de l'autre et ça fait vraiment chaud au cœur.

Nous faisons un voyage intéressant l'après-midi. Marion nous invite à poser l'intention de rencontrer « La Grande Moi », cette version éveillée et puissante de nous-même. Je me trouve alors projeté dans un espace très lumineux et j'entrevois une femme avec des peaux de renards (cet animal est le symbole de changement et de soutien dans la tradition chamanique) et de serpents (totem de la transformation). Elle incarne un magnifique rayonnement, un charisme naturel et une capacité d'accueil à toute épreuve. Je perçois également qu'elle apporte de la simplicité et de la légèreté dans tout ce qu'elle entreprend. Elle accompagne les autres vers la lumière. J'ai beaucoup de gratitude de pouvoir me connecter à cette énergie. Nous ne sommes jamais certains d'être dans un espace de canalisation ou de projection (désir) dans le voyage, mais je ressens que ça me fait du bien, alors je me dis que c'est tout ce qui compte. Dans un second et rapide voyage, nous sommes invitées à méditer pour savoir ce dont nous avons besoin pour incarner cette « Grande Moi ». Des mots me viennent alors : expérience, patience, confiance et amour pour moi-même.

Nous terminons la journée avec une proposition intuitive et créative : créer notre sac médecine. J'en ai toujours entendu parler mais je n'en ai jamais réalisé un. Ce petit sac a pour but de devenir un objet de pouvoir, de nous offrir de la force et du soutien dans nos pratiques mais également de devenir un ancrage symbolique de notre expérience vécue ici pour la suite. Il s'agit d'abord de faire un voyage, afin de demander à son allié les éléments dont ce dernier devra être composé. Puis de récupérer les éléments dans la nature ou dans ce que nous avons à disposition (tissus, perles, etc.) et enfin de le réaliser selon la vision qui nous a été transmise. Je me retrouve à découper un tissu vert pour le cœur, utiliser un fil jaune pour la joie, dessiner un œil pour la clairvoyance, faire le sac en forme de cœur pour l'amour, etc. Je me dis que mon allié ne me facilite pas la tâche mais je m'exécute. Je me dis qu'une nouvelle fois ça semble un peu tiré par les cheveux si l'on ne croit pas à tout ça, mais l'expérience me procure tellement de bien-être que je continue de croire qu'au fond ça n'a pas de véritable importance.

14 juin 2018

Lors de ces quatre derniers jours de retraite, je ne me suis jamais autant sentie en paix et à ma place. La connexion à la nature, explorer et guérir nos blessures, vivre des rituels dans une sororité bienveillante, voyager entre les mondes au son du tambour, entendre les messages de l'univers à travers le souffle du vent au milieu des montagnes, toucher du doigt des mémoires de vies passées ou actuelles, chanter à l'unisson, accompagner les âmes à dévoiler leur puissance et dépasser leurs peurs… Je me suis sentie initiée et guide à la fois. Car au fond, je crois que c'est exactement ce que nous sommes. Des miroirs les unes pour les autres. J'ai ouvert les yeux sur mes capacités et mon rôle dans cette vie, j'ai appris à dire que j'étais puissante et que je m'aimais. C'est si difficile. Si inhabituel. Et pourtant si important. Savoir recevoir pour pouvoir donner. Donner sans oublier de recevoir.

J'ai l'impression d'avoir fait des pas de géant et traversé un sacré portail initiatique depuis quelques semaines. J'ai rempli mon cœur d'amour, j'ai inspiré et expiré pour évacuer la peine de mes sœurs, j'ai vu des visages se transformer en louves, en anges, en fées… Je suis remplie de gratitude pour ce que l'univers place sur mon chemin. Pour toute cette magie. Je ne mesure pas encore la portée de tous ces bouleversements. À mi-chemin encore entre la résilience et le déni depuis ma pseudo-rupture avec Michael. Mais une chose est sûre, c'est que je ne suis pas seule. Et je crois que pour moi, c'est la seule chose qui compte pour le moment.

20 juin 2018

Ce soir, nous clôturons notre cycle d'ateliers sur les énergies féminines. Après six mois à cheminer ensemble autour des différentes thématiques énergétiques, à travers de nombreuses explorations et partages, c'est un merveilleux moment de célébration. C'est le premier cercle de femmes que j'ai accompagné sur une si longue période.

J'ai l'impression que tant de choses se sont passées pendant ce (court) laps de temps. Pour cette dernière session, nous traversons la porte de l'intuition. Je ne sais pas trop quel exercice proposer en arrivant et puis soudain, lorsque chacune dépose sa météo intérieure à l'ouverture, le voyage au tambour apparaît comme une évidence. Malgré les peurs, les doutes et un manque de légitimité parfois présent, je ressens que le groupe est prêt et moi aussi. Je décide de me faire confiance, d'aller vers ce qui pulse dans mes tripes, de lâcher la théorie et les filets pour accompagner les femmes présentes ce soir, dans des mondes invisibles à la rencontre de leurs alliés… et d'elles-mêmes.

Nous sommes 10 dans cette pièce mais bien plus en réalité. J'utilise les procédés appris dans mes formations, ainsi que mon intuition, pour les guider à travers le voyage. Je me sers du même protocole que pour moi, je les guide mais laisse le tambour faire son travail de guide. Certaines rencontrent leur animal de pouvoir, d'autres entament un chemin de guérison ou sont encore aux prémices de leur voyage, mais chacune obtient les messages qui sont les plus justes pour elle. Je suis très émue et honorée d'assister à cet instant et je sens que je suis à ma place lorsque je me mets au service de plus grand que moi. J'ai passé un sacré cap. Je crois que ce soir n'est pas la fin d'une aventure, mais bien le début de quelque chose…

24 juin 2018

De retour de notre première retraite avec 17 merveilleuses personnes, je prends conscience de la gratitude et de l'amour que je porte dans mon cœur. Nous avons vécu une semaine incroyable avec Margaux et Sabri, qui m'accompagnent sur ce projet depuis le début. Ce séjour était à notre image à nous trois, dans la simplicité, la fluidité, la joie et l'intensité. Nous avons réussi à transmettre tout ce qui était important pour nous, sans tomber dans l'extrémisme ou la perfection. Parce qu'il est possible de faire des cours sur l'alimentation et partager une tablette de chocolat à minuit, parce que faire un apprentissage de qualité n'empêche pas de vivre des fous rires allongés sous un ciel étoilé, parce que partager des instants profonds et difficiles n'empêche pas de chanter et danser tous ensemble, parce qu'avoir peur de se transformer n'empêche pas d'expérimenter la magie des mondes subtils…

J'ai eu le bonheur d'accompagner des cercles de partage, de parler de cristaux ou encore d'aromathérapie, mais aussi et surtout d'accompagner les personnes présentes à la retraite, à travers 13 soins chamaniques au tambour et des échanges profonds. Dans les chambres, entre les pratiques, pendant les pauses. J'ai donné toute mon énergie et mon amour, c'était très intense. J'ai accompagné des processus de guérison de blessures profondes, accueilli le passage de certaines âmes ou encore transmis des visions de vies passées. Jamais je n'aurais imaginé tout cela possible. Jamais je n'aurais imaginé aimer autant de tout mon cœur des êtres si différents les uns des autres. Jamais je n'aurais imaginé que de telles transformations puissent s'opérer en si peu de temps.

7 juillet 2018

Voilà nous y sommes. Un dernier regard vers le salon, la cuisine, la chambre… Cet espace de vie que j'ai partagé avec un homme que j'aimais plus que tout. Un berceau où je me suis vue grandir et évoluer. Un canapé sur lequel j'ai passé de longues heures à pleurer et à regarder des séries pour oublier la douleur. Un fauteuil sur lequel se sont allongées mes chattes d'amour, que j'emporte avec moi. Un salon dans lequel j'ai eu de nombreux moments de fous rires mais également de grandes tristesses. Je quitte ce lieu avec des larmes sur mon visage, remplie de beaucoup de gratitude dans le cœur.

Le camion est prêt à partir. Mes amis m'attendent. Je vais faire le voyage avec les fauves à l'arrière, pour rejoindre notre nouvel appartement à Boulogne. Nous l'avons trouvé assez rapidement, grâce à une annonce en ligne sur Internet avec Marion (depuis le voyage à Bali, tout a été assez fluide). Nous ne l'avons même pas visité en « vrai » avant que je vienne signer le bail. Un vrai coup de poker. J'ai bien changé. Je n'aurais jamais pu fonctionner comme ça auparavant. Tout va très vite et je ne sais plus trop si j'ai pris les bonnes décisions mais je crois qu'il est trop tard pour faire machine arrière. Michael, lui, a emménagé dans le sien également pendant que j'étais à Bali, le retour n'en a été que plus difficile, mais nous savons tous les deux que c'était certainement la meilleure décision.

24 juillet 2018

Dans une semaine, je serai à nouveau dans l'avion pour Bali. Cette fois-ci, je pars deux mois. Deux mois pour travailler différemment. Deux mois pour me régénérer. Deux mois pour me recentrer sur moi. Je n'ai jamais eu l'habitude de lâcher autant prise sur ce qui peut ou doit se passer. J'ai souvent été dans l'hyper-contrôle, à tout gérer au millimètre près et paniquer, au moindre grain de sable dans une machine bien huilée. Après un travail sur moi, de nombreuses sorties de zone de confort et explorations ces derniers mois, j'ai évolué de façon assez impressionnante, à tel point que parfois je ne me reconnais même plus. Je suis quand même assez fière de ne plus me laisser diriger par mes peurs et de suivre la voie de mon cœur. Malgré tout, je suis consciente de sentiments d'insécurité toujours présents au fond de moi et je sais que je dois trouver mon équilibre en continuant à faire tomber les frontières et les limitations.

Je vais continuer les coachings et les guidances à distance, tout en prenant le temps de ralentir et de retrouver de l'énergie, lorsque Paris sait si bien m'épuiser. Je suis en joie de cette nouvelle aventure, malgré les petites difficultés à gérer : la distance avec mes proches, mes chats (j'ai énormément de chance, une amie m'a parlé de sa femme de ménage qui peut venir s'en occuper lorsque je ne suis pas là en plus de ma colocataire), les questions matérielles… Mais tout semble s'être bien goupillé. « *The Universe has your back* » sur mon fond d'écran, pour me rappeler que tout ira bien et que je suis soutenue. Tout le monde me regarde un peu comme une illuminée avec cette décision de repartir deux mois sans vraiment de plan, mais je ne saurais pas expliquer pourquoi, je me devais d'y retourner. Ce n'est pas rationnel, c'est un appel. Peut-être que je comprendrai plus tard. Nous verrons bien.

9

–

La Terre a tremblé

3 août 2018

Cette première journée est beaucoup plus calme que mon arrivée hier, je me sens déjà chez moi. Hier j'étais décontenancée par la *guesthouse*, elle était beaucoup moins accueillante que ce que nous avions vu sur le site. J'ai eu froid par manque de couverture et je n'ai pas pu prendre de bain car il n'y avait pas de bouchon. Je suis souvent perturbée quand j'arrive dans un nouveau lieu, je devrais être habituée à force et mieux savoir comment me gérer. C'est fou comme l'état de fatigue et nos perceptions peuvent changer notre point de vue. Je me sens encore très fatiguée mais j'accepte de me poser lorsque c'est nécessaire. La guidance avec une cliente qui était prévue aujourd'hui n'a pas été confirmée je pense que l'univers m'a filé un coup de pouce. Ça me fait du bien de retrouver Anne-Claire même si ça me confronte à tout ce que j'aimerais développer et le fait que je doive ralentir, parce qu'elle comme moi, nous débordons d'idées pour créer constamment des projets !

Nous louons un scooter pour sortir déjeuner. Ici, le trafic, c'est l'enfer ! Je n'ai jamais vu autant de monde circuler à Bali. On nous avait prévenues que sur cette partie au sud-ouest de l'île c'était moins agréable qu'Ubud, mais là... Je reste quand maître de moi-même, j'arrive à gérer la conduite avec Anne-Claire à l'arrière et je monte même sur les trottoirs lorsque nécessaire (une vraie pilote !). Il y a une époque où je serais peut-être restée prostrée derrière une voiture à râler que j'avais faim (oui car à la base nous allions déjeuner toutes guillerettes). Nous allons alors vers la plage avec une route un peu plus agréable, c'est assez chouette de circuler au milieu des palmiers. Le coucher de soleil nous offre un beau spectacle et je ressens enfin l'apaisement et la gratitude que je suis revenue chercher. Le retour est également calme au début puis je galère à nouveau dans notre rue avec plein de bus en face, mais comme le midi, je reste zen et je gère pour que nous rentrions entières.

Le soir nous allons dans le restaurant à l'hôtel en face, je crois qu'on a trouvé notre nouveau spot vu que notre *guesthouse* ne sert pas à manger que circuler n'est pas un plaisir. J'ai une discussion intéressante avec Anne-Claire sur certaines de mes réactions. Je lui explique que ça me révolte que tout le monde se prétende soigneur énergétique et que je trouve que ça peut même être dangereux. On parle de quelques personnes avec qui j'ai du mal à être en lien et je crois que la colère que je ressens est liée au fait qu'elles se présentent « comme moi » (accompagnantes spirituelles, facilitatrices de cercles de femmes, praticiennes chamaniques…) alors qu'elles sont foncièrement différentes.

— Tu sais chacune est différente, me dit Anne-Claire. Vous avez toutes quelque chose à apporter. Nous avons tous besoin de retrouver notre puissance.

— Oui, tu as raison. Ça vient toucher ma blessure de reconnaissance qui me force à toujours me démarquer des autres, par peur de disparaître.

— Tu as déjà tellement fait ces dernières années, tu ne te rends pas compte.

— J'ai l'impression que ce n'est jamais assez.

— Ça va s'apaiser quand tu te sentiras en sécurité financièrement, tu verras.

Il va falloir que je transmute ce truc si je veux continuer à accompagner de façon intègre autour de moi. Et je sais qu'elle a raison pour l'insécurité, c'est ce qui me fait sortir de mon centre et de mon cœur en général. Je suis vraiment heureuse d'avoir des amies comme elle pour me soutenir et m'éclairer.

Je ne comprends pas pourquoi je suis si agitée. J'ai froid alors je me décide à dormir habillée. Je me couche deux heures après avoir terminé le livre de Jonathan Lehmann *Journal d'un touriste du bonheur* qui me donne très fortement envie d'aller en Inde et de vivre toutes ces expériences dans les ashrams. Je me dis aussi que j'ai bien fait de commencer ce journal, peut-être que moi aussi un jour je serai publiée, ce serait extraordinaire. Être venue ici sur un coup de tête fait remonter de vieilles peurs : de ne pas avoir de confort, de me sentir seule, d'être démunie… Je ne sais pas pourquoi mais des angoisses apparaissent, j'ai un sommeil agité et j'ai mal un peu partout.

Toujours pas d'argent sur un de mes comptes, j'essaie d'avoir confiance et de me dire que ça va tomber comme me suggère une des cartes que j'ai tirée avant de me mettre au lit. La vie me met clairement à l'épreuve. « Ah, tu as voulu tester ton autonomie ? Eh bien voilà ! » Michael me manque, nous nous sommes revus quelques soirées, avant que je parte. C'est un peu étrange, nous nous aimons toujours mais je sens que chacun de nous est désormais sur ses gardes, comme si nous savions au fond de nous que c'est peine perdue. Je gère beaucoup mieux la distance qu'avant, même si j'ai toujours la crainte qu'il m'oublie, vu qu'il reste un de mes seuls ancrages dans ma vie d'avant...

4 août 2018

Nous décidons d'aller nous faire masser dans le spa d'en face à l'hôtel. Le massage est beaucoup trop violent pour moi (j'ai besoin de douceur), première frustration. Décidément, la vie me met à l'épreuve depuis mon arrivée (bon j'avoue ça reste un faux problème). Je rentre dans ma chambre, je vais faire un tour aux toilettes et au moment de tirer la chasse d'eau, celles-ci se bouchent. Non mais c'est pas possible (je ris jaune) ! Bon je vais voir comment gérer ça. Je vais ensuite chercher mon parfum pour essayer de créer une ambiance plus accueillante dans ma chambre et me créer mon harmonie, mais je ne fais pas attention et au moment d'appuyer sur le bouchon je m'en pulvérise dans les yeux. Boulet.

C'est dingue, le fait d'avoir froid, de savoir que peut-être je peux avoir froid, que je n'ai qu'une paire de chaussettes et un pull me crée des angoisses (ben oui, en venant à Bali je n'imaginais pas avoir ce genre de souci !). Je flippe par anticipation. Et je crois que j'ai toujours fonctionné comme ça. Déjà au centre Kadampa je me rappelle, c'est un peu ce qu'il s'était passé. C'est n'importe quoi, je ressens mon cœur qui se serre.

Je pense déjà Ubud alors que ce n'est que dans 11 jours. C'est dingue cette peur de ressentir des sensations désagréables. Je peux avoir froid et ne pas beaucoup dormir, *so what* ? Comment savoir si j'aurais vraiment froid ? Et puis je peux bien acheter un pull et des chaussettes c'est pas la fin du monde. La petite occidentale fait son caca nerveux. C'est risible. Et puis d'où ça vient ce truc ? Peut-être maman qui me disait toujours « Tu vas avoir froid » ou « Tu vas être malade » pour me protéger, à me mettre des peurs dans la tête alors qu'au final on n'en sait rien. Bon allez LÂCHE PRISE.

5 août 2018

La nuit a été moins chaotique que prévu. J'ai pris un bain brûlant avant de dormir, je me suis donc couchée en ayant bien chaud et ça c'était top. Mais je me suis réveillée une heure après pour faire pipi, puis une heure après à cause d'un moustique, je me suis encore tordue dans tous les sens, puis j'ai pris un coussin dans mes bras avant de m'endormir, je pense que ça m'a aidé. Je voulais me lever tôt pour travailler et finalement je me suis levée à 10h40 (pas vraiment une heure matinale). J'en avais certainement besoin. Une cliente insiste pour que je l'accompagne sur certaines choses entre les séances, je me sens un peu envahie. J'apprends à poser mes limites et je lui réponds cordialement. J'ai aussi deux guidances à faire aujourd'hui, une en retard il faut que je la fasse en début de journée sinon c'est foutu. Je crois que nous allons aller travailler dans un grand *resort* pas loin pour changer un peu d'ambiance.

Dans l'immense restaurant lumineux, nous commandons toutes les deux un jus vert. Il est déjà la fin d'après-midi, le soleil va se coucher bientôt. Je suis en train de rédiger le compte-rendu de ma guidance lorsque je sens quelque chose d'étrange dans mon corps. Puis mon verre se met à bouger. Mon cœur s'accélère. C'est quoi ce bordel ?! La secousse s'intensifie et c'est tout le décor qui se met à bouger. Je suis pétrifiée de peur. Anne-Claire me regarde et me fait signe de plonger sous la table avec elle. Nous sommes dans les bras l'une de l'autre, elle chante un mantra. Je me dis que c'est la fin. Je vois ma vie défiler sous mes yeux. La secousse est si longue, infinie. Le temps semble s'être arrêté.

Le tremblement se calme et nous reprenons nos esprits. Nous payons en vitesse et décidons de sortir. Les gens sont devant l'hôtel un peu ahuris sans trop savoir quoi faire. D'autres (les Japonais et les Chinois notamment, sûrement habitués) s'en fichent un peu et continuent leur vie.

Les Balinais n'ont pas l'air eux très à l'aise, ils ne savent pas trop comment réagir. Nous choisissons de rentrer à la *guest-house*. Je me sens complètement bizarre. Comme si j'étais ivre et que j'avais du mal à marcher. Nous arrivons dans le jardin et croisons la propriétaire devant la télé. Nous écrivons à Franck, un ami qui se trouve à Bali mais sur un autre endroit de l'île. Il essaie de nous rassurer en nous donnant les infos dont il dispose.

Une seconde réplique. Des rumeurs de tsunamis aux informations. La panique en moi. Que faire ? Il n'y a rien à faire. Je reste en pleurs dans le jardin. Anne-Claire se maîtrise mieux que moi et me propose de tapoter (technique EFT assez efficace). Comment contrôler ? On ne peut pas. Seulement attendre demain en essayant de calmer la peur. Pour aller dans les terres me sentir plus en sécurité. J'appelle maman en continuant de sécher mes larmes, ils n'ont pas l'air de se rendre compte de la situation, elle tente de me réconforter. Inutile. Je sais pourquoi je suis revenue ici si tôt, dans le Sud d'abord, au bord de l'océan. Pour affronter ma peur. Pour affronter l'incontrôlable. Mais putain, que c'est dur ! Le ventre vide et noué, j'attends le lever du jour pour rejoindre les terres… Parce que ce qui m'effraie le plus c'est le tsunami, cette peur de me retrouver coincée, de me noyer, ce n'est pas possible. J'en cauchemarde toute la nuit. Je ne dors pas. Je ne sais plus comment gérer tout ce que je ressens. Je comprendrais certainement plus tard pourquoi je vis tout ça…

6 août 2018

Nous arrivons enfin à Ubud, je me sens déjà mieux. Nous avons décidé de quitter le bord d'océan plus tôt que prévu étant donné les circonstances. Je ne pouvais pas rester là-bas, j'étais complètement angoissée à l'idée d'un éventuel tsunami. La voiture m'empêche de ressentir toutes les secousses, ça me laisse un peu de répit ? Parce que depuis le premier tremblement et les répliques qui ont suivi, j'ai vraiment l'impression de capter la moindre vibration à l'extérieur. Je suis apaisée d'arriver en terrain connu mais très vite en retrouvant Peggy au café Clear (que je n'avais pas vue depuis mai dernier), je sens toujours que les mouvements sont là et ne me quittent pas. J'ai la sensation de sentir toutes les vibrations de la terre. Peggy aussi, apparemment, le vit un peu de façon similaire. Anne-Claire, moins (ou alors le choisit). Moi je perçois tout, je suis sonnée, épuisée. Nous allons dîner dans un de nos restaurants favoris, mais la peur est toujours logée dans mon ventre et je n'avale quasiment rien.

Je redoute la prochaine nuit, seule. Car Anne-Claire est sept numéros plus loin dans la rue pour deux nuits, il n'y avait plus de place dans ma *guesthouse*. Forcément. La peur a laissé place à la résilience. Je suis au rez-de-chaussée, avec un accès rapide vers la sortie, mon sac à dos près de la porte. Un délire. Je me couche à 22 heures en espérant que cela aille. Mais ce n'est pas le cas. Je sens encore la Terre vibrer de toute sa puissance. Toutes les 30 minutes, je perçois une secousse, j'ai l'impression d'être vraiment folle. Les yeux rivés sur mon téléphone, je consulte mon application (j'apprends qu'il y a plus de 300 secousses sur la planète en 48 heures et que les plus fortes se produisent toutes les 30 minutes. Génial…). Je suis un sonar humain. Je capte toutes les vibrations, les miennes incluses (je sens mon cœur battre dans tous mes membres). Elles sont encore plus fortes lorsque je parle ou bouge. C'est dingue !

À chaque mouvement, c'est la panique. Je me rue sur ma terrasse le cœur battant. Dehors, c'est le déluge et il pleut des cordes. Atmosphère Koh-Lanta. Je laisse les heures défiler, résignée. J'appelle Michael en pleurs, qui malgré notre situation un peu bancale prend le temps de m'écouter, puis maman. Je rassure les gens et j'essaie de me rassurer moi-même. Je prie mes anges gardiens, roulée en boule. Je sens une main se poser sur ma tête puis un son aigu dans mon oreille. Ben voyons. Je ne suis pas seule, d'accord j'ai compris. Je suis guidée. OK, mais quand est-ce que ça s'arrête ?!

Je serre tellement les dents que j'en ai mal à la mâchoire. Je titube pour me rendre faire pipi à la salle de bains, car je n'ai plus aucun ancrage. Je suis un zombie car je ne dors presque pas depuis deux jours. Je ne sais pas combien de temps je vais tenir dans cet état. Et en même temps je suis fière de moi, de me laisser porter malgré mes peurs (bon, en même temps, pas vraiment le choix). De reprendre le dessus tant bien que mal. De me laisser la possibilité de rentrer ou changer de pays. Je m'adapte et je suis la vague. Malgré ce creux dans mon estomac qui se creuse toujours, j'ai espoir que cela se calme pour pouvoir encaisser la leçon et passer à autre chose. Demain, c'est le portail du Lion censé amener de la lumière. Nous verrons.

8 août 2018

Le Soleil est revenu, le portail du Lion (8/8/18) n'était peut-être pas un mythe. Cette date symbolique marque un portail énergétique et dans de nombreux courants spirituels, il permettrait de manifester nos intentions. J'ai réussi à dormir entièrement… les secousses se sont calmées, tout a changé. Le calme est revenu à l'extérieur et à l'intérieur. Ça fait un bien fou. Pouvoir dormir a un peu remis les pendules à l'heure. Le traumatisme est toujours là mais j'apprends à vivre avec. Le sourire est revenu sur mon visage, je reprends espoir et je commence à avoir un peu de recul sur ce qui s'est passé. Je vais petit-déjeuner avec Peggy à Zest, où les fameux pancakes font du bien. Je me sens encore un peu sur le qui-vive mais c'est déjà mieux. Je regarde les lampadaires et appliques régulièrement dans l'espace lorsque j'ai un coup de flip, pour me valider que rien ne bouge. On a de super discussions sur l'humanité et la compassion, je lui donne mon ressenti sur ce que je capte et des larmes finissent par couler le long de ses joues.

— J'ai quand même envie de faire un truc pour mon anniversaire, me dit-elle.

— On pourrait aller à Junglefish, apparemment c'est magnifique, un peu excentré d'Ubud, en mode ambiance piscine au milieu de la jungle avec de la musique lounge.

— Ah oui, carrément, ça nous ferait du bien. On l'a mérité !

Nous arrivons les premières, suivies d'Anne-Claire qui nous rejoint à moto taxi. Un canapé se libère après quelques minutes d'attente et j'arrive à manger, l'appétit revient. Nous croisons des Parisiens en vacances, ils sont dans le domaine de la finance. On rit de certaines coïncidences et de la façon dont on les émerveille avec nos modes de vie nomades, qui ne se préoccupent que du jour présent. On remarque assez facilement les jeux d'ego qui se mettent en place, lorsque ces derniers veulent nous payer une tournée ou parlent de leur réussite dans leur travail, ainsi qu'un manque de tact parfois dans leur discours, mais je me surprends à juger de moins en moins, comme si j'avais envie de simplement leur montrer qu'une autre voie est possible plutôt que de leur faire la leçon.

La nuit tombe et l'angoisse revient un peu. Nous allons à Kismet, un restaurant cosy super sympa, je me sens en sécurité et je me commande une portion de frites. Mes règles sont sur le point d'arriver… Encore une épreuve à gérer. Et les douleurs augmentent bien comme il faut… Allez, tu as vécu un tremblement de terre, t'es plus à ça près. Nous savourons la soirée, Peggy souffle ses bougies et nous passons le reste du dîner à rire. Je vais me coucher, presque calme à l'intérieur, prête à récupérer de nouveau quelques heures de sommeil malgré les douleurs aux lombaires et dans le bas de mon ventre.

9 août 2018

Ce matin avec les filles, nous nous rendons chez Arnaud, un guérisseur conseillé par un ami dans le milieu « spirituel ». De nature assez sceptique lorsque je ne connais pas, j'aime beaucoup son énergie au premier abord. Un peu brut de pomme dans sa façon de voir la vie mais tout de même bienveillant et avec une présence vraiment ancrée. Nous le retrouvons chez lui dans les hauteurs d'Ubud, au milieu des rizières et des palmiers. Après de rapides échanges sur la situation et ce qu'il pressent pour les années à venir (ça ne me rassure pas trop pour le coup), il nous propose de nous faire un soin à chacune. Anne-Claire se lance en premier, tout se passe bien. Puis Peggy se rend à son tour sur la table présente dans la pièce de travail de la maison.

Alors que je me prépare pour mon tour, une nouvelle secousse ! Peggy est encore en train d'intégrer le sien sur la table des soins. Arnaud lui demande tout de même de sortir avec nous sur la terrasse « au cas où ». Tout mon corps entre en réaction traumatique. Je m'effondre en larmes, je dis que je n'en peux plus de tout ressentir comme ça, d'être tout le temps sur le qui-vive… Tout sort, le gros chagrin de petite fille. Arnaud reste calme, me rassure avec quelques mots, mais il nous prévient également que ce n'est pas le dernier. Et pas qu'à Bali… Les ceintures de feu s'éveillent et le monde reprend sa place. Pas du tout aidant cette histoire.

Bon, le soin tombe au bon moment… Je m'allonge sur la table et je me laisse faire, en confiance. Arnaud travaille dans les corps subtils, il a à peine besoin de poser ses mains sur moi. Il travaille au niveau de mes jambes, de ma tête et de mon troisième œil. Il me dit d'arrêter ce besoin de reconnaissance. De me détacher du regard de mes parents. D'accepter que je sois une guerrière (hum). Il me rappelle également que le contrôle est une illusion. Il me remet davantage « dans mon corps » pour que je me sente plus ancrée. Ça fonctionne plutôt bien, en me levant je le sens. Nous sommes restées plus de trois heures mais c'était vraiment le bon moment. Je me sens davantage en sécurité à l'intérieur de moi, même si je souffre de mes règles et de différentes douleurs qui me traversent. Je suis moins sur le qui-vive, plus dans l'acceptation de ce qui se passe…

10 août 2018

Au réveil, je tire une carte de mon tarot Osho : la Vacuité. Il est écrit sur le petit livret « Le vide peut appeler la confusion et être un passage effrayant. Il n'y a plus rien à quoi s'accrocher, plus de direction : toute trace de possibilité semble être effacée. Néanmoins, le vide représente l'état de potentialité pure qui précède la création de l'univers. Il ne reste qu'à vous détendre et à vous plonger dans cette vacuité. Bientôt, quelque chose de sacré naîtra… ». Bon et bien je prends.

Apparemment il y a eu une secousse cette nuit et je ne l'ai pas senti. J'ai tout de même mal partout, au dos, à la mâchoire, aux épaules, tout mon corps est encore super tendu. Mais je me sens moins sur le qui-vive, tout de même. Je me loue un scooter, moi qui aime tant conduire en temps normal ici, puis je me rends à Zest me faire un petit déjeuner et travailler. Je me rends compte que j'intègre petit à petit que les choses ne se contrôlent vraiment pas, je commence même à ressentir de la gratitude d'avoir traversé cette épreuve car je sais que je serai plus forte après ça.

L'après-midi, je me rends à un cours de Yin avec Peggy à Yoga Barn, ça me fait un bien fou de revenir dans mon corps. Je me demande toujours pourquoi je ne fais pas ça plus souvent, j'ai vraiment envie de m'y remettre. Nous allons ensuite manger un bout, le stress revient par vagues, mais je le contiens. Je rentre regarder une série, je suis assez détendue en début de soirée, puis les angoisses me rattrapent vers 1 heure. J'ai le le cœur serré, la gorge nouée, comme l'impression de ne plus pouvoir respirer. Je fais des espèces de crises d'angoisse bizarres, je n'ai jamais fait ça de ma vie. Je ne sais pas si c'est le fait d'avoir reconnecté à des choses au yoga, ou bien le contrecoup du soin d'Arnaud ou encore le fait que la Terre s'est remise à bouger (j'ai senti des secousses en fin de journée et une à minuit). J'essaie de me répéter que ces nouvelles capacités (génial le super-pouvoir…) me permettent de me relier à la Terre et que je vais pouvoir m'en servir pour faire quelque chose de plus grand, mais mon corps met plus de temps à l'intégrer je crois…

11 août 2018

Je petit-déjeune avec Peggy puis je me rends à Yoga Barn (c'est un peu notre QG en ce moment) faire la formation de quatre heures avec Swami cet après-midi. Swami propose de nombreux ateliers, j'ai déjà testé ses bains sonores et j'ai complètement été envoûtée à chaque fois. Cette fois-ci, je vais apprendre à utiliser les bols de cristaux pour faire des soins, ça devrait être chouette et me faire penser à autre chose. Arnaud m'accompagne à distance également, je lui ai écrit hier soir pendant ma phase de panique, ça me rassure un peu. L'apprentissage est très sympathique. Il me montre comment placer les différents bols par chakras et comment les utiliser. Il me place d'abord sur la table pour faire le soin afin que je le vive de l'intérieur. C'est agréable, mais ça me perturbe un peu, car les fréquences me replacent dans un état d'hypersensibilité et de vigilance.

Mais le faire ensuite sur Anne-Claire (qui s'est gentiment portée volontaire) me permet de me concentrer à nouveau sur quelque chose et me fait beaucoup de bien.

Au moment de partir, Swami me demande pourquoi j'ai peur. Il me raconte une expérience où il a failli mourir dans un avion, qu'il a appris à rire de la mort et à être à l'aise avec. Il me dit que si je suis OK avec le fait que ma vie en vienne à se terminer demain, alors je n'aurais plus peur de tout ça. J'intègre et je cogite. Je le remercie chaleureusement et je repars avec mon petit diplôme en poche. Nous allons ensuite au restaurant Sayuri, pour manger et là-bas je me sens à nouveau super bien. Nous parlons projets, business... plein de thématiques inspirantes sur fond de musique très agréable. Je me sens en sécurité.

De retour dans ma chambre, je ressens à nouveau une sensation de stress. C'est vraiment les montagnes russes ce séjour. Je crois que c'est le fait de me retrouver seule ou le simple rappel de cette sensation d'angoisse avant de m'endormir qui me tend (encore de la projection). À chaque fois, ce sont les anticipations qui me bouffent, c'est quand même fou. Il faut que je comprenne que seul l'instant présent compte. Que si je suis ici, ce n'est pas pour rien. Tout est aligné et je suis guidée. Je suis dans une étape initiatique qui va me permettre de savoir comment être seule face à moi-même, de m'aimer et de me sentir en sécurité à chaque instant. J'ai de la chance d'être à Bali, de vivre tout ça avec mes amies, de grandir. Je vais devenir une guerrière, transmettre tout ce que j'ai appris. Et la seule chose qui compte c'est ça. Le reste n'est que broutilles du mental. Il est temps que j'incarne tout ce dont je parle ! (Oui, je fais de mon mieux pour l'auto-persuasion…)

J'ai l'impression que ma vulnérabilité peut enfin s'exprimer, que tout passe par mon cœur, que le fait de ne plus bloquer me fait suffoquer mais me permet aussi de me connecter enfin à mes émotions et ce qui se passe en moi. Je ne sais pas si c'est ça les crises de panique, mais c'est certainement les premières fois que je lâche complètement les barrières, le contrôle et mon corps semble réagir fortement à ça. Rien que de m'en rendre compte, quelque chose s'apaise en moi. Pas besoin d'une retraite dans un *ashram* ou un monastère hein ? Viens te faire secouer à Bali, tu verras !

12 août 2018

Je commence à m'habituer à ce qu'il s'est passé. Nous nous retrouvons pour le petit déjeuner avec Peggy et avançons bien sur notre projet : créer un programme pour vivre ses règles au naturel et en douceur. La nouvelle peur du jour est de voir mes comptes presque vides et Pôle emploi qui ne m'a toujours pas payée. Sur le coup, je panique bien comme il faut. Je stresse en me faisant mille scénarios dans ma tête et puis nous décidons d'aller nous faire masser. Je *brainstorme* toute seule pendant le soin, c'est toujours quand je me fais masser que toutes mes idées me viennent. Le projet que nous sommes en train de finaliser avec Anne-Claire m'est d'ailleurs apparu comme ça en mai dernier : *De la Peur au Cœur, 6 semaines pour traverser ses émotions*.

Nous allons ensuite dîner, je ressens toujours tout, les voitures à l'extérieur qui circulent, les pas dans les restaurants, c'est très perturbant. Je sens même le mouvement de mes battements de cœur entre mes fesses et la chaise ! Non mais n'importe quoi ! Je finis par m'habituer et lâcher prise à force. Ce soir, nous nous rendons à un *kirtan* pour chanter des mantras. J'adore ça d'habitude, ça devrait me faire grand bien. Erreur. Supplice car tout tremble et bouge dans la grande salle. De plus, lorsque ça chante fort, je dois me boucher les oreilles tellement c'est trop. Je ne sais pas combien de temps va durer cette hypersensibilité mais ce n'est vraiment pas facile. Mon oreille interne a vraiment dû être affectée par les secousses, ce n'est pas possible que je réagisse comme ça.

14 août 2018

Comme les cartes de mes oracles le disaient hier, il s'est passé un changement à l'intérieur de moi, les mouvements sont encore très présents mais j'ai appris à danser avec eux. Je retrouve ma capacité à donner de bons conseils lors de mon petit déjeuner avec mon amie Lua qui manque de confiance en elle pour oser se lancer, c'est un très chouette moment. Elle danse et incarne le féminin dans toute sa sensualité, je suis très admirative de son parcours, à voyager depuis plus de dix ans. Puis je la quitte pour aller travailler une partie de l'après-midi sur mon ebook (oui encore un) et le fait de me sentir de nouveau en contrôle de quelque chose me fait beaucoup de bien. J'arrive de plus en plus à ne pas me préoccuper des gens en France, que je dois rassurer ou qui me demandent des nouvelles, je me centre au maximum sur moi.

Cette fin de journée, nous nous rendons à Sebatu pour nettoyer toutes les énergies de peur et d'angoisse accumulées ces derniers jours. Je suis heureuse de faire découvrir à mes amies Anne-Claire et Lua ce lieu magique dans lequel elles ne se sont jamais rendues. Comme la dernière fois que j'y suis allée, nous achetons les offrandes et descendons les centaines de marches d'escaliers. Les filles sont enchantées, Lua filme des plans pour faire une vidéo pour sa chaine YouTube. Nous prions un moment et le fait de me reconnecter à l'eau me fait vraiment beaucoup de bien, comme un symbole de renaissance et de légèreté. Lorsque nous sommes toutes les trois sous la cascade, nous crions et rions de bon cœur. On avait toutes besoin de se lâcher après ces derniers jours de tumulte.

15 août 2018

Toujours pas de virement de Pôle emploi, ça commence à devenir un peu lourd, je viens encore de me virer de l'argent de mes économies car mes comptes sont presque à sec et pour me payer des ateliers et à manger, j'en ai besoin. J'essaie de rester zen et gérer au jour le jour. C'est une nouvelle épreuve et je sais que c'est une question de temps pour que les choses rentrent dans l'ordre. De plus, Anne-Claire a passé plusieurs jours à se faire bouffer par des punaises de lit dans sa *guesthouse* et quand je vois dans quel état elle est je me dis qu'il y a plus important dans la vie. Elle a des centaines de piqûres sur tout le corps, elle se démange frénétiquement partout. Tu parles d'une tuile. Ils doivent la changer de chambre et elle va devoir laver toutes ses affaires à 60 ° pour être sûre de les anéantir. Encore une aventure…

Aujourd'hui, j'ai envie de me mettre dans une bonne dynamique pour me sentir bien, je vais aller à Yoga Barn faire un cours de Yoga, puis travailler un peu, découvrir le *Breathwork Shamanic* dont les filles m'ont tant parlé, puis encore travailler un peu avant d'aller à un *Sound Healing* ce soir. Gros programme. Je sens que Michael garde toujours une sorte de distance. Une part de moi a peur qu'il m'oublie ou passe à autre chose et une autre part sait que nous avons beaucoup d'amour l'un pour l'autre quoiqu'il arrive, que la seule chose à faire et de laisser passer le temps en prenant soin de moi pour le moment. Je prends un peu de distance aussi avec papa et maman. Je sais que c'est plus sain pour construire ma sécurité intérieure même si c'est un peu étrange aussi. À croire que ça doit être ça de devenir adulte.

Je me rends vers 15 heures à l'atelier de *Shamanic Breathwork*. Nous sommes au moins une trentaine dans la salle. Je suis méga-flippée. On m'a dit tellement de choses sur cette pratique, j'ai super peur d'avoir des réactions ou émotions incontrôlées. Levi, l'instructeur, nous invite à prendre une carte, à nous installer et attendre les instructions. Je tire la Transformation (ben, tiens). Il nous explique que le concept de la respiration est assez simple : inspirer par le nez, expirer par la bouche, en supprimant le temps de pause entre les deux et en créant des cycles profonds. Bon, ça n'a pas l'air sorcier. Il dit que la musique va soutenir le travail et que lui et ses assistants seront là pour nous accompagner.

Je m'allonge, le bandeau sur les yeux et j'attends. Toujours un peu sur le qui-vive mais j'arrive à me détendre lorsque le tambour retentit dans la salle. Je me laisse porter par la méditation puis lorsque la musique se lance, je commence la respiration. Je lâche les attentes et j'accepte de laisser faire les choses. Une sensation de picotement se déclenche dans mes jambes qui se retrouvent crampées puis mes bras, mes mains… Tout est en feu ! Je commence à me sentir super puissante, c'est complètement fou. Je vois un serpent, puis je deviens le serpent, tout mon corps se met à onduler sur le sol, je sens l'énergie se libérer dans mes deux chakras inférieurs. C'est dingue, comme si j'accouchais d'un truc. Au niveau de mon cœur j'ai envie de pleurer, mais de joie, de gratitude. Je comprends que je peux utiliser cette énergie puissante pour soigner, en passant par l'énergie de ce cœur. Je sens des ailes dans mon dos, comme si j'étais un ange qui atteignait le cosmos. Waouh. Sans drogue tout ça.

L'expérience se termine et le calme revient dans l'espace. Ce serpent. Je dois aller au Pérou. Je comprends maintenant. Je dois y aller. C'est là-bas que je vais me réconcilier avec la Terre et avec moi-même. Je suis complètement *out*. Les crampes dans mes mains mettent un moment à disparaître. On vient m'inviter à m'asseoir car je suis encore hébétée sur le sol. Levi nous invite à rencontrer quelqu'un autour de nous pour nous ancrer à nouveau en nous regardant dans les yeux puis en échangeant sur notre expérience. Je me retrouve avec un jeune homme aux origines asiatiques, accueillant, et un peu sonné lui aussi. Je n'arrive pas à parler. Je plane.

Je sors de la salle et je vois les flyers de Levi sur le comptoir. Il y a un workshop d'une journée, ce week-end. Je m'inscris sans réfléchir. Rien à faire que mon compte soit à moitié vide, je sais que je dois faire quelque chose de tout ça. Il vient de se passer quelque chose, je sais que le *Breathwork* va faire partie de ma vie. Je monte sur mon scooter, je roule à 2 à l'heure pour rejoindre Sayuri. Je commande une soupe miso et je m'affale dans un pouf. Je crois que je mets bien une heure à redescendre sur terre. Tiens la Terre, je l'avais oubliée...

16 août 2018

La journée est éprouvante, je participe à un cours de yoga ce matin donné par Devi, une enseignante balinaise, avec qui s'est formée Peggy. Son *shala* est au milieu des rizières et des fleurs, dans le quartier paisible de Penestanan. Elle nous fait faire les salutations au soleil, une sorte de perfectionnement avec beaucoup de travail au niveau des bras et de la technique. Je ressens beaucoup de colère monter lorsque je sens encore mes bras faibles (envers mon corps mais aussi la prof je dois avouer). Ce foutu syndrome est encore bien présent dans mon corps. Il faut vraiment que je prenne le temps de redonner de la force à mon organisme. J'arrive à respirer et à tenir bon. Mais mes bras en prennent un sacré coup et je le sens tout le reste de la journée.

Nous enchaînons ensuite sur un déjeuner avec les filles pour parler business et travail. C'est toujours motivant, enrichissant et en même temps ça me rappelle que je suis toujours à sec sur mon compte. Mon cerveau alterne entre « Bouge-toi pour créer quelque chose » et « Fais confiance ». Allez, ça va revenir ! Je termine la journée par un peu de gestion de mes mails, je vais me faire masser dans un super spa pour me faire du bien (oui même « pauvre » ici c'est possible vu le prix) et je poursuis avec une session de coaching. Me sentir utile me fait du bien et me rebooste. Je commande mon *gado gado* à emporter (un plat typique balinais avec des légumes sautés, du tofu et de la sauce cacahuète), je me réfugie dans mon bungalow, je regarde quelques séries et au dodo. Je sais désormais que je rentre le 10 septembre, papa a changé les billets. Je ne me voyais plus rester aussi longtemps ici avec les tremblements fréquents. J'avais besoin d'une porte de sortie.

17 août 8h20

La journée est pluvieuse, je me rends à ma formation pour apprendre à accompagner la guérison avec les cristaux. Devi, l'enseignante de Peggy, l'enseigne et le fait de l'avoir rencontrée l'autre jour m'a donné envie d'aller plus loin. Je m'y connais déjà bien en pierres avec le livre que j'ai écrit sur le sujet, mais pouvoir vraiment utiliser le principe des chakras et l'énergétique pour accompagner en soins m'intéresse. J'arrive au *shala*, on m'apporte mon petit déjeuner en retard, j'ai à peine cinq minutes pour l'avaler en vitesse, je suis un peu tendue mais je suis fière de ne plus me laisser aller à la colère.

La journée est très intéressante, je complète ce que je connais dans les premiers temps d'enseignement puis nous faisons différentes pratiques avec le pendule et nous nous entraînons à repérer si les chakras sont équilibrés ou non. À midi, Devi calcule la numérologie de mon prénom et me dit que j'aurais beaucoup de succès et de réussite, que je serais soutenue par des hommes et que je devais transmettre. Elle m'explique que mon pseudo « Bonheur au naturel » que j'utilise pour le blog, résonne également avec la notion de paix et succès.

J'apprends également en fin de journée que le point d'acupression du chakra coronal se trouve au bout du gros orteil… Drôle de coïncidence étant donné que c'est exactement là que j'ai perdu mon ongle avant de partir à Bali, lorsque mon amie Marion m'a marché sur le pied (un grand moment dans les rues de Paris, elle venait d'apprendre qu'elle était prise dans son nouveau travail). Depuis, je porte une poupée sur le pouce pour éviter l'humidité et l'infection, un vrai bonheur. Peut-être que j'avais besoin d'un gros *reboot* symbolique, au final, pour passer un niveau dans le *game* spirituel.

18 août 2018

Nouvelle secousse hier soir vers minuit. Je suis restée assez calme, j'ai tenté d'enfiler ma robe pour me ruer dehors et au final je me suis résignée à rester dans mon lit pour voir comment ça évoluait. J'ai senti pas mal de mouvements depuis hier après-midi mais j'ai réussi à faire avec et à me rendormir, je suis assez fière de moi. Lorsque l'angoisse m'envahit je chante, je fais des « Om » dans mon lit, je regarde des vidéos comiques sur YouTube et je tente de me changer les idées. De toute façon, je n'ai pas vraiment le choix pour le moment, il faut que j'attende le 10 septembre…

Je me rends à ma journée de workshop dédiée au *Breathwork* chamanique, j'avais vraiment hâte. Le facilitateur nous explique que nous ferons le voyage par deux. Je regarde autour de moi après le cercle d'ouverture, une jolie Australienne assise à côté de moi me propose de faire la pratique avec elle. Elle est vraiment adorable, il se trouve qu'elle est naturopathe (rigolo) ET aussi la fiancée au jeune homme avec qui j'avais fait l'intégration la première fois, mercredi dernier (c'est quand même une sacrée synchronicité ça !). Je crois que la vie me fait un clin d'œil, je suis bien à ma place là.

Je l'accompagne d'abord le matin dans sa respiration, pour maintenir l'espace. Elle commence en premier car elle ne l'a jamais fait et voir les autres réagir pourrait la faire un peu flipper. J'ai tiré la carte du Raton Laveur en arrivant ce matin, « celui qui prend soin ». C'est ça, je me sens vraiment très investie dans mon rôle d'accompagnante. Je perçois où mettre mes mains, comment la soutenir lorsque les émotions lui viennent et comment réagir lorsqu'elle traverse des moments difficiles. C'est clair et définitif, je veux faire ça. Je veux me former pour pouvoir utiliser la technique et transmettre la pratique en France. Il y a eu beaucoup d'expériences fortes, des gens criaient, pleuraient, se roulaient par terre. J'étais subjuguée par l'intensité de l'expérience et tout ce que ça peut déclencher.

L'après-midi, mon voyage est merveilleux. Je me laisse vraiment porter le plus possible, j'accueille les flux d'énergie dans mon corps, j'ondule une nouvelle fois comme un serpent sur le sol et je n'hésite pas à bouger les bras pour avoir moins de crampes. Je ressens aussi une profonde connexion avec les mondes subtils (du moins ce que j'en interprète) et mon ange gardien me prend dans ses bras et me soutient que tout ira bien. Je me vois chamane sauvage autour d'un feu à danser, je me sens invincible c'est dingue. Et je ressens également encore cette force de vie (la *Kundalini* ?) qui provient de ma racine, de mon bassin et qui remonte jusqu'à ma tête. Je comprends que je peux utiliser cette puissance en la faisant circuler à travers l'espace de mon cœur, afin que je puisse guérir et accompagner les autres. Encore plus nettement que la dernière fois. Cette journée était magique, je repars avec beaucoup plus de paix et de sérénité.

19 août 2018

Aujourd'hui, je me rends à *l'Ecstatic dance* du matin, c'est vraiment génial de pouvoir bouger mon corps sans avoir peur du regard des autres ou de chercher à séduire. J'avais envie de tester depuis un moment et je sais que celle de Yoga Barn est très réputée. Certains sont là toutes les semaines. Dans cet espace, les seules règles sont de ne pas parler et de faire ce qu'on l'on veut dans la limite du respect des autres et de soi-même. Je me sens encore un peu sur la réserve face à certains qui s'agitent dans tous les sens, mais je constate quand même une sacrée évolution ces derniers mois, notamment depuis la retraite à Koh Pha Ngan.

À l'heure du déjeuner, nous allons manger un bout avec Anne-Claire et nous retrouvons Peggy qui part pour Hawaï demain. Nous décidons de nous faire masser avant son dernier dîner, ça fait un bien fou et j'ai toujours mille idées qui fusent dans mon esprit lorsque je suis allongée sur la table. Je me sens un peu perturbée de savoir que Anne-Claire déménage dans sa nouvelle maison aussi, mais quand je vois à quel point tout tremble là-bas (son plancher et ses murs en bois sont vraiment mouvants), je me sens vraiment mieux dans mon Airbnb en dur. J'y suis en sécurité, dans un quartier que je connais, et je suis fière d'arriver à gérer mon petit quotidien avec mon scooter, de me déplacer librement. Il y a eu encore de nouvelles secousses, je le ressens vraiment en général lorsque ça bouge. C'est un peu déstabilisant à la longue mais j'ai fini par accepter et à m'habituer. Je suis clairement venue ici pour lâcher de nombreuses peurs...

20 août 2018

Il est tard. Je passe une heure au téléphone avec Michael à parler des tremblements, du fait que je m'habitue, pour me rassurer, je lui dis que suis assez apaisée et que ça devrait le faire jusqu'au 10 septembre... Mais à peine une minute après que nous ayons raccroché, une grosse secousse de magnitude 7. Je tremble à nouveau de tout mon corps en me ruant dehors. J'en ai marre. Les scénarios catastrophes s'accumulent dans mon esprit, je fixe du regard mon application pour observer les répliques, je regarde des vidéos de pseudo-experts qui expliquent que ce n'est pas fini, partout dans le monde et qu'il va y en avoir plein d'autres un peu partout. Visions de fin du monde. Angoisse. La bonne idée. Anne-Claire l'a senti elle aussi. Et Peggy est sur le tarmac prête à décoller. Waouh !

J'ai le souffle coupé, la gorge serrée, à chaque mouvement je me réveille, toutes les 20 minutes environ, le cœur battant la chamade. Je me dis que ce n'est plus possible, j'ai envie de retrouver la paix et le calme pour pouvoir travailler et me remettre au service de moi-même et des autres. Ras-le-bol ! J'appelle mon père en pleurs. Je rends les armes, je n'en peux plus. Je lui demande de regarder pour un billet après-demain, même si c'est soudain et qu'une part de moi est triste de capituler, une autre n'en peut plus d'être en vigilance constante et de ne pas dormir la nuit…

21 août 2018

Papa n'arrive pas à changer les billets. La compagnie demande presque le même prix pour changer la date c'est aberrant. Tous les étrangers veulent rentrer chez eux et faire la même chose que moi, forcément. Pendant quelques heures, tout est compliqué. Je suis chez Anne-Claire pour terminer de tourner les vidéos pour notre programme, je tiens une grande partie de la journée, lorsqu'une immense vague d'angoisse à la fin de la journée m'engloutit. La peur de ne jamais pouvoir partir de cette île, le fait de me sentir impuissante, de ne pas garder le contrôle. Mon esprit n'est plus clair et j'ai perdu mon discernement. Mon amie me propose de me faire de l'EFT (*Emotional Freedom Techniques*). C'est une pratique très efficace pour accueillir les émotions et les traverser. Elle me fait tapoter différents endroits sur mon visage, mes clavicules et mes côtes, en me faisant répéter mes peurs, mes croyances et mes scénarios catastrophes. Au bout de quelques minutes, je commence à me calmer. Ouf, la vague est passée.

Nous allons dîner à Zest pour nous détendre. Papa m'envoie un nouveau message. Après des heures passées au téléphone avec le service client de la compagnie où j'avais réservé les billets, il a fini par capituler et m'a trouvé des billets sur une autre ligne. Soulagement. La nausée qui m'empêchait de manger mes patates douces s'envole. Je pars demain soir. Wow. C'est rapide. Demain, je viendrai terminer les vidéos avec Anne-Claire, faire un petit peu de shopping et préparer ma valise pour le retour. Tout s'enchaîne vite mais je crois que j'ai vraiment besoin de rentrer à la maison.

27 août 2018

Je n'ai pas pris le temps de me poser depuis une semaine pour écrire. Quitter Bali a été une épreuve difficile, que j'ai vécue un peu comme un échec sur un certain plan. J'étais perturbée que cela s'achève ainsi mais j'étais tellement épuisée qu'il était vraiment nécessaire que je rentre. Comme par hasard j'ai aussi été payée dans l'année qui a suivi par Pôle emploi. Comme si l'épreuve initiatique de la sécurité sur tous les plans s'était achevée et que j'avais droit à un peu de répit. J'ai pris l'avion de nuit, j'étais morte de trouille, je sentais le sol de l'aéroport trembler constamment, impossible de savoir si je rêvais ou non. En même temps avec tous les décollages, je crois que c'était un peu normal.

Les scénarios catastrophes se sont joués dans ma tête jusqu'à ce que je quitte le tarmac, je n'étais plus capable de discernement. Au moment d'embarquer, j'ai été surclassée en première. Surprise et grande joie. Je me suis assise dans mon fauteuil, j'ai levé les yeux au ciel et j'ai dit à haute voix « Merci ». Comme pour accueillir avec gratitude le cadeau que me faisait l'univers, pour pouvoir intégrer tout ce que j'avais vécu ces trois dernières semaines. J'ai dormi tout le long, comme je n'avais pas dormi depuis très longtemps, enfin sereine de me retrouver à nouveau et bientôt en sécurité.

Rentrée depuis cinq jours maintenant, je reprends le temps de m'ajuster. J'ai l'impression de toujours sentir les choses différemment, les vibrations des voitures dehors, le métro qui passe en dessous, les voisins qui claquent des portes. Le métro d'ailleurs parlons-en : j'ai fait une crise d'angoisse monumentale hier en le prenant. J'avais la sensation de ressentir les émotions des autres autour de moi, comme si mon champ énergétique était devenu trop perméable. Ou bien la sensation d'enfermement qui a réveillé le trauma. Je ne sais pas, mais ce n'est clairement pas simple...

Ce qui a changé et ce qui est fou, c'est que je ressens beaucoup plus les besoins de mon corps, lorsque je dois boire, me reposer ou encore manger. Je suis capable de dire non à des personnes ou à des situations, si je sais que ça ne me sera pas bénéfique. Je suis aussi davantage connectée à mon intuition. Plusieurs fois, je suis partie en oubliant des choses et une petite voix me le rappelait immédiatement. J'ai réussi à sentir que les règles de Margaux arrivaient avant qu'elle ne le capte ou encore que mon amie Marion était enceinte avant qu'elle ne me l'annonce. Est-ce que c'est ça être plus ancrée ? Et donc du coup que mon canal devient aussi plus aiguisé ?

J'essaie de reprendre le boulot, je me sens complètement au ralenti, je n'ai pas encore de box Internet à l'appartement, je ne peux pas avancer sur le programme avec Anne-Claire mais je fais avec. Retrouver les chattes me fait un bien fou et à elles aussi. Mais la circulation que j'entends par la fenêtre et la frénésie parisienne ne m'avaient vraiment pas manqué. Je fais toujours des crises d'angoisse au moment de m'endormir le soir, je me suis remise à prendre un quart de Lexomil pour arriver à gérer. Je n'en suis pas ravie mais j'en ai vraiment besoin. Je vais tenter des séances d'EMDR pour traiter le trauma dès que possible et éviter de prendre des médicaments trop longtemps. Je crois que je vais avoir besoin de temps pour me réajuster.

10

—

Une nouvelle voix

27 septembre 2018

La vie est assez magique et surprenante. Je n'aurais jamais pensé il y a quelques mois me retrouver dans un des plus grands salons du bien-être à Paris, à me faire prendre en photo avec des gens que je ne connais pas et à prendre la parole devant 40 personnes… Je passe ma première journée au salon Zen pour rencontrer mes abonnés et les personnes qui passent sur le stand de mon amie, Carole. Elle vend des cristaux et m'a gentiment laissé un coin de table pour pouvoir participer à ces cinq jours, qui s'annoncent assez intenses… à dédicacer mes livres avec une petite guidance personnalisée, à écouter et à conseiller. Mais également et surtout ma première vraie conférence face à tous ces gens qui viennent m'écouter parler sur le thème « Incarner sa mission de vie ».

Je n'ai rien préparé, j'en oublie parfois mes mots mais je ressens tellement de gratitude face à toutes ces personnes venues m'écouter que je me sens pousser des ailes et tout est fluide. Je raconte la maladie, le changement de vie, les obstacles et les petites réussites, les enseignements de la vie et les formidables rencontres. Je suis portée par l'élan de montrer que c'est possible. Que nous pouvons tous créer et manifester la vie dont nous rêvons vraiment. Il y a trois ans, je mettais les pieds pour la première fois dans cet univers, dans ce salon, en naviguant au milieu des centaines d'exposants des paillettes plein les yeux. Aujourd'hui j'ai la joie d'en faire partie pour accompagner les êtres à trouver leur voie et faire rayonner leur lumière.

Les angoisses se sont apaisées depuis le retour. J'ai fait des séances d'EMDR et j'ai fini par retrouver un sommeil plus serein, même si certains soirs sont encore compliqués. Grâce à mon retour anticipé, j'ai également été invitée dans un lieu magique, en Auvergne, pour me ressourcer. Le séjour a été magique et m'a permis de tomber en amour pour les locaux et la nature. J'ai décidé d'y faire mes prochaines retraites l'année prochaine. Je suis certaine que ce sera encore de merveilleux moments de partage. La vie est toujours aussi surprenante et nous apporte tout ce dont nous avons besoin au fond.

29 septembre 2018

Première journée d'enregistrement pour notre projet de programme et album autour des mantras avec Morgane. L'idée est née dans un café un jour où nous nous sommes rencontrées pour une réunion de travail (car après avoir été son élève je suis devenue son assistante, puis collaboratrice puis amie). Nous avons réfléchi aux moyens que nous pourrions utiliser et grâce à une élève de l'école de Mo, nous avons rencontré Richard, guitariste et musicien, passionné de musique, qui justement possède un petit studio d'enregistrement dans sa chambre. Je suis complètement excitée, comme une enfant la veille de Noël. J'ai toujours rêvé d'enregistrer un album depuis petite. Aujourd'hui, ce rêve se manifeste, avec un casque sur la tête et un micro tout rond devant le visage.

J'ai également énormément de gratitude pour tout ce que me transmet Morgane. Je prends la mesure de notre rencontre, il y a bientôt un an. Tout ce qui est né, tout ce qui a grandi et mûri dans notre lien de collaboration, d'enseignement et d'amitié. La transmission de ces chants, ma guérison par le yoga, la justesse dans mon travail… je lui dois énormément. La vie est faite de rencontres et je prends vraiment la mesure de ce qu'il est possible de manifester lorsque notre cœur le désire. La journée file à une vitesse folle. Nos voix se mêlent comme des serpents dans une danse cosmique. Les mantras résonnent et nous emportent dans des vagues d'émotions profondes. Ce projet sera merveilleux, j'en suis certaine.

8 octobre 2018

Ce week-end, je débute ma formation de Yoga intégral dans l'école de Culture Yoga créée par Mo. Je touche enfin du doigt l'importance de l'alignement, de la souplesse, de la force ou encore de la structure. Rien n'est manifesté au hasard, tout est symbolique. Je comprends que chaque expérience que je vis en dehors de moi entre en résonance avec l'intérieur et inversement : la satisfaction de tenir l'équilibre, la colère de montrer ma faiblesse, l'impatience face à ma lenteur, la tristesse face à un muscle verrouillé par les mémoires de mon syndrome… Mon corps est actuellement mon plus grand enseignant et j'en saisis à peine la subtilité, après 28 ans à le fuir et à ne pas en prendre soin. La relaxation est encore une épreuve difficile car depuis les tremblements de terre j'ai plus de mal à me laisser glisser dans des états modifiés de conscience.

J'ai souvent voulu initier des changements à l'extérieur en pensant que cela viendrait combler quelque chose à l'intérieur de moi-même. J'ai toujours blâmé le monde pour ma souffrance en me trouvant des excuses pour ne pas avancer. Mais cette année, je prends l'engagement de retrouver mon centre, de prendre soin de ma lumière et de mon véhicule de chair, car je le ressens déjà : revenir à la Source, en mon cœur, me permet de mieux me connaître et ainsi traverser les initiations, les champs d'expériences avec plus d'aisance et de jouissance. Prendre soin de mes pensées et de mes émotions est indispensable c'est sûr, mais je ne peux plus nier la dimension corporelle et énergétique de mon corps, porteur de messages et de grande sagesse lorsque j'apprends à l'écouter et à le nourrir.

11 octobre 2018

« Je suis à ma place. » Mon cœur s'ouvre lorsque cette pensée résonne dans mon corps et mon âme. Ce soir, mon cercle chamanique a ouvert son portail et entamé son cheminement. Je suis dans une joie profonde car je sais que j'aurai le privilège de guider et de voir évoluer, grandir et se transformer ces 12 merveilleuses femmes pendant neuf mois. À chaque voyage au tambour, chaque guidance en individuel et chaque message que je reçois, je sais que la vie me porte pour soutenir à mon tour. Je n'ai jamais autant compris la phrase « Offrir pour se nourrir ». Car je vibre pleinement ça depuis un moment et je le comprends. Plus j'offre autour de moi et plus mon cœur s'enrichit de tous ces partages.

Bientôt, je m'envolerais pour le Népal. Lorsque Anne-Claire m'a envoyé le lien de la formation il y a quelques semaines, j'ai sauté de mon lit : une semaine pour chanter des mantras au milieu des montagnes himalayennes avec un enseignant indien. Pourtant, j'avais réservé mon voyage pour le Pérou deux jours avant, investi une grosse somme d'argent, mais mon cerveau n'a pas eu le temps de réfléchir. J'ai pris ma carte bleue, je n'ai même pas comparé le prix des billets et j'ai tout réservé en 30 minutes ! Ce voyage va certainement m'ouvrir à nouveau d'incroyables portes, mon intuition ne m'a pas porté vers cette expérience pour rien. Je suis curieuse de voir ce qui se passera. En plus, j'y fêterai mon anniversaire, c'est assez symbolique. Mon anniversaire au Népal et Noël au Pérou. Ma mère est ravie, hum…!

15 octobre 2018

La frayeur. À un jour de mon départ pour le Népal je ne trouve plus mon portefeuille. Je suis maudite, c'est pas possible ! À chaque anniversaire depuis plusieurs années, je perds ma carte, mon téléphone ou bien mon portefeuille. Comme si le fait de passer une année de plus vers la maturité me faisait traverser une forme d'insécurité. Et comme par hasard, c'est toujours papa qui m'a sortie d'affaire. Comme si une part de moi voulait s'assurer que j'avais encore le soutien nécessaire et que je n'étais pas seule. C'est quand même insupportable. Je retourne l'appartement. Michael décide de descendre voir dans la voiture vu que nous sommes allés au cinéma hier soir. J'appelle mes parents en pleurs et en panique (les pauvres ils sont vraiment patients avec toutes mes mésaventures). Je me vois déjà ne pas pouvoir partir au Népal et rester clouée à Paris.

Déjà, l'année dernière, le 22 octobre, je m'étais retrouvée à me faire voler téléphone et portefeuille dans le métro. Le téléphone que mes amis m'avaient offert un an pile auparavant. À croire que la vie veut que je me dépouille un petit peu plus chaque année… Je commence véritablement à paniquer. J'observe tous mes feux rouges s'activer. J'ai envie de crier à la terre entière que je suis malchanceuse et que ce n'est pas juste. J'aimerais que quelqu'un vienne à ma rescousse, comme Superman, et résolve tous mes soucis. Je vois à quel point j'ai tendance à envisager le pire à chaque fois et à laisser mon corps émotionnel me dominer. Je n'ai plus aucun discernement dans ces moments-là.

Michael remonte de la voiture, après un suspense insoutenable et une blague un peu nulle, il sort le portefeuille de sous son manteau comme s'il était le magicien du Grand Rex. Pouah ! Cette fois-ci ce n'est pas papa qui me sauve, mais encore un homme. Un homme avec qui j'ai décidé de retenter un bout de chemin depuis mon retour de Bali, chacun dans nos espaces de vie différents. Car l'amour est toujours là. Avec une forme de résilience, en attendant de voir comment cela évoluera. Je lui saute dans les bras en riant, à moitié en pleurs. J'ai l'impression de sortir du Space Mountain. Je respire un grand coup et j'accueille enfin le fait que je peux finalement m'envoler demain pour le Népal, ce pays que j'ai tant voulu aller explorer depuis des années.

17 octobre 2018

Bien arrivée à Katmandou. Dès l'aéroport, le chant est déjà présent. J'entends les chansons traditionnelles dans les haut-parleurs des grandes salles. L'arrivée est un peu chaotique. Leur système de visa est encore très à l'ancienne. Il faut imprimer son papier sur des machines un peu bancales et faire la queue pour payer les frais. Je finis par sortir après une petite heure pour récupérer tout ce dont j'ai besoin. Je n'ai pas de réseau et le Wi-Fi ne fonctionne pas. Tout va bien, je suis zen. Un taxi m'attend à l'extérieur, commandé par les organisateurs de la retraite. Je monte en voiture et je découvre le Népal à travers le paysage qui défile par ma fenêtre. Les rues sont très abîmées par les tremblements de terre (ça aussi, c'est un challenge pour moi) et il y a beaucoup de poussière, mais le sourire de mes jeunes conducteurs me fait oublier ces petits détails et je me cache le nez derrière mon écharpe.

J'arrive à l'hôtel en dernière. Lorsque j'ai réservé mon billet je n'avais pas trop tenu compte des horaires. J'étais très stressée à l'idée de rater le début du cercle d'ouverture. Je déteste rater des choses. J'ai toujours peur que l'on m'oublie. Syndrome de l'abandon ou réflexe de princesse je ne sais pas trop. Toujours est-il que tout va bien, je suis là. Je pose ma valise sur le côté, on me propose du thé et des petits gâteaux. J'aperçois les visages des participants, le professeur de chant indien Sudhansu, son assistante Chetana qui vient d'Australie et qui se chargera du yoga, et enfin Eva qui vit à Bali, Néerlandaise, qui s'occupe de la logistique. Dans le groupe, il y a également plusieurs Australiennes, une Japonaise, un Néo-Zélandais et trois Indiennes. Je m'assieds dans le cercle et j'aperçois le musicien de Sudhansu, assis à côté de lui devant ses *tablas*[2] : Saptak, un jeune indien de 25 ans, solaire et lumineux. Waouh. Je sens que ce stage va être particulier et également transformateur.

18 octobre 2018

Premier jour de visite à Katmandou : la beauté des couleurs est partout, les chants des prières résonnent dans les

2 Percussions indiennes.

temples, le son des cloches tinte et les drapeaux flottants dans le vent enflamment mon cœur de gratitude. Je suis si heureuse de me laisser porter par le groupe, de ne pas savoir où dîner à l'avance et de me laisser embarquer dans des boutiques cachées dans les petites rues. Je me rends compte à quel point je suis soulagée de lâcher prise complètement, c'est tellement rare et j'en ai vraiment besoin. Nous visitons la grande Stupa Bodnath au centre de l'immense place de la ville, nous nous promenons dans les échoppes, j'achète des *kurtas*[3] et je noue des liens déjà forts avec la plupart des participantes.

Je réalise aussi à quel point tout est juste, car si je vis le chaos et le bazar aussi zen aujourd'hui c'est grâce à mes précédents voyages, mes expériences et les difficultés qui font qu'aujourd'hui je profite de chaque instant et je m'adapte beaucoup plus rapidement à un nouvel environnement : les crémations odorantes m'auraient vraiment perturbé il y a quelques années, l'attente des autres au soleil m'aurait certainement énervé, les requêtes financières des locaux dans les rues, la poussière et la pollution ou encore les routes chaotiques se sont transformés en véritable bonheur. Car je m'émerveille enfin de ce que la vie m'offre, sans y projeter quoi que ce soit. En abandonnant mes réflexes de petite dame citadine. Merci l'intoxication à Bali et mes nombreux voyages qui m'ont permis de m'ouvrir davantage.

3 Tenues traditionnelles en forme de tunique longue et colorée.

La journée se passe merveilleusement bien. J'ai l'impression d'être en vacances. Le groupe se lie facilement. Saptak est un peu le pitre du groupe : il fait des blagues, chante, danse, s'achète des barbes à papa. Il y a vraiment quelque chose de particulier chez lui. J'adore entendre les Indiens parler entre eux, leurs intonations de voix et leurs attitudes me fascinent. J'ai tellement envie d'aller en Inde. Avec eux, j'ai la sensation d'y être déjà un peu.

Demain, nous prenons à nouveau l'avion pour Pokhara, afin de rejoindre le centre dans les montagnes. Lors de la retraite, nous allons apprendre le chant selon les traditions et notes indiennes, quelques mantras hindous, à développer nos voix et améliorer notre sens du rythme. Je suis très heureuse car je vais pouvoir rapporter tout ça en France et enrichir l'album que nous sommes en train d'enregistrer avec Mo. La soirée est douce, nous dînons tous ensemble au restaurant face à la grande Stupa, la nourriture est incroyable et l'atmosphère apaisée.

21 octobre 2018

Je commence à comprendre pourquoi planifier cette retraite était si facile et rapide. Il se passe quelque chose de magique : la beauté de la nature au milieu des chaînes de montagnes enneigées, le silence profond en dehors de toute circulation, je retrouve ma voix à travers le chant, je me libère des impératifs, je retrouve la joie et la liberté…

Je ressens une infinie gratitude pour mon intuition qui m'a permis de me mener jusqu'ici. Je développe une amitié forte avec Mike, le Néo-Zélandais, et Saptak, le joueur de *tablas*, qui se trouvent être dans la même chambre tous les deux. On rit beaucoup, on parle de nos différentes vies. Ils font partie d'un groupe de musique qu'ils ont créé ensemble à Delhi avec un autre ami. Je savoure leurs morceaux lorsqu'ils répètent sur la terrasse pendant nos moments de temps libre, face au coucher du soleil sur la cime des montagnes.

Parler et échanger avec Shreeya, Nikoujika et Arsha est aussi vraiment très enrichissant. Une grande vulnérabilité se cache derrière beaucoup l'humour et la pudeur de ces jeunes femmes indiennes. Je ressens à quel point il est difficile pour elles, dans leur culture, de parler de leurs émotions ou des relations qu'elles peuvent entretenir. Leur mode de vie et leur éducation ne les invitent pas vraiment à tout ça. Je leur propose de leur tirer les cartes pour observer ce qui est présent à chacune leur tour. Saptak y a eu droit la veille et a répété à tout le monde que j'étais une gentille sorcière et qu'il fallait m'écouter. Je ris vraiment beaucoup de ces blagues, il porte une légère insouciance qui me fait beaucoup de bien. Chacune se livre tour à tour dans leur chambre, certaines versent des larmes lorsque nous échangeons et que je leur donne des conseils. Je suis vraiment émue de pouvoir partager un bout de chemin avec elles.

23 octobre 2018

29 ans. Nous y sommes. Je reçois des centaines de messages sur les réseaux sociaux lorsque le Wi-Fi s'active sur mon téléphone. Je suis très émue d'entendre les partages de mes proches et à la fois un peu désorientée par le fait d'être sur le toit du monde en ce moment même. Michael m'envoie un message plutôt simple. Je m'attendais peut-être à plus. Je m'observe réagir un peu froidement. Je crois que je n'arrive plus à me connecter à nous émotionnellement. Lorsque je vis toute la joie et la spontanéité que nous vivons ici et dans le reste de mes voyages, je trouve notre vie en Occident bien morose. J'ai l'impression de prendre enfin conscience que j'aspire à beaucoup plus. Je me sens très coupable de ressentir ça. Après les montagnes russes que nous avons déjà vécues, notre séparation et tout le reste. J'ai la sensation de ne vraiment plus savoir ce que je veux au fond de mon cœur.

Le yoga du matin se termine. Chetana sort son harmonium pour le mantra habituel face aux montagnes et au soleil qui se lève. Mais cette fois ci, ce n'est pas un chant habituel : « *Happy birthday to you, happy birthday to you, happy birthday to you Aurore, happy birthday to you…* ». Les larmes me viennent. Je vois Anup, le gérant de l'hôtel, débarquer avec un gros gâteau recouvert de glaçage et un immense sourire jusqu'aux oreilles. Les Indiens chantent leur version du « Joyeux anniversaire ». Puis en japonais. Puis en néo-zélandais. Mon cœur explose. Je suis si heureuse et touchée par tant de bienveillance et d'amour. Je les remercie, je fais un câlin à tous, puis vient le moment de couper le gâteau. Shreeya se fait une joie de me tartiner le visage avec. Je ris aux éclats. Puis Saptak branche son téléphone et lance une série de musiques Bollywood. Ils sont tous *on fire*. Tout le monde se met à danser en faisant des mouvements d'épaules et de bras comme dans les films. Une grande fête un matin à 8 heures, peu commun, c'est incroyable !

La journée se termine en beauté. Nous rions de plus belle dans la chambre des garçons que j'ai rebaptisée « *The room of Sins* » (« La chambre des vices ») en hommage aux gâteaux gourmands et aux bouteilles de whisky que Mike planque dans son placard. Nous continuons d'écouter leurs chansons, je me sens légère, comme si le temps était suspendu. Je sens que mon intérêt pour Saptak évolue. Ce n'est pas vraiment rationnel, il est plus jeune de cinq ans, un peu immature parfois mais il porte une énergie si lumineuse que j'en suis subjuguée. Je crois que je ne le laisse pas indifférent non plus, je le vois dans ces comportements. Je n'ai plus du tout envie de rentrer. Plus envie de créer des projets ou d'organiser des choses. Je veux continuer à chanter et à me laisser porter par la vie. Rien de plus. Rester dans une bulle d'insouciance pour le reste de mes jours.

27 octobre 2018

Dernière nuit dans les rues de Katmandou. Je la passe dans un restaurant avec vue sur la Stupa, en compagnie de Saptak. Notre relation a encore évolué et nous sommes devenus très complices. J'intègre à quel point ce voyage a été riche en musique, sourires, connexions, et panoramas à couper le souffle. Il aura changé ma vie pour toujours et je sais que ce n'est que le début d'une belle aventure. Toute la team indienne m'invite en Inde, à Delhi. Après avoir consulté mon agenda et je leur ai annoncé que je pourrai venir en janvier (oui, juste après le Pérou, soyons fous). Ils veulent me présenter à leurs familles, m'inviter dans leurs restaurants préférés. Je suis vraiment touchée par autant de gentillesse et de simplicité.

— Tu vas venir en Inde, tu promets ? me demande Saptak, en train de mettre du ketchup sur ses pâtes aux truffes (nous avons de nombreux différents culinaires).

— Oui, je promets. Je sais que j'ai quelque chose à vivre là-bas. Tu viendras me chercher à l'aéroport ?

— Bien sûr que je vais venir ! Je vais t'emmener dans les montagnes d'où je suis originaire, tu vas adorer !

Je me rappelle avoir dit à Peggy il y a quelques mois que « J'irai en Inde l'année de mes 30 ans, mais je n'irai pas seule ». Mon cœur bat fort. L'Asie est véritablement une terre où je me sens chez moi. Après Bali et le Népal, ce sera bientôt à l'Inde d'accueillir mes prochains pas.

29 octobre 2018

Le retour est très difficile. Je confie à Michael mes interrogations et nous décidons d'en rester là dans notre relation. Après tous ces doutes ces derniers mois, je dois me positionner, je lui dois bien ça. Je célèbre mon anniversaire avec mes amis demain soir dans un restaurant, mais mon cœur est lourd. Une partie de lui est restée au Népal et l'autre partie se brise sur le sol de mon carrelage ici. Je me sens coupée en deux. Je culpabilise tellement de vouloir vivre différemment et de fuir tout ce que je pourrais construire ici. Je m'en veux d'être indécise, d'être égoïste, de vouloir toujours plus, toujours plus fort, plus grand et plus intense. Comme une addicte qui aurait toujours besoin d'une dose supplémentaire. Je respire. J'essaie d'accueillir l'instant présent. Je sais que l'avenir sera radieux et que mes choix sont certainement les bons. Mais être un cœur courageux n'est pas toujours simple et je suis en train de l'apprendre non sans difficulté.

14 novembre 2018

Aujourd'hui, je pars à Liège rencontrer Friedelhm, un alchimiste du souffle, recommandé par Morgane. Depuis mes premières séances de *breathwork* à Bali, je suis obsédée par la respiration. J'ai la certitude que je dois m'engager dans l'apprentissage et la maîtrise de cette technique. Il m'accueille avec une grande simplicité chez lui et sa femme. Il me parle de son parcours, de sa vision de la respiration et des techniques corporelles qu'il utilise. Puis vient le moment de faire faire une séance. Il m'invite à m'installer sur le canapé de son salon, à m'allonger sur le dos et se positionne à côté de moi, assis. Il n'y a pas de musique contrairement à ce que j'ai pu expérimenter à Bali.

Il m'indique de commencer à respirer par la bouche, la tête légèrement relevée vers le haut. Il écoute chacun de mes mouvements avec beaucoup de conscience, juste à côté de moi. Ensuite, il m'invite à prendre une pause et m'explique que je fais des expires beaucoup plus longs que l'inspire, car j'ai tendance à plus donner qu'à recevoir. Juste. Il me dit également que mon diaphragme est coincé et que cela ne permet pas à ma puissance de se libérer.

Alors, dans un second temps, nous rentrons dans une deuxième phase. Cette fois-ci, il me demande de suivre sa respiration comme un fil d'Ariane. Je suis la consigne et je me sens de plus en plus apaisée, calme et connectée à quelque chose de plus grand. La tension s'apaise et j'ai la sensation de m'inscrire dans le grand pneuma cosmique du vivant (comme si j'étais en osmose avec la respiration de l'univers, je sais c'est étrange). Mes perceptions sensibles s'affinent et j'ai l'impression que mon corps emplit toute la pièce. C'est complètement fou. L'expérience se termine et je suis transcendée. Nous terminons la journée à échanger autour de tout cela. Mon cœur vibre encore plus fort. Je retourne sur la page de formation que j'avais vu en Asie il y a quelque temps pour du « *Breathwork* chamanique ». L'appel est fort. Je laisse l'idée encore germer dans mon esprit jusqu'à entendre le son de cloche final. Il faudrait que je retourne à Bali à nouveau. Je ne suis pas encore prête.

18 novembre 2018

Fin de séminaire chamanique à la FSS sur le thème des extractions chamaniques. Une extraction permet au praticien de « nettoyer » et de retirer les entités (énergies accumulées) sur une personne. Le stage était animé cette fois-ci par Laurent Huguelit, doux, drôle et humble. Je suis très heureuse de l'avoir rencontré mais je repars épuisée du week-end et le corps malade car je n'ai pas arrêté depuis mon retour du Népal. Je crois que les émotions qui pesaient dans le cœur ont choisi ce week-end pour venir se purifier et sortir. Nous avons appris à découvrir un nouvel allié (le loup pour ma part) et à aborder notre protocole de soin pour retirer les entités présentes dans le corps énergétique d'une personne. Une pratique très intéressante en soi, mais je perçois que faire du soin en présentiel ne me parle pas trop. De plus, j'ai besoin de davantage passer par le corps pour me sentir entière, avec de la danse, du chant, de la respiration ou encore du yoga. Je commence à prendre conscience que les pratiques chamaniques me plaisent mais je vais avoir besoin de créer mon propre cadre.

J'ai bien compris le message de cette grosse crève soudaine qui me met K-O et même si je suis la première à conseiller de prendre soin de soi, je me rends bien compte que j'ai toujours tendance à tirer sur la corde. Je suis tout de même fière de lâcher prise sur mon état. Mon incapacité à assister à la dernière soirée (car je suis trop faible) et mon manque de préparatifs avant de venir m'empêchent de voir tous les objets de médecine dont nous avons besoin. Chaque expérience est un enseignement. Nos alliés ne sont pas uniquement présents lors de nos voyages et le simple fait d'être venue ouvrir cet espace me permet d'observer ce que je dois réajuster en moi.

À force de vivre à Paris et de partir à l'étranger souvent, je me rends compte également que je passe constamment d'un extrême à l'autre. Difficile de trouver mon ancrage au milieu de tout ça. Les prochains mois devront vraiment être dédiés à la recherche de l'équilibre, entre travail et repos, projets et vacances, faire et être, projections et contemplation. Je le dis et je le répète depuis plusieurs mois et je crois que cela reste le plus gros challenge de cette vie-ci. Plus grande est la puissance et plus grande doit être la responsabilité (je crois que c'est le grand-père de Spiderman qui disait ça dans un de ses films. J'applaudis mes références, ahah).

30 novembre 2018

Je suis fière de moi. Fière, car dans quelques jours je m'envolerai pour le Pérou, seule, à bord de trois avions différents. Fière, car mon itinéraire a été modifié, je vais devoir attendre une journée entière dans un grand aéroport puis dormir une nuit seule à Lima pour arriver un jour plus tard que prévu. Fière, car je sais que tout est juste et que je suis et serai en sécurité. Fière, car je n'ai pas laissé la colère et la peur s'installer comme autrefois à l'annonce du changement. Fière car malgré le fait que je vais dormir au milieu de la jungle et me laver dans la rivière, je sais que ce sera une merveilleuse expérience. Fière, car même si l'angoisse de la déconnexion sociale est présente, je sais que tout se passera pour le mieux et que le monde ne s'arrêtera pas de tourner. Fière de dépasser la culpabilité de ne pas passer Noël en famille. Fière de ne pas avoir écouté les peurs de mes proches et des gens autour de moi qui me prennent un peu pour une illuminée. Fière d'avoir investi financièrement et symboliquement dans ce projet pour me développer davantage. Et fière de partir en éclaireuse et exploratrice, toujours plus avide de me rencontrer, de lâcher les barrières et les frontières entre moi-même et ma véritable essence...

11

—

Mourir pour renaître

14 décembre 2018

Difficile de remonter le fil pour savoir comment je me suis retrouvée ici. Mais j'ai ce sentiment un peu étrange que je suis parfaitement là où je dois être à ce moment même. L'agitation vient par vagues mais elle est très peu présente. Je ne me souviens même pas de la première fois où j'ai entendu parler de l'ayahuasca. Il faut dire que ces trois dernières années sont passées comme une fusée. Je ne me reconnais plus vraiment. Ou plutôt peut-être que je commence à me connaître. Je crois que ce voyage c'est aussi ça. Faire le deuil avec gratitude de celle que j'étais avant. Je suis au Brésil, en Terre inconnue, sur un nouveau continent et je me sens étrangement apaisée. Fatiguée ça oui, après 12 heures de vol, j'ai maintenant 13 heures à attendre pour m'envoler vers le Pérou.

L'initiation a déjà commencé depuis bien longtemps. D'abord d'accepter de payer une somme conséquente pour la retraite et les billets (plus de 3 000 €). Mais surtout ne pas être en famille à Noël. Je me rappelle être restée deux heures devant mon écran, rongée par la culpabilité avant de me décider. La seconde initiation : les peurs et les avis de tout le monde (« Mais t'as pas peur de rester perchée ? », « Mais tu pars toute seule dans la jungle ? »). Il en faut du courage pour partir en éclaireuse, je vous le dis. Enfin, la compagnie qui annule un de mes vols deux semaines avant le départ. Voilà pourquoi en ce début de voyage, je me retrouve une journée à attendre et une nuit imposée à Lima ce soir. Après une heure de colère et de peurs, j'ai finalement lâché prise et j'ai ressenti un immense soulagement et une grande fierté. Les enseignements ne se trouvent pas que dans les livres ou auprès des *gurus*, mais dans les épreuves quotidiennes et là je l'ai bien capté.

Et puis j'ai reçu également de nombreux clins d'œil que je choisis de voir comme des signes : le jour même de mon départ, *Pachamama*, un film d'animation, sort au cinéma. Il s'agit de l'histoire de deux petits Péruviens à la recherche d'un totem, je trouve ça assez fou ! Installée dans l'avion j'ai également pour habitude de regarder des films. J'ai d'abord voulu regarder une nouvelle fois *Docteur Strange* que j'aime beaucoup (forcément de parler de pouvoirs magiques et de la puissance de l'esprit…). Je ne me rappelais plus du tout que le personnage en perdition se rendait à Katmandou pour trouver des réponses et j'y étais il y a un mois et demi. J'ai également ressenti beaucoup d'émotions lorsque son enseignante lui dit : « Dépasse ton ego et soumets-toi », car c'est exactement ce que je viens chercher (je crois) au milieu de la forêt amazonienne.

Dans le second film que j'ai regardé, le personnage principal joué par Will Smith est désemparé par la mort de sa petite fille. Ses amis ont alors tout tenté pour le sauver de sa dépression, même « faire venir un chaman péruvien et de l'ayahuasca ». J'ai failli m'étouffer en avalant une bouchée de mon plateau-repas. Bien sûr nous pouvons voir des signes partout, mais personnellement je choisis de les écouter et de suivre mon intuition car c'est ce qui m'a menée jusqu'ici.

J'ai également reçu de nombreuses confirmations concernant mon choix ces derniers mois. Avant de partir en Thaïlande en février 2018, j'étais tombée sur le site de l'*ashram* où je me rends et lors d'une soirée avec Sara, cette dernière m'avait raconté qu'elle avait fait une séance de Yoga chamanique à Paris avec des chamans et qu'ils étaient géniaux. Quelques mois plus tard, le lendemain de ma réservation finale des billets d'avion, Morgane m'envoyait : « Je viens de croiser quelqu'un qui a fait ta retraite, il a adoré. » Merci les guides. Quelques semaines après, je rencontrais Vanessa autour d'un thé car elle souhaite intégrer mon cercle chamanique que j'organise sur plusieurs mois à Paris. Elle me raconte que pour elle tout a commencé au Pérou… dans ce même centre où je me rends demain !

Les doutes étaient tout de même présents ces dernières semaines. Je me demandais vraiment pourquoi j'avais besoin de m'infliger tout cela, si j'en étais capable et si c'était vraiment une bonne idée. Je me suis alors rappelé mon intention première : guérir mes douleurs psychosomatiques, mes cystites à répétition et tous les symptômes en lien avec mes peurs. Car malgré les thérapies, une bonne hygiène de vie et un changement de façon de penser, je sais très bien que je dois aller arracher la racine de certaines de mes craintes. Car l'intention première est primordiale, autant dans la vie, que pour activer cette fameuse loi de l'attraction mais encore plus avec l'ayahuasca.

Je me suis bien renseignée en amont : j'ai regardé des reportages, lu des livres, entendu des retours de connaissances. Pour chacun, l'expérience est différente et unique, c'est ce qui rend la plante si mystérieuse et attirante, car personne ne sait jamais comment cela se passera. Mais les points communs à tous les récits portent sur l'importance de poser une intention, de se laisser guider et de lâcher une sacrée part d'ego. Pour le reste, « Inch Allah », comme on dit.

Bien sûr, le facteur supplémentaire est la purge. Avant de purifier son esprit, nombreux d'entre nous avons besoin de purifier le corps. Je n'ai pas trop de crainte de ce côté-là, mes années étudiantes m'ont bien préparé à retrouver la cuvette des toilettes... Je ne suis pas très fière de cette tranche de vie, je sais également que la dépression m'a appris à m'asseoir avec mes ombres : l'alcool, la drogue, la boulimie, la dépendance affective... Toutes ces choses me permettent aujourd'hui de comprendre les personnes qui passent par là, mais également de savoir m'abandonner complètement dans les limbes de ma noirceur.

J'ai entendu beaucoup de mises en garde à la volée du type « Fais gaffe de pas rester perchée ». Bien sûr que le processus n'est pas à prendre à la légère et qu'il faut être bien accompagnée. Je ne comprends pas les gens qui prennent la plante sans la guidance et la présence d'un chaman, sans environnement approprié ou suivi. Je sais que le chaman ancre la personne qui prend la plante grâce à ses chants, les *icaros*, c'est le fil d'or qui permet de conserver sa conscience sur notre plan. Je sais également que son esprit voyage avec nous et que le tabac aide parfois à ramener l'esprit. Je pense donc qu'il est aberrant de vouloir le faire sans cadre approprié.

Concernant cette notion de « rester perché », mon mental et mon ego, plutôt forts, me permettent le bon équilibre. C'est peut-être pour cela que j'ai expérimenté différentes drogues étant plus jeune sans avoir peur de lâcher prise et que je n'ai jamais développé de réelle addiction non plus. Je pense qu'au contraire cette expérience peut enfin m'apprendre à m'abandonner et développer mes perceptions intuitives déjà très fines mais parfois bloquées par des peurs ou un mental trop contrôlant. Nous verrons… Je m'attends à tout.

Je fais également partie de ces gens qui pensent que chaque chose arrive au bon moment. Certaines personnes sont rentrées perdues ou déboussolées car elles sont venues chercher des réponses sans avoir souhaité s'observer ou prendre la responsabilité de leur bien-être en amont. Encore une fois, je ne sais pas comment cela se passera pour moi, mais j'ai le sentiment que j'ai déjà débroussaillé beaucoup de choses dans cette vie-là et les précédentes pour que cela me secoue au point d'être mal. Le plus important, comme pour chaque expérience est de ne pas avoir trop d'attente et de savourer chaque instant, car tous les portails initiatiques passent souvent en un éclair.

Ce qui est rigolo c'est que de nombreux médiums m'ont déjà confirmé des vies passées en tant que chamane, mais plutôt d'Amérique du Nord ou en Mongolie. Je me sens également très connectée à l'Inde et ses traditions, je sais que j'y ai vécu de nombreuses vies. Alors pourquoi l'Amérique du Sud ? Je n'ai jamais vraiment été attirée par ce continent. Je suis donc d'autant plus curieuse de voir ce que je vais y découvrir. Car soyons honnêtes, si une personne nous apporte des réponses sur un plateau d'argent concernant notre vie toute tracée, il n'y a plus rien d'excitant n'est-ce pas ?

Désormais, je me trouve à l'aéroport de Sao Paulo, je regarde par la fenêtre et j'aperçois des aigles tournoyer dans le ciel en face de moi. Je ne peux m'empêcher de sourire et de le voir comme un signe. L'aigle est le symbole de la vision et du discernement. J'intègre alors le message et je ferme les yeux, emplie de gratitude. Car au fond le chamanisme c'est tout cela : remettre du sacré et du divin dans tout ce que nous expérimentons, utiliser les symboles comme boussole et cultiver un profond respect pour toute forme de vie et ses enseignements.

***

Les pièges du mental sont incroyablement puissants et présents lorsque je pars. Derniers instants avec du réseau à l'aéroport, je regarde frénétiquement mon téléphone toutes les deux minutes. Impossible de lire plus de deux pages sans être déconcentrée par ma peur du rejet et de l'abandon. De plus, une amie ne me répond pas depuis trois jours, du coup la machine s'emballe dans ma tête, je me demande ce que j'ai pu faire de travers, mes intestins se tordent et j'ai la nausée. Lorsque je me connecte à elle je sais que cela ne me concerne pas et pourtant les peurs sont de plus en plus fortes. Voilà pourquoi le voyage est si thérapeutique. Prendre de la distance permet de mettre en lumière mes mécanismes les plus profonds. Voilà également pourquoi sortir de ma zone de confort est un réel tremplin de transmutation.

Le deuxième vol est retardé. Voilà maintenant 13 heures que j'attends, je rêve d'une douche et je sens la frustration monter. Je sens que ça fait partie de l'initiation et j'essaie de lâcher prise. Je suis fière de constater mon évolution, ma capacité à rester calme et que la situation devient difficile seulement si je le décide. Quand je comprends que je n'ai aucune emprise sur la situation et que je dois simplement accueillir j'économise beaucoup d'énergie. Tant pis, j'arriverai tard à l'hôtel, je pourrais au moins me doucher et dormir quelques heures j'espère. Avec tout ce périple, je vais être vraiment contente lorsque j'arriverai enfin à l'*ashram*...

***

Quelle aventure ! Nous avons eu trois heures de retard de vol, j'étais épuisée, je commençais à sentir la colère monter lorsque j'ai commencé à parler avec deux jeunes femmes à côté de moi, nous avons sympathisé et j'ai éprouvé énormément de gratitude quant à ce cadeau qui ne semblait pas grand-chose et pourtant a permis de transmuter le sentiment d'injustice. J'ai dormi tout le long dans l'avion (merci les boules Quies) et j'étais bien fière de supporter les 1h30 d'attente à bord avant de décoller ainsi que le bébé qui tapait dans le siège derrière moi (petit démon). Une fois arrivée à Lima, j'ai salué mes amies et j'ai pris le taxi prévu, je suis arrivée dans ma chambre à 3 heures. La douche était extatique, comme si c'était une première fois que je sentais l'eau couler sur moi. Je me suis tout de même décidée à dormir les quelques heures qui me restaient avant de repartir à l'aéroport pour mon dernier vol.

Une fois arrivée, tout était assez fluide, j'ai pu changer ma monnaie, passer me prendre une dernière dose de sucre au Starbucks car nous devons éviter pendant la retraite et un mois après, puis attendre sagement dans la file. La diète suggérée permet de « prunier » l'organisme en amont et de ne pas l'intoxiquer à nouveau retour trop vite. Je sais également que si l'on remange du sucre trop tôt au retour, nous pouvons avoir de grosses dépressions émotionnelles qui ne seraient pas très agréables. J'aperçois une jeune femme au téléphone qui parle français, je capte qu'elle fait partie de la retraite.

— Tu es « Bonheur au naturel[4] » ? Ah, et bien voilà.

— Euh, oui, ahah !

— Ah c'est bien ça. Je te suis, je t'ai reconnue !

Toujours un peu étrange ces accroches mais c'est aussi rigolo car nous connectons rapidement. Nous commençons à parler de nos appréhensions sur la plante, de nos expériences de vie, de ce qui nous a motivées à venir ici. À chaque fois que je rencontre quelqu'un dans ce genre de contexte, je suis de plus en plus émue de voir à quel point nous sommes de chouettes miroirs les uns pour les autres.

Une fois arrivée à Tarapoto, je ne réalise pas encore que je viens d'arriver en Amérique du Sud. Il fait chaud, lourd et le son des musiques retentit. Une ambiance festive et joyeuse émane naturellement. Le contraste est assez marqué avec l'Asie, beaucoup moins de bazar, moins de pollution et plus de verdure. Nous retrouvons les personnes qui nous attendent pour nous conduire à l'*ashram*. La route est belle, verdoyante, les maisons de toutes les couleurs se succèdent. Je ressens tout d'un coup un soulagement dans mon ventre et un relâchement dans tout mon corps face à la beauté de la forêt, malgré les peurs, je me sens vraiment détendue.

Arrivée à l'*ashram*, je découvre le groupe, le lieu apaisant au milieu de la jungle, les différents espaces de vie. Je continue de

---

4 L'ancien nom de mon blog.

me détendre. Les personnalités sont intéressantes, certaines prennent leurs marques, sont agitées ou plus introverties. Certaines tentent de montrer leur cheminement spirituel. J'observe avec curiosité. J'adore voir les différents masques que l'on choisit de porter et d'afficher face aux autres. Je commence à voir et discerner les personnes avec qui je me sens bien et celles qui me demandent plus d'énergie.

— Hey ! Bienvenues les filles ! Moi, c'est Jean-Baptiste, et lui, mon ami Zéphyr. Et vous ?

— Laurie (que je montre à mes côtés) et Aurore, répondis-je avec le sourire.

Je sens que je vais bien m'entendre avec ces deux-là. Je retrouve aussi Charlotte avec qui nous étions déjà en lien via Instagram car elle est également praticienne chamanique. Et également Sophie, qui a déjà fait de nombreuses retraites ici, que j'ai la sensation de déjà connaître depuis toujours.

Je me surprends également à vouloir passer du temps seule… moi qui n'aimais pas la solitude ! Certains comme Jean-Baptiste sont déjà venus et commence à parler de leurs expériences. La cérémonie de *Yawarpanga* me rend anxieuse : six heures à vomir et se purger tous ensemble, une vraie joie. Zéphyr me dit même que cela se termine apparemment tout nu dans la rivière… Ben voyons ! J'essaie de ne pas projeter, j'alterne les phases de calme et d'agitation intérieure.

Puis vient le moment de l'entretien individuel avec les deux chamans (je ne mentionne pas leurs noms à leur demande par respect). Les deux sont originaires d'Argentine et du Brésil. Il émane d'eux une sagesse naturelle qui fait un bien fou. J'ai posé en amont mes intentions sur le papier : guérir ces réactions psychosomatiques comme mes cystites, avoir davantage de clarté sur mon chemin, rencontrer mes guides et trouver ma sécurité intérieure. Un beau programme ! Je les rejoins donc et je raconte mon histoire brièvement, mon syndrome et ce qui m'a amené ici. Leurs énergies sont bienveillantes, très charismatiques, avec un regard très présent et perçant.

L'un d'eux me dit que c'est le bon moment pour moi, pour la plante, que je vais passer un niveau supérieur. Il continue et me dit que je suis une vieille âme, je vais réactiver de nombreuses mémoires de la femme sage qui se trouve déjà dans mon cœur. Que je vais traverser quelques ombres mais pour révéler ma lumière. Que cela va également me montrer le chemin et me soutenir matériellement dans mon parcours.

Je confie mon inquiétude pour la phase de diète en isolation dans la forêt, il me dit que c'est ce que je vais préférer, « trouver de la joie dans le rien ». Je suis sceptique. Il me parle beaucoup de ma lumière, du fait que vivre tout cela à un si jeune âge est peu commun. Mon ego est forcément un peu content mais je sens que le chemin s'annonce sinueux alors je reste tranquille tant que tout ça n'est pas traversé.

Il insiste également sur l'importance du yoga, de prendre soin de mon corps, primordial à partir de maintenant si je veux tenir sur la distance dans mon cheminement…

15 décembre 2018

Premier réveil à l'*ashram*, j'ai dormi plutôt correctement malgré un matelas assez sommaire. J'essaierai d'en mettre un autre dessous la prochaine nuit. Je suis assez fière de moi car il fut un temps où j'aurais bien râlé sans envisager une solution. Je me réveille assez tôt, le transit et le ventre en vrac, comme si le travail de purification et de nettoyage était déjà en train de s'activer. Je prends une douche, apparemment au bon moment car l'eau chaude est assez aléatoire ici. Je peux constater que nous, les femmes, sommes assez agitées concernant ce sujet. Les bruits de la jungle étaient assez présents cette nuit et les murs ne sont pas épais mais avec les boules Quies. Je n'ai quasiment rien entendu. Je pense que ça sera autre chose pendant la diète au milieu de la jungle…

La cérémonie d'ouverture était très intéressante hier. L'un des chamans a beaucoup parlé des égrégores et diktats de notre société et du fait que le masculin tenait en otage notre chakra sacré, en bannissant la sexualité comme quelque chose de mauvais et de sale. Or, l'évolution de la spiritualité et de l'éveil de notre *kundalini* ne peut se faire sans une pratique tantrique et consciente. Que le rejet de cette partie de nous revient à nier notre principe vital fondateur et amène à la frustration, la violence et la colère.

Cela résonne particulièrement avec tout ce que je vis depuis mes 16 ans, mon premier rapport, douloureux qui déclencha mes règles et une cystite foudroyante dans la foulée. Nos réactions physiologiques sont-elles ainsi le reflet inconscient de notre interdiction face à notre éveil ? Comme l'un ne va pas sans l'autre, cela pourrait faire sens.

Nous avons également chanté le mantra « *Gayatri* » et j'ai été touchée de pouvoir faire le parallèle entre les pratiques chamaniques entrées dans ma vie il y a quelques mois et cette passion que j'entretiens pour les chants sacrés venus d'Inde en sanskrit. Chacun partage ce qu'il est venu chercher. Les émotions liées à la fatigue, je pense que beaucoup d'entre nous ne le font pas complètement en conscience ou choisissent de garder certaines choses encore privées. De nombreuses femmes ont vécu des agressions ou des épreuves difficiles ces dernières années. Je ressens beaucoup de vagues d'émotions lors des différentes prises de parole, je sens que cela va tous bien nous remuer.

Même si je ne sais pas ce qui se passera pour moi, je ressens une profonde gratitude pour ma vie jusqu'ici, sans grande souffrance traumatique, avec des parents alignés et bienveillants, ainsi qu'une capacité à rebondir qui m'a toujours accompagnée. Je me répète chaque jour que le karma lumineux dont j'ai hérité lors de mon incarnation doit être mis à profit et au service des autres comme de moi-même.

Le chaman nous fait rire et raconte que la première fois, l'ayahuasca s'est présentée à lui sous la forme de Betty Boop. Il insiste sur le fait qu'il ne faut s'attendre à rien et à tout en même temps. Il explique aussi que la plante ne manifeste pas son esprit à elle, mais l'esprit Divin en nous. Elle crée simplement une ligne directe avec notre âme et ce que nous avons à traverser. J'aime cette image. Le groupe est intéressant, je les observe. Certains sont agités, parlent beaucoup et tentent de masquer leurs inquiétudes. D'autres sont plus en retrait et ont déjà appris à prendre le temps dont ils ont besoin en solitaire. Je me surprends lors de discussion à ne plus avoir envie de parler pour rester en silence, c'est plutôt drôle.

Je me rappelle de mes quatre premiers jours dans le centre de méditation Karma Ling il y a un an et quatre mois. Ce fut je crois le véritable déclencheur de cette quête intérieure. Je me rappelle de mon arrivée dans le dortoir, froid, glauque et rempli de toiles d'araignées, cela avait créé un raz-de-marée en moi, une crise d'angoisse à table, j'étais incapable de me voir rester dans cette situation et c'est à ce moment que j'ai mis le doigt sur ce besoin de confort sécurisant. Aujourd'hui, je souris quand je vois où je suis. Je me rappelle également du sentiment d'abandon, la recherche constante de réseau, pour parler à mes proches. Le calme et le silence mettaient en lumière toutes mes blessures.

En seulement quelques mois, grâce à mes différents voyages, un travail personnel et de nombreuses sorties de zone de confort, je me retrouve aujourd'hui calme, face à cette image de jungle luxuriante en face de moi, à écouter le chant des oiseaux le cœur en paix.

Les enseignements du matin sont très intéressants, nous chantons des mantras, bougeons, respirons, dansons… Le chaman nous invite à parler une langue qui n'existe pas pour mettre de la légèreté, désactiver le mental et l'ego. Au début, je ne suis pas à l'aise, je me sens un peu bête et je me prends rapidement au jeu. Puis, nous dansons sur des rythmes de percussions, je me surprends de plus en plus à lâcher le mental et les masques de perfection que j'ai tendance à porter. Nous abordons également les chakras et la kundalini. Je suis déjà épuisée en fin de matinée, comme si mon énergie avait enfin regagné mon corps, je me sens si lourde. Nous déjeunons tranquillement, l'alimentation est saine, faible en sel et sans sucre raffiné. Puis nous allons chercher des offrandes dans la nature pour notre rituel du soir.

Nous partons visiter le terrain de diète, bottes au pied, la boule au ventre. Au fil des cabanes, je passe par toutes les émotions. Bouffée par les moustiques, je me demande vraiment ce que je fais ici, j'avais envie de partir en courant. Charlotte aussi commence à râler comme moi. Sans les matelas et les moustiquaires, les huttes sont vraiment rudimentaires… Nous en visitons deux en haut, plus excentrées. Étrangement, je sens alors que la première pourrait être la mienne mais je me mets tout de suite en tête que je ne la veux pas, sans vraiment savoir pourquoi. Au fil des visites, j'accepte de ne pas avoir le choix et que la nature est tout de même chouette, je sens une part de mon ego se dissoudre. Mon ventre se nouer et des vagues de nausées me traversent.

Nous nous retrouvons pour déjeuner tous ensemble dans l'espace commun.

— Ça va ? Tu te sens comment ? me demande Charlotte.

— Hum, un peu tendue parfois, surtout cette histoire de diète et l'épisode de devoir se baigner à poil.

— Ah oui, j'avoue que ça ne me réjouit pas non plus. Ça va dans ta chambre ? Moi je voulais être seule et je me retrouve avec quelqu'un.

— C'est drôle moi j'appréhendais d'être seule et je le suis, réponds-je.

— Ils ont du bien se marrer à faire les chambres…

Ah oui, tout est bien juste pour nous faire travailler !

À peine terminé, nous partons dans la grande salle faire le yoga tantra avec le second chaman. Nous chantons, méditons, faisons des pratiques à deux, c'est très intéressant mais toujours assez intense. Je me félicite de voir que je n'ai plus aucun problème à regarder quelqu'un dans les yeux, d'entrer en contact physique ou de me montrer vulnérable.

Puis nous descendons à la rivière pour la cérémonie du *rapeh*. C'est très beau, nous chantons au son des djembés et déposons nos offrandes faites de fleurs et de feuilles à la rivière. Chacun notre tour, nous nous présentons devant un des chamans pour prendre notre rapé. Il s'agit d'une poudre très fine faite à base de tabac, soufflée dans par le nez via un tube appelé le tipeh, afin d'atteindre la glande pinéale, centre de la conscience. C'est assez particulier lorsqu'on y pense mais je ne suis pas vraiment anxieuse d'essayer.

À peine la poudre entrée dans ma première narine, mes yeux se mettent d'abord à pleurer par réflexe. Lorsque je reçois le râpé dans la seconde narine, toute ma tête se met à chauffer, je bloque ma respiration quelques secondes, j'expire doucement par la bouche, puis un profond sentiment de communion avec la nature m'envahit. Je vais me rasseoir et je me sens en pleine conscience de l'instant présent, face à cette nature magnifique que je contemple. Après encore quelques chants, nous remontons pour le dîner.

À la fin du repas, les chamans tirent au sort les huttes pour la diète des prochains jours. Je me sens nauséeuse et assez stressée. Forcément la hutte d'en haut que je ne veux pas va être pour moi.... Bingo. « Pour une jolie connexion avec les mondes célestes ». Bon et bien voilà. L'avantage : on nous apporte l'eau car on ne peut pas descendre à la source, peut-être plus de lumière et de tranquillité aussi… Les dés sont jetés, nous verrons bien. Mon inquiétude première est les moustiques, l'humidité et les grosses bêtes…

mais entre mes tirages de cartes et ce que m'ont dit les chamans, il semblerait que cela sera positif donc je me raccroche à cela. Au fil de la retraite, les critères de confort changent, je vois maintenant ma petite chambre aux murs en tôle comme un palace !

Enfin, ils nous expliquent la cérémonie de Yawarpanga de demain. Une purge tous ensemble à vomir pendant six heures puis finir à poil dans une rivière, je suis ravie. Allez, il est 21h12 je suis épuisée de cette journée je vais dormir.

16 décembre 2018

Réveil vers 6 heures du matin, avec les boules Quies. Je dors comme une tombe malgré les appréhensions, c'est peut-être les énergies de la forêt. Douche rapide, tirage de cartes avec mon amie Laurie rencontrée dans l'avion puis nous descendons pour cette deuxième journée qui s'annonce intense. Nous retrouvons le chaman pour aller cueillir les feuilles de Yawarpanga dans le jardin, de grosses feuilles en forme de cœur avec des veines roses saillantes et une sève rouge à l'odeur de fruit de la passion. « *Yawar* » veut dire « sang » en péruvien. Nous allons dans la cuisine pour laver les feuilles puis un jeune homme vient s'occuper de les broyer. Ensuite, un des chamans presse le substrat avec de l'eau pour obtenir la décoction. Nous partons alors à la *maloca* (l'espace semi-ouvert rond, où nous faisons la plupart des cérémonies) en contrebas pour la cérémonie qui va durer une bonne partie de la journée.

Tout le monde s'installe sur son coussin, je choisis une place près de la porte au cas où (stratégie, toujours). Le chaman prépare la boisson, en verse un tout petit fond dans nos verres et la purifie avec le tabac en soufflant dedans. Ils sont accompagnés de nombreux instruments, plumes, outils et potions chamaniques. Nous nous réunissons autour d'eux pour boire la préparation en remerciant l'esprit de la plante. La dose n'est pas grande et a un goût de jus vert plutôt classique.

Puis nous nous réinstallons à notre place et commençons à boire le premier litre d'eau salée pour activer l'effet de la plante et provoquer la purge… J'essaie de me convaincre que c'est de la soupe Miso mais c'est franchement compliqué pour moi de boire, je n'y arrive que par petites gorgées. Certains commencent à vomir au bout de 5 ou 10 minutes, à grandes vagues de régurgitation d'eau, les bruits dans la Maloca sont très sympathiques… Heureusement, pas d'odeur. Je ressens la plante s'agiter en moi, l'énergie commence à circuler, partout mon corps commence à réagir, je sens des fourmis, de la chaleur.

Je termine mon premier litre d'eau, toujours rien… Mon ego se dit que je suis une guerrière, mais mon corps espère que ça ne va pas me rendre encore plus mal ou me mettre le transit en vrac… Je continue. Boire est une corvée.

Les chants sont magnifiques et m'accompagnent. Je ressens des sensations étranges dans le bas du ventre, au niveau des ovaires, comme si quelque chose se libérait. D'un coup un spasme me prend et je vomis enfin une grande vague aquatique dans ma petite bassine. Un élan de gratitude me traverse : « Merci chère plante pour ce nettoyage et merci mon corps de réagir comme il le faut ». On n'arrête pas le progrès. La cérémonie continue, les chants sont beaux, une deuxième vague me traverse et j'ai la sensation que ma tête explose.

Le chaman s'approche de moi et chante à ma *kundalini* (oui, de ce que j'en interprète), il me manipule un peu les épaules et le dos, je m'abandonne, je me sens bénie et forte, en sécurité, j'ai l'impression qu'il ouvre une sorte de canal sur le haut de ma tête pour que l'énergie puisse s'échapper. Mon corps se met à onduler tel un serpent. Troisième litre d'eau, je sature. Troisième vague, un peu de bile, wow j'ai si mal à la tête j'ai l'impression que quelqu'un m'a cogné au visage. Puis vient le moment de nous allonger pour aller plus en profondeur dans la purge, j'alterne les phases où je me sens libérée, en confiance et celles où j'ai envie de mourir. Nous sommes censés vomir moins, mais plus profond. Super.

Mon mal de tête est insupportable, le chamane revient et utilise de l'*agua de Florida* (de l'alcool infusé de fleurs) pour me soulager en me faisant un soin et en me soufflant au visage, au-dessus de la tête. Une fois allongée, je vomis encore une quatrième puis une cinquième fois qui semble être la dernière. Je passe par beaucoup d'émotions mais j'ai la sensation d'être déjà passée par ce processus de nettoyage. À chaque fois que je combats la plante, c'est terrible. Lorsque je m'abandonne à la douleur et à la nausée, j'entre davantage dans un espace de contemplation et de béatitude.

Vient ensuite le moment vers 15 heures d'aller à la rivière pour stopper les effets de la plante. Nous enfilons nos paréos, un peu groggy de l'expérience, puis descendons avec nos bottes (le look de folie) pour aller nous baigner nus. C'est l'instant que je redoutais le plus dans cette journée un peu folle. Je pars à l'écart avec mon amie Charlotte qui est aussi gênée que moi, nous rions beaucoup et dédramatisons un peu la situation. Le reste du groupe s'éclabousse euphorique un peu plus loin. Je suis super fière d'avoir dépassé mes complexes et ma pudeur.

Nous remontons à l'ashram, la nausée est encore présente, comme un lendemain de cuite mais grâce à ma menthe poivrée, j'arrive à ne plus me sentir malade et à retrouver le calme en moi (et dans mes intestins). Plusieurs personnes continuent à vomir jusqu'au dîner le soir, j'ai un peu de peine pour elles. Certains n'ont même pas pu manger de la journée. Selon un des chamans, il semblerait que la plante ait été plus « sympathique » que d'habitude… et bien tant mieux parce que c'était déjà quelque chose ! Avant le dîner je me sens assez bien, comme régénérée et confiante pour la suite, avec ce sentiment que tout est possible. Le plus dur serait-il derrière moi ?

17 décembre 2018

J'ai rêvé que l'esprit de l'ayahuasca venait me parler cette nuit. Elle me disait que je refusais de mourir à des parts de moi dans tout ce que je fais, que lorsque je prends un virage dans ma vie j'ai du mal à me détacher de celle que j'étais avant. Que cela soit dans mes relations, dans mon travail, dans mes croyances… Au réveil, je tire également la carte du Castor dans mon oracle. Elle m'enseigne de construire un nouveau monde et de prendre ma juste place. Je sens que la cérémonie de ce soir va me montrer des choses sur mon chemin de vie et ma façon de travailler pour plus tard.

Nous commençons la matinée par une pratique de Yoga, nous chantons, dansons et faisons une sorte de pratique extatique, inspirée du Kundalini, qui ressemble à celle que Osho pratiquait dans son ashram, en balançant les bras de bas en haut en répétant « *Wahe Guru* », un mantra de dévotion. Au début, je trouve le truc un peu bizarre et je me laisse vite emporter par le flow. C'est impressionnant à quel point le mouvement devient automatique, je suis comme en transe. Lorsque je danse dans la deuxième partie de la séance, je me sens dans mon élément, libre. Les ondulations dans le haut de mon corps sont fluides mais le chamane m'invite à davantage ancrer mes pieds dans le sol, plier mes jambes, pour m'enraciner toujours plus. Je commence à comprendre ce qu'il m'avait dit le premier jour, que mon corps doit être ma priorité pour pouvoir incarner ma puissance et mes transformations, contrairement au reste des pratiques spirituelles qui semblent plus simples pour moi.

Nous allons déjeuner, organisons les commandes pour rendre nos huttes de diète plus confortable. Puis nous parlons lors d'un cercle de partage de la cérémonie de ce soir. Mon ego a clairement quelques craintes mais une part de moi sait que tout est juste et que tout se passera bien. Je tire une dernière fois une carte dans mon oracle : « Victoire », je sens que cela va être intense… J'enfile mes vêtements blancs, mes bottes et je descends à la *maloca*. Je m'installe sur mon coussin à côté de ma bassine. Trop tôt, quasi une heure avant. Nous méditons pour nous préparer, mais moi je sens mon ventre se nouer et se gonfler.

Les chamans arrivent. Silence complet. Seuls les bruits de la nature à la tombée du jour résonnent à l'extérieur. Ils allument des bougies et commencent à nous purifier, à purifier le breuvage avec le tabac. Ça y est. On y est. Gloups. Ils se mettent à chanter, à secouer leurs bouquets de *chacruna*, une plante séchée utilisée comme allié pendant la cérémonie. Puis, un à un, nous nous approchons pour venir boire le mélange. Je me poste devant eux et je remercie. Je m'empare de mon verre et je bois cul sec.

C'est immonde. Moins que ce qu'on m'avait annoncé, mais immonde. Âpre, épais, amer et acide à la fois. Beurk.

Je me réinstalle et j'attends. En méditation. Je me laisse porter par les chants puissants. Certains autour de moi dans la pénombre commencent à s'agiter, à bouger, à gémir, à rire, à vomir... Et moi, toujours rien. Je me dis que je suis en train de passer à côté de mon expérience. J'attends. Au bout d'une heure après, les chamans proposent un « deuxième service ». Sans réfléchir, je me lève et j'y retourne. Stupide. (Ou peut-être pas, car après coup je sais que tout est juste et que je devais y aller plus profondément...). Je me réinstalle.

Je reviens à moi et je m'observe penchée la tête en avant, avec des visions distordues, sombres, effrayantes. Depuis combien de temps je suis dans cette position ? J'ai l'impression de sombrer dans mes enfers. Le temps semble s'être arrêté. Tout tourne au ralenti. J'ai mal au ventre. Je suis perdue. J'attrape ma bassine et je m'y arrime comme une naufragée à sa bouée. J'entends les chants au loin. Je me vois mourir. J'accepte. Je me résigne. J'ai mal au ventre. J'aimerais vomir. Je n'y arrive pas. J'essaie de vomir mon ego dans cette bassine. Je n'en veux plus. Prenez mon ego. Emportez- moi je suis d'accord, faites cesser cette souffrance !

Les chants se modifient. Plus légers. Je me sens mieux. Presque euphorique. Certains se mettent à danser aux sons des djembés. Je me lève, je danse (carrément, quoi). Le chant change. Je me sens à nouveau très mal. Je m'allonge à moitié sur le côté, la tête dans la bassine. Toujours rien. J'ai l'impression de faire une crise d'hypoglycémie et de tachycardie en même temps. Je perçois la tristesse des femmes dans ma lignée, je décide de m'en libérer. Je perçois le poids qui pèse sur les épaules de mon papa depuis des générations. J'ai énormément d'empathie pour lui et tout ce que porte ma famille.

J'accueille toutes mes prises de conscience. J'essaie de lever le bras pour que l'on vienne m'aider. Mais la plante me fait comprendre que personne ne peut rien pour moi et que je suis capable de le traverser seule. Puissance. Puis les chants s'apaisent. Certains commencent à chanter, à jouer de la guitare. La cérémonie est bientôt terminée. Les lampes s'allument mais je me sens encore très loin. Je ne vais jamais y arriver.

Sophie, habituée des cérémonies (c'est sa huitième fois à l'*ashram*) vient à mes côtés :

— Trouve la force dans ton cœur.

— Je ne vais pas y arriver, dis-je en gémissant.

— Trouve la force dans ton cœur de guerrière.

Elle pose sa main sur ma poitrine. Je fonds. En temps normal, je me serais énervée sans comprendre comment faire ça, mais sa présence et cette phrase m'aident à me relever enfin. Un des chamans vient vers moi et m'invite à chanter un mantra pour me sortir de ma torpeur. On essaie de me faire marcher. Ce n'est pas gagné.

Je vois mon amie Charlotte dans le même état que moi, par terre. Nous rions nerveusement. Le chaman m'explique que mon troisième chakra, Manipura est « tamasique » c'est-à-dire paresseux, car je ne le mets pas à mon service par ma volonté. Je ne comprends pas. Nausée. Je me baisse au-dessus d'une bassine prise par une immense crampe. Rien. J'enfile enfin mes bottes. Je remonte à l'ashram en titubant, accrochée au bras de Samten, un praticien en ostéopathie tibétaine, habitué aussi des cérémonies. Il se met à chanter le Moola mantra. Mon cœur s'ouvre.

— C'est mon préféré, je lui dis.

— Je sais, tu l'as chanté dans ton inconscient pendant la cérémonie, je l'ai entendu.

J'hallucine.

Arrivée en haut, il est 1 heure du matin. Je m'assois face aux étoiles d'une beauté ahurissante. J'entends la forêt comme si j'étais encore en elle. Samten travaille sur mes reins et me masse le bas du dos pour me dynamiser. Il me dit que je me suis incarnée par les chakras supérieurs, que mes parents n'ont pas toujours su comment s'y prendre avec moi et que je suis en train de retrouver ma capacité d'enracinement. Dur dur l'incarnation hein.

Je monte dans ma chambre avec l'aide Jean-Baptiste. Nous nous entendons vraiment bien et sa présence m'aide beaucoup, comme un grand frère. Il est 2 heures. Je me couche, vaseuse. Zéphyr, bienveillant, avec qui je ressens un lien familier depuis le début de la retraite, vient voir comment je vais. Il a vécu la même chose. Double dose. Difficile. J'essaie de dormir. Je vois des images en kaléidoscope quand je ferme les yeux. J'ai de multiples visions. Je comprends certaines choses et d'autres non. J'essaie de dormir mais j'ai l'impression d'avoir bu du Red Bull et tout mon corps vibre. Soudain vers 3 heures, prise d'un violent mal au ventre, je me rue en bas des escaliers et je vomis tout ce que je n'avais pas voulu lâcher pendant la cérémonie par-dessus la rambarde sur le toit de l'espace en dessous... Oups.

Je me sens mieux. Libérée. Je ris de la situation tant tout ceci est singulier. Deux participants sortent de leur chambre, m'apportent un verre d'eau et une bassine, très calmes et neutres. Tout est normal quoi. Je remonte me coucher, j'essaie de mettre mes boules Quies. La plante ne veut pas, ma main ne se ferme pas. J'écoute la forêt. J'attends. 6 heures. Ah bon. Je vais aller me doucher. Je ne sais pas comment je vais tenir cette journée et recommencer ce soir...

18 décembre 2018

Ce lendemain est dédié à l'intégration. Petit déjeuner impossible. Nausée. Nous démarrons avec un Yin yoga très doux. Tout le monde comate un peu. Déjeuner compliqué, nausée encore. Puis nous partageons notre expérience dans un cercle de partage et j'explique que j'ai l'impression qu'une part de moi est morte. Je le vis comme une renaissance et en même temps j'ai une appréhension folle de recommencer ce soir. Le chaman nous affirme que nous ne sommes obligés de rien, mais que nous sommes venus ici faire un travail… Oui, c'est vrai.

Seconde cérémonie ce soir donc. Je n'ai quasi rien mangé de la journée. Tenue blanche. Appréhension. Tirage de cartes. Je choisis à nouveau la résilience et la confiance que tout se passera bien. Je descends accompagnée de mes nouveaux amis, Jean-Baptiste et Zéphyr. Nous sommes scindés en deux dans la Maloca, les hommes d'un côté et les femmes de l'autre pour équilibrer les énergies : début de cérémonie Shiva/Shakti. La dose est plus faible qu'hier soir, je crois qu'ils ont compris que je devais y aller un peu mollo. Je bois tout. Après un temps, connectée aux chants, je sens la plante qui s'éveille en moi. À chaque nausée ou émotion négative, mon bassin et mes jambes se mettent à trembler et je me rends compte que je peux renvoyer à la Terre tout ce dont je n'ai pas besoin. Fou. Je vis cette expérience beaucoup plus consciente. Avec une seule dose, c'est plus facile…

J'accueille chaque message, chaque sensation. La cérémonie est belle. À la fin, les femmes se mettent quasi toutes à danser, pendant que les hommes jouent de la musique et nous regardent comme des déesses. C'est magnifique. Je suis toujours un peu sonnée mais beaucoup plus à l'aise que la première fois. Cette seconde cérémonie se termine et nous devons remonter à l'ashram en silence pour entamer les quatre jours de diète. Il nous est difficile de ne pas échanger. De grandes vagues d'amour nous traversent et nous nous sentons profondément connectés les uns aux autres. Je vais me doucher une dernière fois et profiter du « confort » de mon lit avant le lendemain. Je dors comme un bébé.

19 décembre 2018

Réveil embrumé, chacun fait son paquetage, prend de quoi s'organiser pour les trois jours. Nous avons tous acheté du plastique pour isoler notre *tambo* (la hutte dans laquelle nous allons dormir), une moustiquaire pour le hamac, un pot pour faire pipi, de la ficelle, des pinces à linge... J'ai pris des culottes de rechange, de quoi lire, dessiner, écrire, colorier et c'est à peu près tout. L'angoisse m'envahit. Un jeune péruvien du centre m'aide à porter mes affaires car je suis la plus haute et la plus éloignée. Je n'aurais pas besoin de bouger prendre de l'eau, on me l'apportera, c'est déjà ça !

À peine arrivée, je me rue sur le *tambo* et je commence l'installation du plastique pour isoler de l'humidité les deux murs en bambou à côté de mon matelas. Je suis dans une vitesse et une urgence totale car je me fais dévorer les fesses par les moustiques, le plus difficile pour moi ! Je ris de la situation. Je suis assez fière de mon installation, je sors ma grosse bougie que j'allume, mon encens, mes petites affaires que je dépose au bout de mon lit et je m'enferme sous ma moustiquaire. Voilà ! J'entends Alexia ma voisine au loin casser du bois pour faire un feu. Je tente de l'imiter pendant cinq minutes. Je me fais dévorer. Je lâche l'affaire. Je m'enferme à nouveau dans mon cocon, à l'intérieur duquel je ne sortirai sûrement pas pendant trois jours.

Les chamans passent nous voir matin et soir, afin de nous apporter les plantes à « dieter ». J'ai droit à une première plante immonde au goût d'ail qui manque de me faire vomir (pour nettoyer mon digestif paresseux) puis je prendrai *bovinsana* les deux autres jours, comme beaucoup d'entre nous (afin de nettoyer le second chakra, activer la fluidité et la créativité). Nous avons un repas par jour apporté le matin, à base de riz bouilli, patate et banane à l'eau, sans sel. Hum… Certains décident de se rationner mais je préfère tout manger chaud le matin et jeûner le reste de la journée. Un grand pas pour moi qui avais avant peur de manquer de nourriture.

20 décembre 2018

La diète est moins terrible que ce que j'avais pu imaginer. Maintenant que je suis au chaud dans mon cocon, tout va bien. Le but de l'expérience est de nous centrer sur nous, de ne pas avoir de distraction extérieure mais également d'être véritablement en contact avec notre esprit et la nature. L'allégement des repas permet de reposer le digestif et d'avoir plus de clarté, mais également d'activer plus facilement les plantes que nous ingérons tous les jours. *Bovinsana* me met dans un état de grande plénitude et de fluidité, je me sens inspirée et véritablement connectée à ma créativité, j'imagine plein de choses dans mon carnet de notes.

Les journées passent lentement, c'est étrange de n'avoir aucune notion de l'heure, aucun contact avec l'extérieur et en même temps agréable de ne rien avoir à faire que d'être. Aucune obligation de donner des nouvelles. Je me laisse porter. Je lis. J'écris sur certaines de mes prises de conscience. Je tire des cartes. J'ai en vision le programme de ma prochaine retraite au Népal (je me suis si bien entendu avec la famille là-bas que nous avons planifié ça pour octobre prochain). Je me repose. J'écoute les bruits de la nature. Je me sens bien. Un grillon étrange se met à sonner comme une alarme. Il est 18 heures, puis 18h20, il est ponctuel tous les jours. Je pose ma grosse bougie sur le sol, la nuit tombe. Je me mets dans mon sac de couchage avec mes boules Quies pour diminuer les bruits de la nature qui sont très puissants. Et je m'endors à nouveau plutôt paisiblement, à ma grande surprise.

22 décembre 2018

Les trois jours passent ainsi. Je change de culotte par souci de fraîcheur (quand même) et j'accepte de ne pas pouvoir me doucher. Je me rince la bouche et je me nettoie le visage et les mains avec l'eau que nous avons. Je me sens sale et en même temps pas vraiment, étrange. Bon, il faut dire que je ne me dépense pas beaucoup. J'ai de la chance je ne vois aucun serpent ni tarentule, ni fourmis géantes (à l'inverse de certains de mes amis qui ont eu de belles surprises). Ou alors je choisis de ne pas les voir, hum.

La troisième nuit est terrible. J'ai l'impression de revivre une cérémonie. J'ai chaud. Je transpire. J'ai mal dans le bas du ventre, à l'utérus, aux ovaires. Je ne comprends pas trop ce qui arrive. Au matin, je suis heureuse que la diète s'achève. Je mange mon dernier repas, je remballe mon *tambo* et je rejoins mes amies pour rompre cette étape symbolique, en nous lavant dans la rivière. Libération. Joie ultime. Nous avons tous des visages fatigués mais lumineux. Nous sommes euphoriques de nous retrouver. Nous nous prenons tous dans les bras. Et je réalise à quel point le contact humain est une bénédiction.

Nous entamons notre troisième cérémonie, solaire cette fois-ci, en plein jour. Le rythme des journées est intense, mais je suis en gratitude pour cette expérience incroyable que je vis. Nous prenons place face à la jungle luxuriante sur nos coussins avec nos bassines. Je m'approche et je bois. Beurk ! Toujours aussi immonde ! Je m'assois. La cérémonie est plus douce pour moi, j'ai quelques visions et prises de conscience, notamment par rapport aux lignées de femmes de ma famille et à la maternité. Certains prennent une double dose, expérience plus intense et cette fois-ci la pénombre ne masque rien.

La cérémonie se termine, des chants plus doux et joyeux sont entonnés à la guitare. Une tristesse me submerge sans savoir pourquoi. Zéphyr me voit de l'autre côté de la pièce mi-ouverte et vient me prendre dans ses bras. Pile ce dont j'avais besoin. Merci. Je me rends compte à quel point me déposer dans un espace soutenu par le masculin est important pour moi, car je porte tellement au quotidien. C'est vraiment fou cette plante, j'ai l'impression que nous sommes tous en télépathie. Lorsque nous avons terminé, certains retournent se baigner nus et joyeux dans la rivière. L'ambiance est pleine d'amour. Puis nous remontons pour prendre un « vrai » dîner. Après quatre jours, jouissance totale.

23 décembre 2018

Ce matin, je me rends compte que mes règles sont là. Deux semaines en avance. Merci *bovinsana*... Je comprends également mieux ma dernière nuit chaotique à me tordre dans tous les sens. Après une séance de Yoga kundalini, de partage et d'enseignements, nous nous préparons pour la dernière nuit de cérémonie. Je commence à être fatiguée, mes pieds me grattent car je me fais dévorer par des acariens et je sens que j'ai perdu pas mal de poids. Je médite avant la dernière cérémonie face à la fenêtre à côté de ma chambre, la vue est époustouflante sur la nature. Avec la BO d'*Avatar* en fond. Je pleure. Je me sens si bien, abandonnée dans cet espace collectif d'amour et d'intégration personnelle. Nous descendons avec mes amis, tous vêtus de blancs pour notre dernière communion avec la *Madre*.

Au moment de m'installer, Charlotte se décale et me dit de m'asseoir à côté de Zéphyr. D'abord un peu gênée, je suis plutôt contente, je sais que nous avons un lien particulier. Nous attendons le début de la cérémonie sagement, on commence à être habitués... La tension dans mon ventre est toujours présente, mais je sais maintenant lâcher prise et accepter tout ce qui se présente à moi. Au bout de quelques minutes, je sens la plante se réveiller dans mon organisme. J'essaie de renvoyer à la Terre. Échec. Je prends ma bassine, je me penche au-dessus et je me dis « OK, c'est parti », résignée. Les chants sont profonds, tumultueux, je sens que les chamans essaient de nous emmener loin pour ce dernier soir.

J'ai des visions de jungle luminescente. Je vois des serpents multicolores. Je me sens à la dérive. Je plonge dans mes abîmes en conscience et j'accepte de traverser. D'un coup, sur un changement de chant, je me relève. Je sens un puits de lumière s'ouvrir au-dessus de ma tête, en même temps que mon cœur. Ça y est, j'accède ENFIN à la lumière. J'ai des visions. Je vois mon ange gardien me prendre dans ses bras. Je pleure de béatitude. Je fais des grands gestes pour mettre tout cet amour dans mon cœur. Puis, j'ai l'impression d'être dans la crèche du petit Jésus, je vois la Vierge Marie, je me sens privilégiée. Une part de moi bien consciente (car avec une seule dose c'est plus évident) se dit que je suis bien fêlée.

Le chant se modifie. Hare Krishna. En temps normal, je l'adore ce mantra. Mais là, le ton est sombre, profond et tortueux. Je me mets sur le côté et je sens la nausée m'envahir. Je comprends que je dois abandonner mes masques, la complaisance et toute la gentillesse mal placée que je porte au quotidien. Soudain, un vomissement profond de mes entrailles vient me secouer. J'ai l'impression d'être possédée tellement le bruit est violent. Une seconde fois. Soulagement. Merci Mère. Puis je pense immédiatement « J'aimerais tant que quelqu'un me soutienne pour traverser ça ». Au même moment, Zéphyr me tend la main, je l'attrape pour m'y cramponner. Gratitude.

La cérémonie suit son cours et je continue de me tordre sur le sol, de trembler, de vibrer. Je suis un serpent. Je me connecte à la Terre. Je lui pardonne de m'avoir fait trembler quelques mois auparavant à Bali. Je fais l'amour symboliquement à cette Terre qui me porte et me nourrit. Je comprends qu'il n'y a rien à craindre, pas de manque et que l'abondance est partout. Merci. Mon ego se demande toujours ce que je fabrique, mais à regarder tout le monde autour de moi, nous sommes tous dans des processus intérieurs assez intenses.

Toujours cramponnées à Zéphyr, nous communiquons par le toucher. Je suis là pour lui lorsqu'il en a besoin et inversement. À ce moment-là, je comprends que nos deux âmes se sont retrouvées ici pour se soutenir, pour faire un travail de résonance et de miroir. Je comprends que ce n'est ni du désir ni un besoin de séduire l'autre, mais bien de l'amour pur et inconditionnel. Je répète intérieurement « Merci » pour ce beau cadeau de la vie et cette prise de conscience.

La cérémonie touche à sa fin. J'ai mal au trapèze droit à force de m'être tordu dans tous les sens. Je me rapproche de mon ami pour me déposer sur lui. Il place sa main pile à cet endroit précis et deux minutes plus tard je n'ai plus mal… Fou. L'énergie retombe, toujours dans un état de conscience modifié, je me sens à la fois épuisée et énergisée. Nous chantons encore de longs instants. Puis remontons à l'ashram, la nuit est incroyablement belle. La lune est pleine. Je n'ai jamais vu un spectacle aussi splendide. Nous ne dormons quasiment pas et parlons toute la nuit avec Zéphyr, qui lui aussi a encore du mal à atterrir.

24 décembre 2018

En cette veille de Noël, nous préparons la journée et le repas en silence (tant bien que mal car nous avons toujours très envie de partager et être là les uns pour les autres après tous ces jours passés ensemble). Des petits groupes sont également constitués pour nous relayer, près d'un autel avec la Vierge noire, pour des temps de prière, de poésie et de chants. Le soir, le repas partagé tous ensemble est joyeux, mais la nourriture me met dans un état particulier, entre l'euphorie et le malaise. J'ai la sensation que de manger active à nouveau la plante en moi. Je vais me coucher, épuisée.

25 décembre 2018

Pour cette avant-dernière journée, nous prenons un petit déjeuner léger puis préparons des offrandes pour l'après-midi, avec ce que nous trouvons dans le jardin. Nos compositions de fleurs et de bois sont magnifiques. Zéphyr grave carrément sur une énorme écorce « *Amor* », et crée une sorte de bateau avec des plantes. Nous devons également préparer une liste de ce que nous abandonnons et une de ce que nous accueillons pour les sept prochaines années. La mienne se compose principalement d'intentions afin d'être heureuse, de faire un métier qui me passionne, qui me permet d'accompagner les autres, de posséder un lieu en pleine nature… Puis, nous descendons près du *temazcal* (il s'agit d'une hutte de sudation en pierres sous le niveau du sol) et de l'espace où va se dérouler la dernière cérémonie, celle de San Pedro.

Nous nous installons en cercle dans l'espace en pierres, déroulons nos tapis de yoga, puis sommes appelés tour à tour à boire le San Pedro. Je ne sais pas à quoi m'attendre, Jean-Baptiste a voulu garder le mystère et ne m'a rien dit, alors je n'attends rien. Je sais juste que c'est un cactus qui peut nous connecter avec le divin, différent de l'ayahuasca. Les gens font des têtes étranges, le breuvage a l'air immonde. Je m'approche. Une grande bolée cul sec. Ah non, ça va. Nous démarrons la session de Yin yoga, toujours accompagnés de chants des chamans. C'est agréable, j'ai quelques visions mais rien de plus. Puis nous nous asseyons et les chants continuent. Je commence à porter un nouveau regard sur la forêt. Quelque chose se déploie en moi. Je me sens très bien. Euphorie. Tiens. Nous commençons à nous lever, à danser. Je commence à comprendre la médecine du Padre ! Je ne me suis jamais senti aussi bien de ma vie.

Ambiance « bisounours de lumière », tout le monde se prend dans les bras (on pourrait croire que nous sommes tous sous LSD, vraiment). Certains ne vivent pas bien l'expérience. La plante nous force à lâcher toute résistance, et à nous abandonner dans les bras du divin. Moi, je savoure clairement. Nous jetons tour à tour nos offrandes avec « tout ce que nous abandonnons » dans le grand feu créé à cet effet, avec des cris et des clameurs de joie. Puis vient le moment de déposer à la rivière, ce que nous accueillons. Mon cœur bat fort. Je dois me centrer avant de pouvoir rentrer dans le *temazcal*, sous terre, dans le noir… Là, je m'y vois mal. Tous nus cachés par d'immenses feuilles de bananier, ou avec nos paréos (pour celles qui ont leurs lunes comme moi), nous nous préparons et entrons en file indienne dans cet espace confiné, pour vivre notre dernière expérience. L'ambiance est joyeuse et légère, il va falloir faire redescendre l'énergie.

Serrés comme des sardines les uns contre les autres, dans le noir, les pierres chauffées au centre, nous entamons le voyage. La posture n'est pas méga confort, je suis recroquevillée. Notre énergie se pose. Mon cœur s'apaise. Le chaman commence à nous raconter le processus de notre incarnation. Notre naissance. Certains crient et pleurent. Puis la construction de notre ego. Le détachement de nos parents. Notre évolution dans la vie jusqu'à notre mort. Je me sens emplie d'une profonde gratitude et prête à accueillir cet instant où mon existence toucherait à sa fin, avant de m'incarner à nouveau.

Nous sortons du *temazcal* en chantant, en file indienne, titubants. Euphorie générale. Puis, chacun notre tour, nous recevons la dernière bénédiction. Un premier seau d'eau froide sur la tête. Mon Dieu. Un second. Ahhhh ! Puis un troisième d'eau tiède avec des fleurs. Hum, c'est doux. Et enfin un quatrième d'eau chaude. Merci. Gratitude. J'ai l'impression de renaître. Je me rhabille en riant avec mes amis tellement nous ne tenons encore pas droit, puis nous partageons un dernier repas autour du feu. Les fous rires continuent. Mais certaines blessures remontent également à la surface lorsque je vois Zéphyr se rapprocher d'une autre participante de la retraite. Le processus se prolonge.

La fin de soirée ressemble à une télé-réalité. J'ai l'impression d'avoir 16 ans et d'avoir été abandonnée. Zéphyr vient me voir pendant la nuit pour me dire que je suis forte et que je n'ai pas besoin de lui, de pilier ou de quoi que ce soit. À ce moment-là, je ne suis pas capable de l'entendre. Je m'étais habituée à nos fins de soirées à parler de tout et de rien, il était mon repère, ma sécurité. Il quitte ma chambre et retourne dans la sienne, avec la fameuse participante, Jean-Baptiste et Laurie qui passent du temps ensemble également depuis quelques jours. Je me sens vraiment rejetée, abandonnée. Je me rends compte à quel point ma sécurité intérieure dépend de l'autre. Que cette situation ouvre des blessures que je croyais avoir guéries.

Pendant la nuit, une douleur à l'épaule gauche se réveille. C'est quoi encore ce truc ?! La même que mon syndrome trois ans auparavant. Non ce n'est pas possible. Je commence à prendre peur. Par pitié, je ne peux pas revivre ça. Tous les drames de la fin de soirée s'envolent. Je n'en ai plus rien à faire de ça, je veux juste aller bien moi. Je décide de traverser mes peurs et ma douleur. Je comprends que mon corps me lance un sacré signal et je me rappelle de ce que dit les chamans le premier jour. Il va falloir que je te soutienne… j'ai compris le message.

26 décembre 2018

Le lendemain est dédié à un retour doux à la réalité. Certains choisissent de partir visiter des plantations de cacao et de se balader. Moi je rejoins le groupe de Tarapoto, pour faire quelques courses souvenirs et acheter de magnifiques tissus shipibo. Le retour à la civilisation est très étrange. Je ressens tout de façon amplifiée. Je comprends l'importance de cette étape avant mon retour en France…

Lors de notre dernière soirée, nous partageons un dernier repas tous ensemble, fait de derniers câlins et échanges. Le groupe va tant me manquer. Nous sommes devenus une véritable famille. J'ai rencontré des personnes incroyables (comme Zéphyr avec qui je suis toujours un peu en lien, Sophie devenue femme-médecine qui a monté un lieu magique d'accueil en banlieue parisienne et Jean-Baptiste avec qui nous œuvrons au sein de l'association Qollana pour le Pérou). Nous allons passer deux dernières soirées dans un hôtel de Tarapoto avec quelques participants pour créer un sas avant le retour à Paris. Je vais pouvoir profiter de la piscine, faire quelques emplettes de dernières minutes et me reposer un peu avant de reprendre mes trois avions pour rentrer.

2 janvier 2019

De retour à Paris, je ne suis pas sortie de chez moi pendant trois jours. Il m'a fallu réapprendre à vivre dans ce quotidien que je trouve parfois brutal. Ma première sortie en métro a déclenché une crise d'angoisse car je ressentais toute la colère et la peur des gens autour de moi. J'ai pris le temps d'intégrer cette expérience incroyable vécue en Amazonie et de prendre soin de moi, afin de pouvoir incarner tout ce que j'ai appris lors de cette retraite qui a bouleversé ma vision du monde.

Cette expérience au Pérou a profondément transformé ma vie. Lorsque j'en parle aux gens autour de moi, je dis toujours que les plantes ne m'ont pas permis de m'éveiller davantage mais surtout de bien m'incarner et de me réveiller sur mes problématiques humaines. J'ai lâché tant de peurs et de croyances qui m'entravaient, j'ai appris la résilience, j'ai contacté ma puissance intérieure, je suis rentrée avec une foi en la vie inébranlable et le cœur bien plus ouvert que tout ce que j'aurais pu imaginer. Oui, le chamanisme et sa médecine demandent du courage, de l'engagement. Les plantes ne sont pas pour tout le monde. Il faut être prêt et être bien accompagné. Pour moi, le moment était juste et je garde en moi beaucoup de fierté de m'être dépassé pour me permettre de grandir.

12

—

Un nouveau départ

10 janvier 2019

Dix jours que je suis rentrée. Seulement dix jours depuis la jungle en Amazonie et je repars déjà en Inde. Je vais retrouver Shreeya, Mike et surtout Saptak, rencontré au Népal en octobre, pour qu'il me fasse découvrir le pays et que nous passions du temps ensemble. J'arrive à l'aéroport de Paris. Je n'ai pas imprimé le visa obligatoire. Le boulet. Je demande à l'hôtesse qui s'en occupe avec une grande gentillesse. Problème réglé. Le jeune homme au comptoir prend ma valise et me propose de me surclasser. Je rêve. Merci les gars (je m'adresse à mes guides là-haut). En plus, avec un vol en plein jour, je vais pouvoir travailler et continuer l'écriture de mon prochain livre sur les cristaux. Comme quoi, quand c'est aligné, c'est aligné…

Premier vol rapide et fluide. J'ai quand même fini par lâcher l'ordinateur pour regarder *A star is born* avec mon plateau-repas. J'ai pleuré. Bien sûr. De l'amour et de la chanson, j'étais obligée de pleurer. Nous arrivons à Delhi bientôt. Je regarde à l'extérieur par le hublot et j'hallucine. On ne voit… rien. Un brouillard jaunâtre nous empêche de voir quoique ce soit. OK. Bon je me prépare psychologiquement. Après les forêts luxuriantes du Pérou je crois que cela va me faire un choc. Sortie de l'avion. Il fait chaud. Très lourd. Contraste avec le climat hivernal de France. Mon corps passe par toutes les couleurs et ambiances ces derniers mois le pauvre.

J'ai toujours mal à l'épaule. Mon ostéopathe m'a manipulé il y a quelques jours après mon retour. Je sens que cela a permis à la douleur de se calmer et à la lourdeur de disparaître mais ce n'est pas encore totalement ça. J'ai quand même eu très peur. Je me revoyais avoir à nouveau mon syndrome. Je l'aurais vraiment mal vécu. J'espère que cela va définitivement se calmer ici. Je pense que le Pérou a été trop intense sur le plan physique et émotionnel, que mon corps n'était pas encore assez solide pour supporter toutes les cérémonies, les diètes, les purges et les émotions. Il faut vraiment que je le renforce en continuant ma pratique de yoga.

Je sors de l'aéroport, après avoir passé la douane avec des visages pas toujours souriants et les guichets pour les visas. C'est assez étrange mais je ressens une très forte sensation de déjà-vu. Comme si j'étais déjà venue ici auparavant. Oui bon je suis déjà venue c'est certain, dans de nombreuses de mes autres vies. Je me sens super bien malgré le bazar ambiant. Je n'ai absolument pas peur. Je sors d'un pas affirmé et je regarde autour de moi pour retrouver mon chauffeur. Il m'attend avec un bouquet de fleurs et un grand sourire près des arrêts provisoires. Je suis touchée. On ne peut pas vraiment se prendre dans les bras, c'est mal vu en Inde, surtout entre un Indien et une occidentale. Bon. J'accepte un peu ronchon, moi qui ai tellement développé de joie pour les contacts avec mes proches ces derniers mois.

Nous prenons la route pour son appartement, il va m'héberger ces prochains jours et je vais payer les hôtels lorsque nous serons en balade. Je suis complètement flippée de voir la conduite sur la route. Tout le monde klaxonne dans tous les sens, ils s'inventent des voies, doublent, freinent… C'est le chaos total. Je décide d'en rire. Saptak met des chansons Bollywood à fond dans la voiture, il est vraiment joyeux de me voir. Je rigole vraiment et je me laisse envelopper par la magie de l'Inde. Les *rickshaws* passent à côté de nous, ces tuk-tuks typiques de Delhi. Je vois également des personnes sur le bord des routes qui proposent des fleurs ou des ballons. Je suis heureuse d'être passée par la case Népal avant l'Inde, sinon je crois que la pauvreté présente ici m'aurait vraiment chahuté.

Nous arrivons dans son quartier et les surprises continuent. Le bruit est incessant, il habite à côté d'une station de métro. Et l'odeur… n'en parlons pas. Je lui demande s'il n'est pas dérangé, il me répond qu'il ne sent rien… Bon. Arrivés chez lui, nous nous tombons enfin dans les bras l'un de l'autre. Moi qui étais réservée au Népal à cause de ma situation de couple, ça n'est plus vraiment le cas. Premier repas à domicile, sa *maid* nous a fait à manger. C'est très répandu en Inde, chaque foyer emploie une femme qui aide à faire le ménage et la cuisine. Un peu comme à Bali. J'avoue que cela me plaît bien, je suis un peu fainéante sur les bords pour la cuisine. Je ne sais pas si je suis fatiguée ou non. Il est déjà 4h30 de plus qu'en France. Je crois que je vais aller me reposer. Avec des boules Quies. Et le désodorisant à portée de main.

12 janvier 2019

En Inde depuis deux jours, je me surprends à observer à quel point j'ai évolué. Malgré la pauvreté, le bruit et le bazar, je me découvre des capacités d'adaptation et une véritable gratitude pour ces expériences si différentes de notre culture. Je crois que le Pérou y est pour beaucoup. Comme si le fait d'y avoir vécu une forme de mort symbolique ainsi qu'un retour à la simplicité, me permettait de voir désormais la beauté de chaque chose. Je m'accommode des douches de cinq minutes car il y a peu d'eau chaude, du fait qu'on ne puisse pas ouvrir les fenêtres à cause de la pollution ou encore du bruit constant à l'extérieur. Bon pas trop longtemps quand même.

Ma relation avec Saptak évolue, je crois qu'il y a définitivement un amour profond présent l'un envers l'autre. Il se met à rêver de la France, blague sur un potentiel mariage à la sauce Bollywood avec moi. Beaucoup de projections, un peu rapide, qui font tout de même rêver mon cœur de romantique. Je suis partagée entre le fait de me sentir vraiment bien ici, de trouver la joie dans le presque rien, et l'angoisse de me dire que je ne pourrais pas supporter autant de chaos constant et certaines de leurs habitudes culturelles. Ici, les femmes commencent tout juste à pouvoir être indépendante et travailler. La famille décide quand même globalement de la vie de leurs enfants et l'image de soi dans la société est un peu trop au cœur des préoccupations à mon goût.

Delhi est difficile avec son trafic et sa pollution, on passe des heures dans la voiture pour faire le moindre truc, c'est franchement énervant. Mais le sourire et la gentillesse des Indiens que je rencontre rattrapent tout ça. Saptak me fait rencontrer certains de ses amis d'enfance, nous passons de bons moments à parler de nos différentes cultures et à blaguer sur tout et rien. J'apprends quelques mots en hindi, c'est très difficile. Je gère plutôt bien la nourriture. Peut-être l'argile que j'ai commencé à prendre avant de partir et que je continue de boire chaque soir m'aide (astuce de naturopathe). Demain, nous partons à Goa, au sud-ouest du pays. J'avais envie d'explorer cette partie de l'Inde que l'on voit beaucoup dans les films indiens, sûrement mon côté princesse rêveuse. De plus, Saptak n'y est jamais allé et lui qui bosse comme un fou pour percer dans sa carrière de musicien aurait bien besoin de vacances.

13 janvier 2019

Je me plais beaucoup plus ici. Il y a moins de pollution, on peut même voir le soleil ! Les paysages sont bordés de palmiers et de maisons de toutes les couleurs. À seulement deux heures de vol de Delhi, c'est fou le changement.

L'hôtel est magnifique (j'y ai mis le prix, j'en avais grand besoin, Saptak est comme un enfant devant la piscine et la carte du room service). Nous choisissons de louer un scooter et de partir explorer les environs. Je rigole toujours du fait qu'il négocie absolument tout, jusqu'à la location de casque. Malgré les klaxons toujours bien présents et un certain trafic, je me sens beaucoup mieux qu'à Delhi. Il flotte une atmosphère plus douce et estivale. Nous tentons d'aller voir le soleil se coucher sur la plage mais c'est un échec malheureusement. Il y a trop de nuages dans le ciel et un agglutinement d'Indiens qui tentent de prendre des selfies sur le bord de l'eau.

Lorsque nous rentrons à l'hôtel, nous décidons de commander à manger, le chef ici est un des plus réputé de Goa. Je me régale des plats en sauce et des *chapatis* (mes cuisses ne vont pas être ravies au retour). De plus, les Indiens voient l'appétit comme un signe de bonne santé et Saptak me pousse constamment à manger et commander ce qui me fait plaisir (je ne paie presque rien en dehors des hôtels, il est très important pour les Indiens d'inviter leurs amis lorsque nous sommes chez eux). Ils ne connaissent pas les complexes dans ce pays. Lorsque je lui dis que je ne suis pas à l'aise avec mes hanches ou mon ventre, il me regarde avec des yeux comme des soucoupes dans une totale incompréhension du concept. C'est plutôt agréable car du coup ici, je me sens bien dans ma peau, j'adore porter les tenues traditionnelles (que je commence à accumuler) et les *kurtas*. J'ai la sensation d'être à ma place ici, mon cœur est léger.

16 janvier 2019

La dualité n'a jamais été aussi présente : je passe de la gratitude à la colère en une fraction de seconde. La pollution et le retour à Dehli sont très difficiles, mon œil gauche est affecté (j'ai développé une sorte d'eczéma au retour du Pérou qui s'est certainement infecté à force d'être en contact avec l'air ambiant pollué) et mes poumons sont également encombrés des particules qui sont constamment autour de nous. Je ne pourrais vraiment pas vivre ici. Impossible. Hier, j'ai pris conscience de la chance que nous avons en Europe de pouvoir respirer de l'air frais et de posséder des infrastructures correctes.

Toute cette agitation permanente me fait regretter le calme de la France (pourtant moi qui critique tant Paris…), les odeurs finissent par me couper l'envie de sortir et j'ai parfois du mal à comprendre pourquoi tout le monde est tout le temps impulsif ou pressé. Même Saptak d'un naturel doux et solaire passe par des phases où il s'agite et se presse, comme si le temps nous était constamment compté. J'ai parfois du mal avec ces attitudes et je me rebelle un peu. Je crois que ça le fait marrer. Apparemment, les Indiennes sont bien plus bornées et difficiles à vivre que moi.

Et malgré tout, la musique sur les fonds de sitar et de *tablas*, les discussions philosophiques sur nos différents modes de vie, les sourires constants sur les visages et la spontanéité que j'expérimente chaque jour me guérissent également de nombreuses blessures d'insécurité à de profonds niveaux… Amour haine, maintenant je comprends. Je me rappelle d'une amie qui m'avait dit avant de partir : « Tu verras l'Inde, on adore ou on déteste ». Je crois que les deux sont possibles. Pour pouvoir percevoir les choses avec un nouveau regard il faut parfois être bousculés, et j'ai la tête dure. Je crois que j'avais besoin de venir vivre cet extrême pour rentrer chez moi avec plus de reconnaissance et de gratitude. J'essaie de profiter au maximum des trésors qu'offre cette culture : la nourriture épicée aux mille saveurs, les rires échangés et je commence même à comprendre quelques mots dans les discussions lorsqu'ils parlent entre eux.

17 janvier 2019

Partout où je voyage, je me rends compte que la quête de l'équilibre est véritablement la clé du bonheur. Certains pays sont remplis de sagesse et de spiritualité mais aussi d'incohérences ou d'excès : l'Inde ou encore Bali en sont de parfaits exemples. Plus je parcours le globe et plus j'observe nos différences de compréhension et nos nuances dans nos formes d'éducation. Je me rappelle encore de mon jeune chauffeur balinais qui prie tous les jours, mais jette ses paquets de cigarettes par la fenêtre de sa voiture. J'étais sidérée et il ne comprenait pas son erreur.

Un pays comme l'Inde fait rêver beaucoup d'entre nous, par sa culture que l'on voit dans les films ou toute la philosophie spirituelle qui en émane, mais négliger complètement la place de la femme ou encore polluer de façon drastique reste tout de même un opposé bien présent. Je ne me remets toujours pas de la montagne de déchets que nous avons vue à la sortie de Delhi, les larmes ont coulé le long de mon visage. Nous faisons tant de mal à cette Terre que nous habitons.

Quant à notre civilisation occidentale, nous nous considérons peut-être plus éduqués et évolués, mais nous nous coupons les uns des autres de plus en plus et négligeons souvent les lois spirituelles du vivant qui nous permettraient d'être davantage centrés sur notre cœur. Rien n'est parfait. Il n'existe pas de paradis idéal. Je crois que je commence à l'accepter. Moi qui ai toujours été une grande idéaliste pour porter ma vision du monde et de ce que je voulais en voir. Je dois me rendre à l'évidence. Une part de moi l'accepte, mais je crois qu'une autre est encore à croire qu'une autre voie est toujours possible.

Je comprends vraiment depuis ces derniers mois que le voyage est le plus grand de mes enseignants pour prendre de la distance, aiguiser mon discernement, sortir de ma zone de confort, observer mes réactions, mesurer ma chance, comparer mes besoins, découvrir mes véritables envies… À force de bouger et d'explorer, je comprends que j'ai simplement besoin de nature, de calme, de gens souriants et bienveillants, de température agréable, d'eau chaude et de nourriture saine et bonne. Au fond je n'ai pas besoin de plus, pas besoin d'acheter mille vêtements et objets, pas besoin de meubles ou de décoration de luxe, pas besoin d'avoir le dernier téléphone à la mode… Juste un environnement sain et sécurisant où je me sens bien.

18 janvier 2019

Rishikesh est une merveilleuse découverte, depuis le temps que je voulais y venir. Haut lieu de pèlerinage pour beaucoup de gens « spirituels » et capitale du yoga, je voulais absolument venir m'y promener. Saptak très attaché au nord dont il est originaire, se fait un plaisir de me faire visiter et de circuler cheveux au vent dans les montagnes de la région. Pour lui, la véritable âme de l'Inde se trouve ici. Je suis assez d'accord. Nous arrivons en début d'après-midi après de longues heures de route. Des singes se promènent sur le bord des routes. J'aperçois le Gange et le palais central de la ville. C'est magnifique. Il règne une atmosphère beaucoup plus calme que la normale en Inde, très peu de voiture dans le centre, plus de scooters et de gens qui circulent à pied. La journée passe relativement rapidement à cause des heures de route. C'est un peu le problème ces jours-ci, tout prend du temps et nous sommes toujours un peu pressé.

Le soir, nous nous rendons à une cérémonie au bord du Gange organisée par les prêtres de l'*ashram* Parmarth Niketan, un des plus connus ici. Il y a pas mal de monde mais Saptak me dit que c'est encore vivable car nous sommes en basse saison. Tout le monde arrive en février pour le début du festival du Yoga, un événement majeur ici, avec de nombreux Occidentaux qui viennent prendre leur dose de spiritualité. Les fidèles chantent un mantra dédié à Shiva, divinité centrale qui représente les cycles de la vie. Une immense statue de cette dernière trône d'ailleurs en face de nous dans le fleuve. Je l'aime profondément, en tant que Scorpion (mon signe astrologique), je me relie beaucoup à cette notion de détruire pour pouvoir reconstruire.

L'ambiance est particulière, très respectueuse et festive à la fois. Les gens font passer des lampes à huile avec des flammes. Apparemment, il est de coutume de la prendre, de créer un cercle avec dans l'espace pour bénir la cérémonie et de passer à son voisin. Je m'exécute avec curiosité et innocence. La soirée se termine tranquillement et nous rentrons dans un hôtel réservé pour la nuit, assez sommaire mais correct, pour se reposer avant de repartir demain.

19 janvier 2019

Avant de venir ici, tout le monde me répétait que l'Inde allait changer ma vie, mais très étrangement, malgré la pollution, le bruit et les odeurs, j'ai ressenti comme un retour à la maison. Je ne me suis pas vraiment sentie déstabilisée car mes précédents voyages au Népal ou à Bali m'avaient préparée aux contrastes. Tout est parfait, comme toujours. Si j'étais venue ici il y a trois ans, j'en aurais été malade (littéralement). Je n'aurais pas su m'adapter au manque de confort et de sécurité. Je comprends pourquoi ce pays est initiatique et je mesure la chance que j'ai de l'avoir vécu avec des locaux, dont Saptak qui a été un prince pour moi pendant tout le séjour.

J'ai trouvé les couleurs et la joie à Goa, la reliance et la magie du Gange à Rishikesh et enfin, je suis tombée amoureuse des montagnes dans le Nord. Entre Rishikesh et Mussoorie, j'ai pleuré devant le plus beau coucher de soleil de ma vie alors que nous étions en train de rouler sur les routes sinueuses. Des larmes de joie et de peur, car je sais que je vais construire un bout de mon parcours ici mais que cela ne sera pas forcément facile. J'ai un appel très fort à revenir. Je ne sais pas encore quand ou comment, mais je me vois vraiment avoir un lieu ici et contribuer à ma façon. Demain nous rentrons à Dehli pour quelques jours avant mon départ. Avant de revenir très vite, je l'espère.

21 janvier 2019

Retour en France. Les au revoir sont difficiles. Je passe la dernière soirée avec Saptak et ses amis. J'ai également eu la joie hier de revoir Mike, que je n'avais pas vu depuis le Népal, dans sa maison dans le quartier de l'ambassade. Sa femme travaille pour les Nations unies, pendant que lui vit sa carrière de musicien et s'occupe des enfants à la maison. J'adore ce fonctionne de couple moderne. La soirée était douce, j'y ai retrouvé le confort occidental, c'était tout de même agréable. Nous avons chanté et dansé, un beau moment.

Alors que nous roulons vers l'aéroport, je vois les yeux de Saptak se remplir de tristesse et de nostalgie pour la première fois. Lui qui est d'habitude si solaire n'aime pas me voir partir. Je lui dis que peux revenir en mars, mais son emploi du temps est assez rempli. Il se retrouve dans un dilemme, choisir entre le cœur et sa carrière. Se démarquer dans le milieu de la musique classique n'est pas facile. Nous choisissons de laisser les choses se faire et nous en reparlerons plus tard. Il va accompagner Sudhansu à Bali pour une nouvelle retraite, nous pourrons aussi nous revoir là-bas, mais c'est vrai que c'est tout de même dans longtemps. Beaucoup de questions pour moi qui essayais de moins me projeter et de laisser faire les choses.

Je monte dans l'avion le cœur lourd. Je regarde des films Bollywood pour soigner ma nostalgie. Ce voyage était riche et je ressens une profonde gratitude pour toute la gentillesse et l'accueil qui m'ont été offert. Accepter de ne pas savoir. L'année s'annonce encore riche, avec des projets de retraites, de formations, de nouveaux livres. Je ne vais encore pas m'ennuyer. Mais pour le moment difficile d'y penser, je n'ai pas envie de grand-chose, à part manger des *dosas* (plat typique d'Inde du Sud dont je suis tombée amoureuse) et écouter des chants aux sons des sitars.

22 janvier 2019

Depuis mon initiation chamanique au Pérou puis ce dernier voyage en Inde, je ressens la dualité du monde de moins en moins présente, un ancrage plus intense dans mon corps et dans l'instant présent. Comme si une profonde confiance en la vie s'était installée, un calme et une paix à l'intérieur de moi que je ne saurais expliquer. On aurait pu me demander de le faire avec des mots et des concepts, si je n'avais pas expérimenté tout cela je n'en aurais absolument pas été capable.

Pourtant, j'observe toujours mes questionnements intérieurs, car je vois beaucoup de personnes autour de moi sortir des livres, organiser des retraites, des ateliers, des projets… Toutes ces choses que je m'active à faire également pour prouver que j'ai ma place moi aussi dans ce monde. Alors que je ne rêve que d'une chose : méditer face aux montagnes. Passer aussi du temps avec mes amis, ma famille, moi-même, sans me faire aspirer par le chaos frénétique de la vie parisienne. Moi qui n'aie pas arrêté ces derniers mois, je crois que je n'ai enfin plus envie ni besoin de me fuir. Trouver l'équilibre. Il est là le véritable challenge. Je ne veux plus faire les choses avec ma tête mais avec mon cœur et ce début d'année 2019 et une belle occasion pour faire les choses différemment.

24 janvier 2019

Ce matin, je me réveille dans mon appartement à Boulogne, avec l'image du pont au milieu de la jungle, qui nous permettait de rejoindre la Maloca de l'ashram. Ce pont que j'ai traversé des dizaines de fois au Pérou, la boule au ventre à l'aller et la conscience plus légère au retour. Je me rappelle à quel point il était effrayant d'accepter de passer d'une rive à l'autre, d'accepter de faire mourir une part de moi. De m'autoriser à ne plus me définir par mes différentes personnalités et les masques que je porte au quotidien, car j'ai découvert qu'il y a bien plus. Et puis ne plus me reconnaître.

J'ai tellement accepté de laisser mourir certaines parts de mois ces derniers mois, lors de mes différents voyages et expériences, que j'ai la sensation de traverser une perte de repère effroyable. Je crois que ce qui nous freine le plus pour avancer est la peur de modifier notre personnalité, ce petit Moi que nous nous sommes créé au fil des années.

L'histoire que nous nous racontons et à laquelle nous nous raccrochons. Par peur d'être rejetés, nous laissons nos familles, nos proches et la société nous conditionner, alors qu'une part de nous a déjà compris que la vérité se trouvait ailleurs : dans l'amour et dans le cœur.

Cet après-midi, je me rends dans ma maison d'édition. Après avoir écrit des ouvrages sur la Lune et les cristaux, l'idée est d'échanger sur mon parcours de vie et ce qui m'a mené jusqu'ici. Je raconte alors mon histoire, les voyages, les découvertes et toutes mes explorations. À la fin de mon récit, l'éditrice me dit :

— Super, tu veux écrire là-dessus ?

— Heu… un livre sur ma vie ?

— Ben oui, c'est chouette tout ce que tu as vécu. Ça peut inspirer les gens et leur montrer qu'un autre chemin est possible.

Je mets un moment à me remettre de cette proposition. Je sors de la grande tour, place d'Italie un peu sonnée et je me mets à pleurer. Je mets ma grande capuche pour me cacher le visage et je marche en direction du métro. Je crois que d'avoir raconté tout cela vient de me mettre une grosse claque.

Aujourd'hui, je prends la mesure de tout ce chemin parcouru. De la maladie et de mon changement de vie. D'une renaissance parfois vécue avec grande douleur.

Je reconnais enfin le courage que cela m'a demandé et l'investissement sur moi-même que j'ai dû entreprendre. Et je ressens énormément de gratitude envers moi-même, l'humaine imparfaite et blessée qui n'a fait que chercher sa route. Merci de m'être autorisée à m'engager dans une voie mystérieuse et pas toujours certaine. De m'être laissée porter par des intuitions qui me venaient parfois de nulle part et par un appétit pour la vie, qui m'a certainement été transmis après mes années d'errance et de dépression.

Je remercie en conscience tous les guides que j'ai croisés, incarnés ou non, les personnes qui m'ont permise de grandir, les êtres avec qui j'ai partagé des bouts de chemin et chaque rencontre qui ont été des révélateurs de conscience. Je me rends compte à quel point mes parents ont été un soutien sans faille, même s'ils n'ont pas toujours compris ce que je faisais, ils m'ont toujours rappelé depuis enfant que je pouvais réaliser tout ce que je désirais. Je n'ai jamais manqué de rien, je me suis toujours sentie en sécurité et je sais que cela me permet désormais de me mettre au service avec moins de peur. Tout ça compte beaucoup.

J'ai aussi beaucoup de gratitude envers mes amies, avec qui j'ai vécu des expériences incroyables pour certaines et qui ont été un pilier fondamental dans mon audace à construire tout ce que j'ai créé jusqu'à maintenant. Peggy, Anne-Claire, Héloïse, Margaux, Morgane et toutes les autres, qui m'ont permis de me reconnaître, de me sentir plus puissante, capable d'affronter ce que le monde avait de prêt pour moi. Tous les hommes qui ont croisé mon parcours, ceux avec qui nous nous sommes aimés puis séparé. Chaque être que j'ai croisé pour une seconde, une heure, une journée ou des années. L'aventure fut incroyable et seule elle n'aurait vraiment pas eu le même goût.

Je me rends compte aujourd'hui à quel point tout est juste. À quel point nous n'avons rien à contrôler, si ce n'est de faire confiance et de laisser la vie faire son travail. J'ai beaucoup de mal à poser des mots sur ce début de parcours qui m'a menée où j'en suis aujourd'hui. À l'aube de mes 30 ans dans quelques mois, le chemin s'annonce encore riche et semé de découvertes. Et je mesure la chance que j'ai, d'avoir su m'offrir cet éveil de conscience, d'avoir cru que tout était possible, afin de prendre un nouveau départ et entrer dans cet autre monde, qui est aujourd'hui ma nouvelle réalité…

Remerciements

De tout mon cœur, merci à toutes les personnes citées dans ce livre, avec qui j'ai partagé un bout de ma vie et qui m'ont permis d'être celle que je suis aujourd'hui.

Merci à tous mes enseignants, vous m'avez invitée à me remettre en question, à dépasser les pièges de l'ego et à ouvrir mon cœur.

Merci à mes parents, vous m'avez toujours poussé à vivre mes rêves, même lorsque mes choix étaient nébuleux. Vous m'avez offert un espace de liberté sacré et tellement précieux.

Merci à toutes mes amies, avec vous j'ai beaucoup grandi, vous m'avez inspiré à croire en moi et m'avez soutenue lorsque je me sentais fébrile.

Merci à Clement de m'avoir supportée pendant de longues heures d'écriture et de relecture, avec tout ton amour et ta patience.

Merci à Aline et aux éditions First de m'avoir ouvert cet espace de partage.

Merci à vous, lecteurs, qui me donnez une raison supplémentaire de partager ces expériences et de continuer à croire qu'un autre monde est possible.

Références

Mon site internet : www.aurorelumiere.com

Le Salon Zen : www.salon-zen.fr

Cenatho, école de naturopathie : cenatho.fr

Anne-Claire Meret, ancienne naturopathe désormais coach : anneclairemeret.com

Moulin de Grouches, centre de bien-être : www.pranahvital.com

Arnaud Riou, chamane bienveillant : arnaud-riou.com

Lilou Macé, sa chaîne YouTube : www.youtube.com/user/liloumacefr

Karma Ling, centre de méditation : www.institutdharma.net/lieux-de-pratique/shangpa-karma-ling-domaine-davallon

Culture Yoga, école de Morgane : www.cultureyog.fr

Margaux Migliore, coach inspirante : margauxmigliore.com

Claire, Lunafemina : www.claire-jozan-meisel.com

Kadampa, centre de méditation : kadampafrance.org

Churla, chamane bolivienne : correvon.net

Ameyo Malm, thérapeute en transgénérationnel : relaxationshindo.com

Monika Nataraj : www.monikanataraj.net

Héloïse Monchablon, amie inspirante : easyblush.fr

Peggy Favez, accompagnante au Féminin : en-douceur.com

Myriam Beaugendre, psychothérapie et chamanisme : www.myriambeaugendre.com

Foundation of Shamanic Studies : www.chamanisme-fss.org

Yoga du son, Denis Fargeot : www.yogaduson.fr

Moonrise, féminin guérisseur : moonrise-circle.com

Yoga barn à Bali : www.theyogabarn.com

Let's play on the moon, créé par Carole, amie généreuse : letsplayonthemoon.fr

Sudhansu, professeur de chant indien : www.sudhanshusharma.org

Laurent Huguelit : www.outremonde.ch

Qollana, association pour le Pérou : qollana-asso.com

Bibliographie

Réveillez le chaman qui est en vous, Arnaud Riou, Solar, 2016.

Les Cartes médecines, Jamie Sams et David Carson, Octave Quebec, 2010.

Les 13 mères originelles, Jamie Sams, Éditions Véga, 2011.

Mes autres livres

Carnet de gratitude, Hachette Bien-Être, 2018.

Vivre avec la lune, c'est la vie !, Éditions First, 2018.

Mon Cahier Lune, Solar, 2018.

La Magie des cristaux, Solar, 2019.

Mon Cahier Cristal Power, Solar, 2020.

L'Oracle de Lumière, Solar, 2020.

Table des matières